Lundu
do escritor
difícil

FUNDAÇÃO EDITORA DA UNESP

Presidente do Conselho Curador
Marcos Macari

Diretor-Presidente
José Castilho Marques Neto

Editor Executivo
Jézio Hernani Bomfim Gutierre

Conselho Editorial Acadêmico
Antonio Celso Ferreira
Cláudio Antonio Rabello Coelho
Elizabeth Berwerth Stucchi
Kester Carrara
Maria do Rosário Longo Mortatti
Maria Encarnação Beltrão Sposito
Maria Heloísa Martins Dias
Mario Fernando Bolognesi
Paulo José Brando Santilli
Roberto André Kraenkel

Editores Assistentes
Anderson Nobara
Denise Katchuian Dognini
Dida Bessana

MARIA ELISA PEREIRA

Lundu
do escritor difícil
Canto nacional e fala brasileira na obra de Mário de Andrade

Editora UNESP

© 2006 Editora UNESP

Direitos de publicação reservados à:
Fundação Editora da UNESP (FEU)
Praça da Sé, 108
01001-900 – São Paulo – SP
Tel.: (0xx11) 3242-7171
Fax: (0xx11) 3242-7172
www.editoraunesp.com.br
feu@editora.unesp.br

CIP – Brasil. Catalogação na fonte
Sindicato Nacional dos Editores de Livros, RJ

P493L

Pereira, Maria Elisa
   Lundu do escritor difícil: canto nacional e fala brasileira na obra de Mário de Andrade / Maria Elisa Pereira. - São Paulo: Editora UNESP, 2006

   Inclui bibliografia
   ISBN 85-7139-728-7

   1. Andrade, Mário de, 1893-1945 - Crítica e interpretação. 2. Andrade, Mário de, 1893-1945 - Opinião sobre cultura. 3. Andrade, Mário de, 1893-1945 - Conhecimento - Linguagem e línguas. 4. Língua portuguesa - Brasil. 5. Música - Brasil. 6. Canções folclóricas - Brasil. 7. Características nacionais brasileiras. I. Título. II. Título: Canto nacional e fala brasileira na obra de Mário de Andrade.

06-4551.
CDD 981
CDU 94(81)

Este livro é publicado pelo projeto *Edição de Textos de Docentes e Pós-Graduados da UNESP* – Pró-Reitoria de Pós-Graduação da UNESP (PROPG) / Fundação Editora da UNESP (FEU)

Editora afiliada:

Lundu do escritor difícil

Eu sou um escritor difícil
Que a muita gente enquizila
Porém essa culpa é fácil
De se acabar duma vez:
É só tirar a cortina
Que entra luz nesta escurez.

Cortina de brim caipora,
Com teia caranguejeira
E enfeite ruim de caipira,
Fale fala brasileira
Que você enxerga bonito
Tanta luz nesta capoeira
Tal-e-qual numa gupiara.

Misturo tudo num saco
Mas gaúcho maranhense
Que pára no Mato Grosso,
Bate este angu de caroço
Ver sopa de caruru:
A vida é mesmo um buraco
Bobo é quem não é tatu!

Eu sou um escritor difícil,
Porém culpa de quem é!...
Todo difícil é fácil,
Abasta a gente saber.
Bajé pixé chué, ôh "xavié"
De tão fácil virou fóssil,
O difícil é aprender!

Virtude de urubutinga
De enxergar tudo de longe!
Não carece vestir tanga
Pra penetrar meu caçanje!
Você sabe o francês "singe"
Mas não sabe o que é guariba?
— Pois é macaco, seu mano,
Que só sabe o que é da estranja.

Mário de Andrade

Sumário

Prefácio 9
Introdução 13

1 Mário de Andrade, modernista e nacionalista 21
2 O pensamento de Mário de Andrade: raízes da ação 45
3 O Departamento de Cultura e o Congresso da Língua Nacional Cantada: pensamento em ação 105
4 Crítica e autocrítica do pensamento e da ação 143

Conclusões 199
Referências bibliográficas 207

Prefácio
O canto de Mário de Andrade

Ninguém pensa direito o Brasil sem passar em algum momento por perto de Mário de Andrade. Ainda assim, muita gente acredita que sobre ele tudo já foi dito. Gente acredita no que quer. Mas trata-se de uma idéia esdrúxula, exclusivamente baseada na prerrogativa da novidade e não do estudo e do desdobramento, bases de uma acumulação intelectual necessária para fundamentar um projeto, um processo e uma trajetória de problemas. E o problema de Mário de Andrade, mais do que talvez qualquer outro intelectual que lhe foi contemporâneo, é o Brasil, seu futuro, seu passado e a ligação entre ambos. Maria Elisa Pereira sabe bem disso, e seu estudo avança em diversos aspectos. Em primeiro lugar, toma uma ação político-intelectual de Mário que até agora não havia sido estuda a fundo: a articulação, as idéias e os problemas em torno do Congresso da Língua Nacional Cantada, de 1937. Em segundo lugar, discute e traz novidades àquele processo de acumulação intelectual necessária, ao abordar a época, as vias e os desvios da questão nacional na música e na cultura à beira da implantação do Estado Novo.

O leitor tem em mãos um trabalho excelente, escrito de maneira impressionantemente clara, explicativa, com um encadeamento lógico forte. Mesmo para quem não está completamente familiarizado com o universo e as idéias modernistas, especialmente de Mário de Andrade, este livro funciona quase como um apanhado geral dessa problemática. Aqui reside a força e a dificuldade do trabalho. Porque se o tema é abrangente, por isso mesmo necessita de um objeto forte para que o estudo não se perca ou se torne superficial. Por isso, a primeira novidade apontada tem um papel central.

O eixo do trabalho é o Congresso da Língua Nacional Cantada, mas também o estudo sobre as normas para a pronúncia da língua (uma das partes mais originais da pesquisa). As considerações "técnicas e estéticas" e as "ideológicas", porque as duas coisas não se separam, correm juntas, e a análise da autora mostra isso. O eixo é o Congresso, mas passa pela questão da língua e da fala nacionais, derivando para uma compreensão maior de Mário de Andrade, em um jogo inspirado em Antonio Candido (seu maior e mais complexo discípulo), em uma dialética da "constância" e da "transformação".

E aqui chegamos ao que chamei de segunda grande novidade neste trabalho: trazer a questão da acumulação intelectual e o legado dos debates em torno dos anos áureos do modernismo e de seu momento de crise.

Por meio deste livro podemos voltar à questão que até hoje nos acompanha como um fantasma. O que é a "Modernidade" no Brasil? Se modernidade é o desmanchar das tradições, no contexto brasileiro o que é a tradição? Para os modernistas de 1922, era a "Academia": a cultura européia moderna transplantada à força, desde a chegada da Missão Francesa no início da época joanina, e mal-adaptada às condições de exceção que o mundo colonial luso-brasileiro impunha. Além disso, o que existiu antes da Academia (europeizante) do século XIX também era combatido pelos acadêmicos. O que vinha antes (como o Barroco) era europeu (porque importado, como a colonização o era), mas tornou-se "brasileiro" (porque aqui se tornou outra coisa) e "popular" (porque ficou fora do ciclo cultural acadêmico). Por isso o modernismo nas Américas tinha um caráter duplo. Por um lado era modernizante – para superar o passado "clássico" (a cultura dos colonizadores ou ocupantes) –, tendo os olhos no capitalismo avançado e no socialismo; por outro lado era "primitivista" e "popular", porque pensava as forças culturais que existiram e foram oprimidas pela colonização e seus desdobramentos. Mário de Andrade (como também Oswald de Andrade, aliás) percebia isso, e lançou a discussão. De sua pioneira "descoberta" do Aleijadinho e da cultura da "mestiçagem" até levantar a problemática da híbrida língua brasileira, esse foi seu problema central.

Era esse também o peculiar "nacionalismo" de Mário de Andrade. Seu nacionalismo define-se no sentido daquilo que os intelectuais da esquerda dos anos 50 (sobretudo Antonio Candido) conceituarão como *formação*: um processo que "evolui" por contradições, acréscimos, etapas cumpridas e superadas buscando uma síntese – que, aliás, não se completou, daí o "pessimismo" do próprio Mário, no fim de sua vida. Mário via os intelectuais e os artistas como prenunciadores de acontecimentos históricos. A questão é: como a famosa conferência sobre o Movimento Modernista (de 1942) é um texto sobre derrotas e enganos, então o que os intelectuais prenunciaram foi a catástrofe! Mário era como Sérgio Buarque (que escreveu o clássico *Raízes do Brasil* um ano antes do Congresso que Mário organizou): pensava o papel do povo no processo, incompleto, de substituição das elites no poder.

Aqui não há evolucionismo, mas a idéia de uma *situação colonial*. Uma cultura que está ao mesmo tempo dentro e fora do capitalismo europeu. A situação colonial fazia com que a evolução fosse feita com "ruínas" do passado, que eram deixadas para trás cada vez que os ventos levavam os interesses para outros lugares. O que ficava (que era parte da cultura européia do colonizador) tornava-se "popular" (como as modinhas, a rabeca, a obra de Aleijadinho, as enunciações típicas da fala). Por isso, nós tínhamos as duas "culturas", e ambas de origem européia (ou primitivo-coloniais). O Brasil deveria ser a síntese delas: do passado pré-capitalista – ou aquilo que se tornou um despojo, uma ruína deixada pelo capitalismo colonialista (que se transformou em cultura popular) – com a ultramodernidade. Nós éramos as duas coisas. O que era postiço e falso era apenas a imitação da alta cultura européia, ou seja, a cultura do colonizador da qual alguns insistiam em não abrir mão. Portanto, não se trata de um nacionalismo patrioteiro ou xenófobo. E é assim que podemos ver as ações do autor no período, antes que a tragédia do Estado Novo e da fascistização do mundo (da qual o nacionalismo fez parte) se tornasse, para Mário, uma tragédia sem volta, sem perspectiva de horizonte.

Tudo deveria caminhar para a idéia da *emancipação* popular e nacional (quando o movimento de formação estivesse completado). Como vê Maria Elisa, Mário começou a "sentir" a conjuntura como faziam os marxistas, mas ele mesmo não se tornaria marxista. Aqui é preciso lembrar a questão *derrota*: derrota do modernismo nacionalista, do próprio nacionalismo (apropriado pelo Estado Novo), da Ditadura Vargas (na qual muitos modernistas embarcaram, *mas também o povo*), e o contexto do nazi-fascismo.

Todos esses temas e muitos mais estão neste livro. Historiadores, músicos, cientistas sociais ou literatos (mas não só eles) poderão notar como são profundas as discussões que Maria Elisa faz sobre a questão do *timbre brasileiro* do cantor "nacional". Para mim, essa discussão aproxima-se muito da análise antológica que Gilda de Mello e Souza fez do "gesto" brasileiro plasmado nas telas sobre os caipiras de Almeida Jr. O leitor há de perceber muitas outras relações possíveis neste livro que dialoga e avança na compreensão não apenas de Mário de Andrade, mas da problemática central que ele fundamentou: desde "o que e como cantamos e falamos", até – nesta pergunta sem fim – "de onde viemos, o que somos, para onde vamos?" Pois, como indicou Maria Elisa Pereira, muito do que *Mestre Mário* pregou para o intérprete também o fez para o intelectual e para todo homem de seu tempo. Eis a grande contribuição deste homem, deste intelectual e do trabalho desta sua intérprete.

Francisco Alambert
São Paulo, outubro de 2006.

Introdução

Cerca de setenta anos atrás, no Teatro Municipal de São Paulo, aconteceu o primeiro encontro musical brasileiro de caráter científico, o Congresso da Língua Nacional Cantada. Fora do ambiente acadêmico Mário de Andrade é bem mais conhecido como homem de letras modernista do que como o musicólogo e ensaísta que mais fortemente influenciou a chamada escola nacionalista de composição.[1] Escreveu numerosos trabalhos sobre música, e em muitas dessas publicações encontram-se referências ao problema da língua portuguesa praticada no Brasil e do canto em vernáculo. Esses grandes interesses – música e literatura; língua falada, escrita, cantada e declamada – impulsionaram-no a viabilizar esse encontro lingüístico/musicológico em 1937, durante sua gestão como Diretor do

---

1 Mário Raul de Moraes Andrade (9 out. 1893 – 25 fev. 1945). Para um conhecimento da biografia e das principais obras desse intelectual paulista, ver *Modernos Descobrimentos do Brasil*, Rio de Janeiro, Departamento de História da Pontifícia Universidade Católica (PUC) do Rio de Janeiro, 2000. Disponível em: <http://www.modernosdescobrimentos.inf.br/desc/mario.htm >.

Departamento de Cultura e Recreação do Município de São Paulo (1935-1938). Procurando em sua obra as raízes e os frutos desse episódio, compreendeu-se melhor os problemas que envolveram e aglutinaram, naquele contexto, arte, ciência e política. O Congresso brotou do amadurecimento de questões importantes para Mário e para o grupo político no qual se inseria; foi um divisor de águas da delicada relação entre teoria e prática vivenciada por esse intelectual brasileiro, e teve desdobramentos sensíveis diretamente ligados à fase de reflexão que sobreveio a esse autor.

É instigante percorrer as idéias que fundamentaram a inserção da canção brasileira na esfera intelectual pública, as comunicações apresentadas e as discussões decorrentes desse evento, cujo objetivo principal e oficial – propor regras de dicção para o canto erudito e a declamação – teria cunho estético. Mas o texto introdutório às normas resultantes dessa reunião firmou desejar que a língua-padrão escolhida para os palcos se constituísse também em um fator de identidade e unidade nacional, revelando assim os intentos maiores de Mário de Andrade e demais organizadores.

Visto por esse outro prisma, o do envolvimento dos artistas e intelectuais com as questões nacionais, esse episódio deixa assim de ter apenas um significado marcadamente técnico/musical e passa a inserir-se, mesmo que timidamente, no âmbito dos acontecimentos que antecederam o golpe de novembro de 1937. O Estado Novo abateu as esperanças paulistas de retorno imediato ao poder central bem como o discurso de um grupo, do qual participava Mário de Andrade, de consegui-lo baseado em um programa que creditava às artes e às ações culturais e educativas a força de promover reformas sociais. Anos mais tarde outro encontro clamaria abertamente pelo retorno ao estado de direito. Em janeiro de 1945, no mesmo Teatro Municipal de São Paulo, mas em uma conjuntura mais favorável, ocorreu o Primeiro Congresso Brasileiro de Escritores, que marcaria a resistência política de setores da intelectualidade brasileira; apesar de sua participação pouco expressiva, Mário também esteve presente.

Para Mário de Andrade arte e nação entrelaçavam-se no que se pode chamar de sua teoria social: a construção de uma definiria o caráter da outra. Defendia a conformação dos artistas com sua sociedade, e em seus escritos encontram-se especialmente indicações sobre o papel e a responsabilidade dos cantores, bem como sobre a função social do canto. Em um dos textos capitais para este trabalho, o *Ensaio sobre a música brasileira* (Andrade, 1972, p.9-73), de 1928, Mário apontou o canto coral como unificador dos sentimentos do povo; também afirmou que as características da música nacional se encontrariam em suas *constâncias*, que seriam as partes constitutivas e freqüentes das músicas populares/folclóricas: ritmos, melodias, polifonia, instrumentação e formas. Tirando proveito da riqueza dessa expressão, procurou-se, em seus textos, suas *constâncias pessoais*, ou seja, as palavras, idéias, frases e estruturas firmadas e reiteradas por ele, ano após ano.

Mário de Andrade reconhecia sua idiossincrasia de repetir palavras e argumentos. Outra de suas particularidades, a obstinada defesa da junção do trabalho artístico e da atitude interessada do artista, Mário definiria com o neologismo *artefazer* (em Andrade, 1943, p.12). O autor revelou neste trecho do *Ensaio* essas suas duas características amalgamadas:

> É possível se concluir que neste Ensaio eu remoí lugares-comuns. Faz tempo que não me preocupo em ser novo. Todos os meus trabalhos jamais não foram vistos com visão exata porque toda a gente se esforça em ver em mim um artista. Não sou. Minha obra desde "Pauliceia Desvairada" é uma obra interessada, uma obra de ação. (Andrade, 1972, p.73)

As obras de Mário de Andrade revelam a busca pela construção da unidade e identidade nacional conciliando arte e ação dos intelectuais, artistas incluídos. Esse edifício teria de alicerçar-se, em sua opinião, no folclore, que Mário chamava *arte popular*. Suas propostas de engajamento a uma causa maior do que à dos anseios pessoais chocava-se tanto com as visões romantizadas a respeito da "vida de artista" quanto com as exigências das novas características das obras de arte musicais, em formação no Brasil naquela primeira metade do século XX. Essa mudança não estava de todo nítida para ele, assim como os efeitos que seu discurso nacionalista ajudava indiretamente a consolidar no domínio do poder.

Abraçando uma definição para *nação* apoiada em conceitos como os de proeminência das questões étnicas e lingüísticas, Mário de Andrade empenhou-se pela utilização de uma *fala brasileira*, ou seja, de uma forma própria para escrever e dizer o português praticado no Brasil.[2] Acreditava na força da palavra na tarefa de reconstruir seu país, fosse por meio da literatura e do teatro, fosse unida à música e mediante o cantor. Porém, durante os mais de vinte anos trabalhados nessa direção, teriam esses elementos sempre as mesmas características e a mesma importância para ele? Com quais outros itens dialogou e em quais circunstâncias? Em contraposição às *constâncias pessoais* verificadas em suas obras examinaram-se as *transformações* em suas distintas manifestações – as mudanças específicas processadas por Mário e as gerais de sua época. Percorreu-se então o caminho traçado por ele na constituição de suas idéias sobre unidade do Brasil, *fala brasileira* e música nacional. Cada uma de suas obras corresponde a uma estação nessa viagem, que ao mesmo tempo revela novas contradições ou proporciona recursos para as já encontradas.

No caso deste trabalho musicológico, que se baseia mais em textos sobre a música do que em análises musicais, em que teoria apoiar-se? Há um problema adicional ao estudar trabalhos de Mário de Andrade: a sua diversidade – há poesias, artigos de jornal, cartas, discursos etc. Mesmo em seus escritos teóricos o poeta misturou-se, muitas vezes, ao professor. Como abordar tantos e tão diferentes

---

2   O *Português do Brasil* (PB), variante do *Português de Portugal* (PP), substituiu pouco a pouco (mas não extinguiu totalmente) o uso de línguas americanas e africanas, como também o das *línguas gerais*. Com o *Diretório dos Índios* (1755-1758), Sebastião José de Carvalho e Mello, o Marquês de Pombal, retirou dos jesuítas a organização das populações indígenas durante o reinado de D. José I (1750-1777) e, entre outras medidas de inserção e adaptação ao sistema colonial, oficializou e passou a obrigar o estudo e o uso do português em todo o Brasil. Ver Vitral (2001), Kantor (2003), Martins, J. S. (2003) e Villalta (2004).

documentos sem diminuir-lhes seus atributos? São diversas as estratégias de aproximação possibilitadas pelos métodos das ciências tradicionalmente ligadas à musicologia, como as da história, sociologia, antropologia e crítica literária. No interior de cada uma delas, contudo, há diferentes possibilidades de tratar um problema.

A solução considerada mais adequada para esta pesquisa levou em conta os princípios da interdisciplinaridade, aberta para as múltiplas leituras que um documento pode oferecer. Não se tratando, entretanto, de um projeto coletivo, algumas escolhas pessoais se manifestaram. A abordagem foi marcadamente intratextual no que tange à relação de continuidade e à busca de conexões entre as obras de Mário de Andrade, e intertextual quando da comparação com obras de outros autores. Mas este livro tentou não seguir o modelo que busca cultuar nomes, desfilar obras ou explicar estilos; no caso específico dessa personalidade brasileira tantas vezes estudada, buscou outras explicações além das consagradas. Insistiu em inserir os artistas em sua conjuntura, contexto esse não apreciado como pano de fundo, mas como parte da ação. Não defendeu que a esfera da cultura seja mecanicamente dependente da econômica, mas não descartou a importância das condições materiais. Não pretendeu que a arte seja motivo ou conseqüência de acontecimentos marcantes, mas participante da teia de fenômenos que envolvem o homem e a sociedade.[3]

A interpenetração entre vida, história, música e literatura que se vislumbra no conjunto da obra de Mário de Andrade manifestou-se acentuadamente em um poema composto entre 1927 e 1928, o *Lundu do escritor difícil,* publicado inicialmente na *Revista de Antropofagia*:

> Eu sou um escritor difícil
> Que a muita gente enquizila,

---

3 Os autores escolhidos para a fundamentação teórica estão nomeados no decorrer do trabalho.

> Porém esta culpa é fácil
> De se acabar duma vez:
> É só tirar a cortina
> Que entra luz nesta escurez.
>
> Cortina de brim caipora,
> Com teia caranguejeira
> E enfeite ruim de caipira,
> Fale fala brasileira
> Que você enxerga bonito
> Tanta luz nesta capoeira [...]

(Andrade, 1966, p.242-243).

Se *lundu* originalmente se aplicava a uma dança africana, passara a designar também um tipo de canção urbana brasileira – primeira forma musical de origem negra/escrava a ser admitida nos salões do Rio de Janeiro (ver capítulo 2, p.101). Imagens semelhantes à dessa poesia (um cantor/poeta expressando sua condição "nacional") encontram-se, por exemplo, em *O trovador* (Andrade, 1966, p.32-33) e na cantiga *Viola quebrada* (ver capítulo 2, p.68). Quanto a Mário aceitar-se como um "escritor difícil", opinião expressa inclusive por Manuel Bandeira, trata-se na verdade apenas de um recurso para induzir o leitor a dar um passo no sentido de acolher a "fala brasileira".

Este livro, *Lundu do escritor difícil: canto nacional e fala brasileira na obra de Mário de Andrade*, compreende uma narrativa em três etapas, visando apreender a dinâmica dos elementos envolvidos e buscar as correlações entre pessoas, obras e quadros históricos; apóia-se no tempo, mas não se fixa em um desenrolar cronológico de nomes e fatos. Para tanto, foram escolhidas algumas obras de Mário de Andrade – aquelas que tivessem como fio condutor do seu conteúdo a *língua nacional*, a *interpretação musical*, a *canção*, o *canto* e o *cantor*, ou assuntos correlatos.

Primeiramente, dois capítulos apresentam as condições nas quais emergiram suas teorias. O capítulo 1 trata da questão do nacionalismo e do modernismo no mundo e no Brasil, das orientações elaboradas por Mário de Andrade para a música brasileira, e da sua influência no panorama cultural do país. Estão no capítulo 2 os seus principais trabalhos escritos até 1937, bem como os publicados postumamente, mas compostos nesse período. Os textos enfocados revelaram algumas de suas *constâncias*, bem como seu entendimento sobre as inter-relações entre nação/canto/unidade nacional.

O capítulo 3 estuda o período e as condições em que o autor tentou concretizar seus ideais, mediante a análise das diretrizes e das atividades do Departamento de Cultura (DC), mais especificamente do Congresso da Língua Nacional Cantada. Destacou-se o papel do DC no projeto político do grupo que governava o município e o estado de São Paulo, e do Congresso como vitrine privilegiada para as realizações e propostas desse grupo. As comunicações dos congressistas e os textos enviados por Mário mereceram especial ênfase, assim como as características técnicas, estéticas e ideológicas das *Normas para a boa pronúncia da língua nacional no canto erudito*.

O capítulo IV apresenta uma análise de alguns dos derradeiros trabalhos do autor, observando o seu balanço pessoal a respeito do caminho percorrido, bem como as suas *constâncias e transformações* nessa fase de questionamentos. Essas alterações refletiram-se em escritos nos quais a função social do artista ganhou uma dimensão não mais apenas nacional, mas também inserida no quadro das mudanças mundiais, em uma tentativa de síntese entre suas crenças pessoais e o marxismo.

Finalmente, o capítulo dedicado às conclusões reflete sobre as questões levantadas e as respostas de Mário de Andrade a elas. Por ora salienta-se que, em seu sistema de idéias, o cantor recebeu um posto emblemático. O que esperava dos cantores – preocupações mais éticas que estéticas; militância em prol do que entendia serem as necessidades mais urgentes da nação – podia ser estendido a todos os artistas, intelectuais e homens de seu tempo.

Este volume foi possível graças ao Programa Edição de Textos de docentes e pós-graduados da Pró-Reitoria de Pós-Graduação da

Universidade Estadual Paulista "Júlio de Mesquita Filho" (PROPG – Unesp) e da Fundação Editora da Unesp (FEU); é resultante de uma pesquisa de Mestrado em Musicologia desenvolvida no Instituto de Artes (IA-Unesp) que gerou a dissertação, defendida em 2004, *Mário de Andrade ensaiando a unidade do Brasil: um estudo sobre o canto nacional*, e que sofreu as reformulações de praxe em sua adaptação ao feitio de ensaio. Na medida do possível, foram incorporadas as pesquisas publicadas nesse ínterim. Pela sua característica de contribuição pessoal a um determinado assunto, pode dar a impressão de ser um empreendimento individual. Nada mais falso. Há toda uma rede de "co-autores", alguns mais evidentes, outros menos manifestos. Na certeza de estar esquecendo alguém, começo agradecendo à Doutora Dorotéa Kerr, orientadora que acreditou completamente no projeto, possibilitando total liberdade intelectual ao mesmo tempo em que mantinha as órbitas do sistema. Agradeço também ao Programa de Demanda Social da Coordenação de Aperfeiçoamento de Pessoal de Nível Superior (Capes) pela bolsa de estudo; aos colegas, funcionários e professores do IA-UNESP, em especial aos Doutores Alberto Ikeda, Maria Helena Gios e Vitor Gabriel; aos cantores Ana Maria Kieffer, Carlos Vial, Edmar Ferreti, Lenice Priolli, Marília Siegl e Victoria Kerbauy, cujas entrevistas infelizmente não se incorporaram a este trabalho, mas foram importantíssimas para a concepção do mesmo; ao Grupo de Trabalho *PB cantado*, especialmente aos Doutores Adriana Giarola Kayama, Estela Brandão, Flávio Carvalho, Martha Herr, Mirna Rubin e Fernando Carvalhaes Duarte (*in memoriam*); ao Doutor Francisco Alambert, orientador do Doutorado em História Social da Universidade de São Paulo, pelo prefácio; aos colaboradores do Instituto de Estudos Brasileiros e do Centro Cultural São Paulo, entre outros; à minha família e a todos os que cuidaram dela em minhas ausências. Em todas estas pessoas e ações manifestou-se a Providência, companheira da Fé.

Maria Elisa Pereira
São Paulo, setembro de 2006.

1
MÁRIO DE ANDRADE, MODERNISTA E NACIONALISTA

Nacionalismos

Mário de Andrade tratava do Brasil para brasileiros, na maioria das vezes, não tendo muita preocupação em esclarecer as terminologias e os conceitos com que trabalhava, fundamentais na formulação e defesa de sua teoria estético-social nacionalista. Mas é preciso destacar alguns termos, que têm significados próximos, mas distintos, seja no domínio das ciências humanas, seja no das artes, para assim buscar compreender melhor a importância dada por Mário ao canto e ao cantor na divulgação da música brasileira. O que significariam para ele, entre outras coisas, cultura, raça, povo, nacionalismo e modernismo?

Atualmente, pátria, nação e Estado passaram a identificar-se de tal maneira que são tratados freqüentemente quase como sinônimos. A visão ocidental preponderante atribui à palavra pátria (a terra dos pais) a designação tanto do local quanto do país de nascimento, embutindo nela freqüentemente diversos tipos de vínculos afetivos. Na pátria há nações, grupos humanos caracterizados menos por possuírem semelhanças físicas e mais por criarem e manterem sua língua, cultura, hábitos e costumes sociais. Cada uma dessas nações, buscando sua autonomia política, conformaria seus limites territoriais com as fronteiras do estado nacional moderno, organização politicamente independente por definição.

Mas nem sempre foi assim. O historiador J. C. Chiaromonte afirmou que, " no que se refere à nação-estado contemporânea, a 'definição étnico-lingüística', do princípio das nacionalidades" nasceu apenas em fins do século XIX (2003, p.74). Para esse autor:

> 1) o termo *nação* foi usado durante séculos com um sentido puramente étnico; 2) surge, em seguida outro sentido – sem que o anterior desapareça –, estritamente político, [...] que se generaliza durante o XVIII, bem antes da Revolução Francesa, sentido que exclui qualquer referência étnica; 3) numa terceira fase, paralelamente ao Romantismo, ocorre a conjunção de ambos os usos [...] no chamado *princípio das nacionalidades*. Foi recentemente, portanto, que *a etnicidade converteu-se em fundamento da legitimidade política*. (idem, p.85).

Mário de Andrade viveu em uma época na qual os cartógrafos tiveram muito trabalho. As fronteiras do velho mundo redefiniram-se após a Primeira Guerra Mundial; nela, antigas pendências foram resolvidas a bala, ou postas em banho-maria até o conflito seguinte. Em meio a isso havia o *nacionalismo*, ideologia que aglutina econômica, cultural, política e afetivamente a população, o território e o Estado, e que dá às diferentes coletividades de um território o nome genérico de "povo". De acordo com Arnason (1999, p.227), o nacionalismo apareceu como "um relacionamento especificamente moderno e de uma intimidade inédita entre cultura e poder"; a formação dos estados nacionais teria sido "uma resposta à 'tríplice revolução' – na integração econômica, no controle administrativo e na coordenação cultural – que marca o advento da modernidade" (idem, p.232).

Em sua história, o nacionalismo político foi adaptado às diferentes conjunturas e tendências, em um leque que abrangeu desde a extrema direita até a extrema esquerda. A princípio companheiro do capitalismo, do liberalismo e das democracias, o nacionalismo passou, com o tempo, de essencialmente burguês para também proletário ou nazi-fascista. *Cultura* e *raça*, pilares do ideário nacionalista, foram usadas como bases ideológicas por sistemas autoritários. Como salientou Arnaldo Contier, desde 1922 o fascismo incentivou ações artísticas e culturais como parte da sua estratégia pelo poder, ressaltando principalmente a força da língua, literatura e música italianas (1991, p.6-7). A partir de 1933, o nacional-socialismo, por sua vez, sem desmerecer o passado cultural alemão, apoiou-se nas teorias "raciais", promovendo ao mesmo tempo a suposta superioridade da "raça ariana" e o temor da degeneração (perda das qualidades raciais) advinda da miscigenação (idem, p.10).

No âmbito dos questionamentos sobre a construção da nação brasileira, floresceram as discussões pró e contra a miscigenação; em sua defesa Renato Ortiz encontrou a junção oportuna dos conceitos positivistas e culturais/nacionalistas:

> Os parâmetros raça e meio fundamentam o solo epistemológico dos intelectuais brasileiros de fins do século XIX e início do século XX. A interpretação de toda a história brasileira escrita no período adquire sentido quando relacionada a esses dois conceitos-chave. Não é por acaso que *Os Sertões* abre com dois [...] capítulos sobre a Terra e o Homem. (Ortiz, 1994, p.15-16)
> [Na] virada do século se engendra [...a] ideologia do Brasil-cadinho [, que] relata a epopéia das três raças que se fundem [...]. [Essa ideologia] é um mito cosmológico, e conta a origem do moderno Estado brasileiro [...] (ibid, p.38).
> [...] O mito das três raças [...] não somente encobre os conflitos raciais como possibilita a todos se reconhecerem como nacionais. (ibid, p.44)

A sociologia positivista, que influenciou boa parte dos pensadores brasileiros do século XIX, explicava, de maneira determinista, "os fenômenos artísticos com o célebre trinômio *race, milieu, moment*" (Pareyson, 1989, p.88). Freqüentemente se fundem nos textos de Mário de Andrade as referências às influências do meio, da genética e da psicologia na formação cultural do povo brasileiro. Embora as teorias de Silvio Romero e Euclides da Cunha ainda reverberassem nos anos 20, o Brasil mestiçado de Mário se construiria, sobretudo, mediante reformas paulatinas nos campos da educação, ciência e arte.

As definições raciais humanas remetiam, tradicional e equivocadamente, à cor da pele. Para Mário de Andrade, *raça* significava muitas vezes, e ao mesmo tempo, população, povo, nação, patriotas, cidadãos, etnia. O uso seletivo dos diversos sentidos que esses termos possuem levou-o, em 1928, a iniciar o *Ensaio sobre a música brasileira* da seguinte maneira:

> Até há pouco a música artística brasileira viveu divorciada da nossa entidade racial. Isso tinha mesmo que suceder. A nação brasileira é anterior à nossa raça. [...] Era fatal: Os artistas duma raça indecisa se tornaram indecisos que nem ela (Andrade, 1972, p.13).

Mário não desconhecia que o Brasil, colônia portuguesa desde 1500, elevara-se à categoria de vice-reino em 1762, fora um Império independente desde 1822 e era uma república desde 1889, mas advogava que essa nação não fora capaz de decidir autonomamente que feição teria.

Refletir sobre esse aspecto da nação significava, para Mário de Andrade, adentrar não somente no amplo espectro das discussões sobre a identidade do Brasil como também no da sua integração. Se, para ele, a identidade seria formada inicialmente a partir da diferenciação com as metrópoles européias e da miscigenação do povo brasileiro – resultante do encontro entre nações indígenas sul-americanas, africanas e européias –, a consecução da unidade precisaria de uma ação mais complexa. Mário viveu sob um federalismo conflituoso, no qual os interesses estaduais ou locais muitas vezes se opunham de maneira aguerrida aos nacionais. Segundo Octavio Ianni, a idéia de nação implica uma concepção de pátria coesa, mas a então recente República sofria com intensidade o processo dialético entre as forças de integração e desarticulação de seus estados-membros, perceptível em momentos como os que envolveram os acontecimentos do tenentismo; [...] da Revolução de 1930; a Revolução Constitucionalista de 1932, organizada por setores dominantes paulistas, com falas separatistas; a queima das bandeiras estaduais pelo [...] Estado Novo, para reduzir a autonomia dos estados e impor a integração [...] (Ianni, 1995, p.13-14).

Mário de Andrade não abraçava à época do *Ensaio* uma definição preponderantemente político-administrativa para nação, nem ainda uma explicação para a sociedade que relevasse seu sistema produtivo, suas classes e seus conflitos; *nação*, enquanto objeto ideal, era tratada por ele como uma enorme pessoa. Mário freqüentemente analisava a sociedade psicologicamente, transferindo as características dos sujeitos para o todo social, como assinalou Travassos (1997, p.157). Essa sua psicologia, eivada de moral, foi empregada no estudo dos artistas em geral e dos intérpretes em particular, e também aplicada à sociedade que os desejava, criava e sustentava, revelando a maneira pessoal e afetiva com que lidou com os problemas sociais brasileiros. Não compreendendo a essa altura a sociedade de forma estratificada, nem os seus conflitos à maneira dialética, Mário via-a ora como uma grande mente (apoiado na psicologia), ora como um grande corpo (na biologia).

No seu entender, a unidade e identidade do Brasil, tão caras ao seu projeto nacional, poderiam ser obtidas pela via cultural. Mário de Andrade conheceu a idéia de cultura chamada clássica ou humanista que provinha do pensamento iluminista franco-alemão, de teor cosmopolita, enciclopédico e racional, na qual a língua, a literatura, a música e as demais artes são componentes importantes. Conheceu também a chamada classificação antropológica de cultura, na qual os elementos sociais e étnicos são preponderantes, e que possui profundas conexões com as idéias de Johann Gottfried Herder (1744-1803) sobre a *Kultur*. Herder, que com Goethe deflagrara o movimento cultural Tempestade e Ímpeto (*Sturm und Drang*), foi o principal responsável pela síntese que vincula o ambiente rural, a intuição e o particular a um conceito de nação genuína, não corrompida por influências estrangeiras. Nessa teoria, o "espírito" de cada povo se manifestaria em suas tradições populares; caberia aos intelectuais a recolha e a propagação desse material, cumprindo sua função sociopedagógica. A partir do fim do século XVIII a junção folclore/nacionalismo fez-se presente nas artes, com uma produção musical bastante consistente na Europa do século XIX. De certa maneira, Mário de Andrade mesclou essas correntes, incorporando a elas, principalmente a partir de 1938, aspectos do materialismo histórico. Compreendia a cultura "clássica" como distinta da "popular" (folclórica-rural) ou da "popularesca" (urbana, voltada para o mercado), transitando pelos antagonismos que acreditava existir entre o que chamava de cultura alta e baixa. No que concerne à música, o Brasil ocupara até então, em sua opinião, um lugar subalterno no concerto das nações; deveria então aproveitar-se dessa situação, apropriando-se apenas do que de "melhor" houvesse dos elementos musicais europeus, bem como do que de mais característico existisse na cultura brasileira – com reservas ao que chamou exclusivismo (uso excessivo das características nacionais sem mesclá-las habilmente às internacionais) e unilateralismo (uso dos elementos étnicos indígenas e africanos anteriores à "amalgamação" brasileira). O compositor nacionalista, como esclareceu no *Ensaio*, deveria também criar uma ponte para os dois pólos culturais, unindo música erudita e folclore (Andrade, 1972, p.29).

Em diversas línguas européias, *nacional* e *popular* são praticamente sinônimos. O nacionalismo romântico europeu baseou-se, entre outros elementos, na mítica capacidade do povo (*Volk*), enquanto entidade, ser capaz ora de construir sua sabedoria e suas canções (*Volklore, Volkslieder*) anônima e comunitariamente (tese *comunalista*), ora de o fazer individualmente, porém há tanto tempo que a autoria pessoal fora esquecida (tese *individualista*). Segundo Fischer (1973), as canções folclóricas foram compostas por diferentes pessoas, de diferentes camadas sociais, de diferentes níveis de talento. Algumas obras seriam provenientes da elite, e depois absorvidas e transformadas pelas camadas populares (tese sobre o *desnivelamento* das obras de arte); outras seguiriam o caminho inverso. Os compositores eruditos apoiaram-se nesse manancial "popular" supostamente inspirado pelo espírito (*Geist*) das nações. Esse autor também defendeu a tese de que a noção de "espírito popular" (*Volksgeist*) foi criada em protesto contra as relações cada vez menores entre o homem e a natureza, bem como contra a alienação – dissociação entre produtor e produto – característica do sistema capitalista. O *povo* não seria formado, como queriam os românticos, por uma massa homogênea e indistinta de seres, possuidora de qualidades das quais o homem capitalista se afastara (pureza, amor à natureza). Para Fischer, essa idealização "não foi mera ilusão: teve conseqüências reacionárias. Serviu para atacar a burguesia, mas igualmente para atacar as manifestações da luta de classes" (op. cit., p.79).

Mário de Andrade freqüentemente se referia ao "espírito da época" ou "do tempo" (*Zeitgeist*) mesmo na sua fase materialista. Para ele, *povo* designava ora as camadas mais pobres, ora toda a população do país, mas o elemento *popular* e *nacional* da música seria visível no folclore, raramente na música urbana.[1] Ao publicar em 1929 seu *Compêndio de história da música* (chamado a partir de 1942 de *Pequena história da música*) pôde justificar suas teses nacionalistas bem como lhes dar lastro histórico. Mário realizou nesse livro um trabalho de verificação da música ocidental até princípios do século XX, procurando manifestações nacionalistas desde seus primórdios – se não baseadas na junção do nacional com o popular, ao menos fincadas em marcos étnicos e técnicos. Pelo encadeamento dos temas tem-se a impressão

---

1 Wisnik identificou, à época de Mário de Andrade e de seu projeto folclórico/nacionalista, um tipo de resistência romântica ao avanço capitalista, o qual seria o promotor, de certa maneira, de duas vertentes musicais: "a vanguarda dodecafônica, antagonista no nível formal e no [...] projeto cultural, [... por] aguçar a distância entre a música e a sociedade. [... E a] música popular urbana, engolfada no caldeirão [...] do mercado internacional, que dilapidaria as fontes puras do espírito nacional" (1983, p.31). Percebeu também, na utilização seletiva dos elementos folclóricos, uma tentativa de diferenciar a "*boa música* (resultante da aliança da tradição erudita nacionalista com o folclore) da *música má* (a popular urbana comercial e a erudita europeizante, quando esta quisesse passar por música brasileira, ou quando de vanguarda radical)" (1982, p.134).

de que o nacionalismo, participante de um tipo de processo "evolutivo" da música, sempre existiu. Discorreu sobre a proliferação do "espírito" nacionalista romântico, de inspiração folclórica, nos países fora do eixo cultural Alemanha-França-Itália, principalmente a Rússia (Andrade, 2003, p.156-159). No Brasil, os compositores do século XIX teriam se apropriado das melodias, dos temas e quando muito dos assuntos de origem popular, baseados em uma coleta oportunista da música tradicional. Para ele, o nacionalismo musical "moderno", se ainda continha muitos elementos daquele do século anterior, adquirira outros caracteres – inclusive o da pesquisa científica.

A Semana de Arte Moderna

Generalidades ocultam inúmeras diferenças; o termo *romantismo*, por exemplo, designa "não só uma ampla variedade de coisas diferentes, mas também uma ampla variedade de coisas contraditórias" (Bradbury & McFarlane, 1989, p.16). Assim como as terminologias tratadas anteriormente, *moderno, modernidade e modernismo* têm de ser verificadas historicamente. A historiografia européia de tradição francesa chama moderno o período histórico compreendido entre a tomada de Constantinopla (1453) e a Revolução Francesa (1789), e contemporâneo o que se seguiu. Para outros historiadores, era moderna e capitalismo são inseparáveis, havendo diferentes períodos modernos dependendo da sociedade estudada. O termo modernidade significaria tanto uma época quanto uma atitude de adaptação e de respostas inovadoras às mudanças do contexto histórico. Suas características variariam conforme a estrutura das sociedades nas quais essas mudanças ocorreram, dependendo diretamente da tradição transformada e da síntese obtida (Arnason, op. cit., p.225, 235). Sobre uma base econômica moderna e em meio a um ambiente de modernidade podem surgir manifestações artísticas chamadas modernistas. O modernismo, enquanto tendência estética internacional, se caracterizaria por uma profunda diversidade local, teria suas raízes no romantismo e no naturalismo positivista, e apresentaria um certo conjunto fluido mas detectável de pressupostos, fundados numa estética largamente simbolista, numa concepção vanguardista do artista e numa noção sobre a relação de crise entre a arte e a história [...] (Bradbury & McFarlane, op. cit., p.21). [...O] modernismo em inúmeros países foi uma extraordinária mescla de futurista e niilista, de revolucionário e conservador, de naturalista e simbolista, de romântico e clássico. Foi um louvor e uma denúncia de uma era tecnológica; uma alegre adesão à crença de que os antigos regimes da cultura haviam acabado, e um profundo desespero com o receio por um tal fim. (idem, p.35).

No Brasil, esse encontro passado/presente apresentou como complicador interno as disparidades socioeconômicas regionais, e somou-se às complexas relações culturais que o Brasil, antiga colônia, ainda mantinha com os países europeus, sobretudo Portugal e França. Para Antonio Candido, o modernismo brasileiro seria uma síntese da dialética do localismo e do cosmopolitismo, do conteúdo nacional e das formas européias, da expressão particular do artista e do programa/manifesto a ser seguido (2000, p.101). Como todo processo, o modernismo brasileiro viveu também sua história, com seus personagens, suas crises, vitórias, contradições e transformações.

Em 1922, o centenário da Independência foi comemorado em todo o país. A Exposição Internacional do Rio de Janeiro, ou Exposição do Centenário da Independência, foi uma dessas celebrações. Esse acontecimento cívico-comercial deixou algumas marcas culturais, como a primeira transmissão oficial de rádio no Brasil e a mostra do documentário *O paiz das Amazonas*, do diretor luso-amazonense Silvino Santos. Paralelamente, nesse mesmo ano foi iniciado o movimento tenentista e fundado o Partido Comunista Brasileiro. Pairavam no ar questionamentos sobre a independência efetiva do Brasil, sobre tutelas ainda existentes e sobre as práticas da chamada República Velha. Nesse ambiente misto de afirmação do Estado nacional (as festas) e de negação dos seus fundamentos (as revoltas; as manifestações operárias), aconteceu no Teatro Municipal de São Paulo, de 13 a 18 de fevereiro, a Semana de Arte Moderna. O grupo que a organizou exibiu quais seriam, em sua opinião, os mais novos caminhos da poesia, prosa, pintura, escultura, arquitetura e música.[2]

A estética modernista começou a firmar-se no Brasil após a Primeira Guerra Mundial, tendo na Semana de Arte Moderna um dos seus mais marcantes eventos. A Semana é considerada um importantíssimo acontecimento artístico de São Paulo, de intensa repercussão nacional; porém, outras diferentes manifestações culturais ocorriam pelo Brasil ao redor de 1922. Embora não se possa dizer que, nos outros estados, "esses movimentos tenham tido total autonomia estética perante as propostas advindas da *Semana*", mesmo assim não foram apenas uma "cópia aproximada do 'original'" (Alambert, 1992, p.78). Sacralizada como o evento simbólico da renovação cultural brasileira, a Semana "foi, desde o início, recriada, de acordo com os interesses de seus artífices, que se tornaram participantes, porta-vozes e, depois historiadores – eventualmente críticos – de seu próprio movimento" (idem, p.101). Os acontecimentos e os desmembramentos da Semana ilustram parte da dialética regional/nacional de então, uma vez que querelas interestaduais movidas por interesses econômicos moviam a política nacional.

Nela, só aparentemente os *modernistas* formavam um bloco coeso contra os *passadistas*. A expressão *geração de 22*, freqüentemente utilizada para enlaçar os participantes da Semana, causa estranheza principalmente quando se observam as diferentes características estéticas e políticas de cada um deles. Esse encontro entre tradição e modernidade evidenciou duas grandes tendências opostas, mas complementares em muitos sentidos: a do *futurismo*, focado nas questões do progresso e da renovação das linguagens artísticas, e a do *primitivismo*, que procurava no homem da terra, nas suas antigas raízes nacionais e nas culturas populares as bases para a construção de uma arte erudita.

---

2 Sobre os antecedentes da Semana e a sua repercussão, seus personagens, os artigos na imprensa e demais documentos, e também sobre as diversas correntes modernistas no período 1917/1929, ver Batista (1972), Rezende (1993), Alambert (1992) e Travassos (2000).

As idéias de pluralidade e aceitação das diferenças apenas se esboçavam no Brasil de 1922, pois os projetos políticos de todos os tipos da época eram totalizantes, admitindo pouquíssimo espaço para a diversidade. A cidade de São Paulo, porém, lidava com uma convivência "forçada" entre múltiplas nacionalidades e ideologias. Seus cidadãos passaram a viver em uma verdadeira Babel devido à intensa e diversa imigração resultante primeiramente da cultura cafeeira e posteriormente da industrialização.[3] Ao mesmo tempo, a elite cafeeira paulista via-se confrontada a todo o instante com a nova elite industrial, formada principalmente por estrangeiros.

A urbanização, a industrialização e a imigração fizeram de São Paulo "a" metrópole brasileira. Em verdade, os primeiros contatos maciços com os imigrantes trouxeram aos paulistanos uma sensação mais de invasão de território do que de encontro de povos. Em diversos textos, Mário de Andrade referiu-se aos imigrantes italianos com um misto de receio e desprezo: atribuía-lhes o exercício de más influências culturais, seja no ensino musical (o gosto exagerado pela ópera e pelo *bel canto*; a italianização dos sons do canto brasileiro), seja na contaminação da língua portuguesa pelas construções próprias da língua italiana.

Mário de Andrade, um dos fomentadores da Semana, participava ativamente da vida cultural paulista. Professor de piano e de diversas outras disciplinas do Conservatório Dramático e Musical de São Paulo, crítico de arte e de música, conferencista na Vila Kyrial, publicara em 1917 seu primeiro livro, *Há uma gota de sangue em cada poema*, sob o pseudônimo de Mário Sobral. Nesse mesmo ano conhecera Oswald de Andrade, e envolvera-se na defesa da arte de Anita Malfatti, criticada por Monteiro Lobato. A partir de então,

---

3 A abolição da escravatura (1882) coincidiu com a intensificação da cultura cafeeira no estado de São Paulo, impelindo os produtores a buscarem mão-de-obra estrangeira; o café – que deslocaria o eixo econômico e político do Nordeste para a região Sudeste – foi o fator inicial do grande desenvolvimento do estado. Em apenas 50 anos, o número de moradores da capital aumentara quase vinte vezes, passando de aproximadamente 31.000 em 1872, para mais de 600.000 habitantes em 1922. Em 1940, esse número saltaria para mais de 1.300.000.

Mário passou a sedimentar suas idéias que uniriam modernidade a brasilidade. Sua residência é sempre citada como uma espécie de universidade livre, onde seus freqüentadores (representantes da elite paulista, artistas e intelectuais) discutiam de tudo – vale lembrar que, à época, havia poucos institutos de ensino superior no país, e que só a partir de 1934 começou a ser implantada a Universidade de São Paulo. Mário multiplicava sua influência pessoal mediante seus livros e artigos, pelo contato do dia-a-dia das conferências e aulas, bem como pelo labor persuasivo e pedagógico cumprido pela sua vastíssima correspondência.

O grupo organizador da Semana de Arte Moderna exibiu o que, em sua opinião, havia de mais novo na poesia, na prosa, na pintura, na escultura, na arquitetura e na música brasileiras. Mário de Andrade participou ativamente dos preparativos e da execução do evento. Na segunda das três noites dos festivais fez, durante o intervalo, uma curta palestra sobre as obras modernas; pouco antes disso, havia recitado no palco do Teatro Municipal, sob vaias, o primeiro poema do seu livro *Paulicéia desvairada* – obra que sintetizava, naquele momento, seu localismo (os conteúdos nacionais) e seu cosmopolitismo (as formas internacionais), e que incluía duas de suas *constâncias*: a cidade de São Paulo –

Inspiração

São Paulo! Comoção de minha vida...
Os meus amores são flores feitas de original...
Arlequinal!... Traje de losangos... Cinza e ouro...
Luz e bruma... Forno e inverno morno...
Elegâncias sutis sem escândalos, sem ciúmes...
Perfumes de Paris... Arys!
Bofetadas líricas no Trianon... Algodoal!...

São Paulo! Comoção de minha vida...
Galicismo a berrar nos desertos da América! (Andrade, 1966, p.32)

e o rio que corta a capital, fluindo em direção ao interior –

Tietê

Era uma vez um rio...
Porém os Borbas-Gatos dos ultra-nacionais esperiamente!
Havia nas manhãs cheias de Sol do entusiasmo
as monções da ambição...
E as gigânteas vitórias!
As embarcações singravam rumo do abismal Descaminho...
Arroubos... Lutas... Setas... Cantigas... Povoar!...
Ritmos de Brecheret!... E a santificação da morte!
Foram-se os ouros!... E o hoje das turmalinas!...
– Nadador! vamos partir pela via dum Mato-Grosso?
– Io! Mai!... (Mais dez braçadas.
Quina Migone. Hat Stores. Meia de seda.)
Vado a pranzare con la Ruth. (idem, p.36)

No *Prefácio interessantíssimo*, introdução desse livro de 1922, bem como em *A escrava que não é Isaura*, de 1925, espécie de seu complemento, Mário de Andrade explanou seus pressupostos estéticos particulares, como também os dos modernistas em geral. Suas propostas naqueles tempos eram de mudanças tanto nos arcabouços poéticos como na ampliação dos assuntos dos poemas, e para explicá-las baseou-se nas estruturas musicais: "Num soneto passadista dá-se concatenação de idéias: melodia. Num poema modernista dá-se superposição de idéias: polifonia" (Andrade, 1960, p.269). Declarou não se considerar futurista, como Marinetti, mas não desprezar o progresso: "O amor existe, mas anda de automóvel" (idem, p.211).[4]

Os desdobramentos de 1922 enlearam arte com ideologia. A cultura e a identidade nacional passaram a ser vistas também sob aspectos

---

4 O *futurismo* pregava a destruição da arte anterior cultuando a velocidade, a máquina, o patriotismo e a guerra. Surgiu com o *Manifesto do Futurismo* do italiano F. Tommaso Marinetti (1876-1944), publicado no *Le Figaro*, em 1909. Oswald de Andrade trouxe esse manifesto para o Brasil quando regressou de Paris, em 1912.

mais explicitamente políticos, explicadas por movimentos que iam da direita (Verde-Amarelo; Anta) à esquerda (Pau-Brasil; Antropofagia). O nacionalismo, pouco detectável durante a Semana, tornar-se-ia marcante anos depois. Segundo as periodizações aceitas por Rezende (1993) e Travassos (op. cit.) para o modernismo no Brasil, primeiramente teria existido uma "fase preparatória", iniciada em 1917 com a exposição de Anita Malfatti, que culminou na Semana de Arte Moderna; seguiu-se uma "fase heróica", de 1922 até 1930, período de renovação das linguagens e de novas construções estéticas; a partir de então, essas autoras indicam também uma "fase de maturação", encerrada com a morte de Mário em 1945, quando a questão do nacional se impôs; a "fase de reflexão" que se seguiu repensou o próprio modernismo e derivou em diversas tendências, como o concretismo, a poesia práxis e a poesia marginal, entre outras.

Espelhando-se nesses parâmetros temporais ideais pode-se balizar as transformações do pensamento de Mário de Andrade. O equilíbrio dinâmico entre vanguarda e primitivismo presente em toda a obra de Mário oscilou, ora pendendo mais para a estética transformadora durante os primeiros anos do modernismo, ora cedendo pouco a pouco espaço ao teor das questões nacionais. Ou, visto de outra maneira, a síntese possível entre forma e conteúdo variou conforme a conjuntura vivida por esse autor. Após 1938, influenciado pelo comunismo, Mário produziu textos de ação social transformadora; seu pensamento e suas formas de compreender o mundo, contudo, continuaram não incorporando realmente a dialética, pois segundo "Moacir Werneck de Castro, Mário era um simpatizante do comunismo e não um pensador marxista" (Travassos, op. cit., p.168).

Música na Semana de Arte Moderna e interpretação nacionalista

Boa parte dos teóricos musicais e historiadores da música tem privilegiado o estudo de biografias de compositores, normalmente identificados como gênios criadores e/ou transformadores; de obras musicais, vistas em si mesmas nos seus aspectos de forma, estrutura e linguagem, desligadas da dinâmica social; ou da sucessão e encadeamento de escolas e estilos (Moraes, J., 2000). A intersecção desses três fatores é freqüente, adicionados a elementos como os da natureza "eterna" da obra, da "evolução" da arte, ou "da vida sofrida" do artista estudado. As referências aos intérpretes, co-participantes dos processos musicais, são mais raras. Na direção contrária à dos teóricos, o grande público tem pelos intérpretes em geral, e pelos cantores em particular, uma afeição histórica, incrementada após o surgimento dos meios de comunicação de massa:

> O campo que o fetichismo musical mais domina é o da valorização pública dada às vozes dos cantores. O atrativo exercido por estes últimos é tradicional [...]. Entretanto, nos dias de hoje, esqueceu-se que a voz é apenas um elemento material. Ter boa voz e ser cantor são hoje expressões sinônimas [...]. Em outros tempos exigia-se [...] alto virtuosismo técnico. Agora exalta-se o material em si mesmo. (Adorno, 1999, p.95).

Mário de Andrade era contrário tanto à simples valorização do material vocal quanto à supervalorização do virtuosismo. Para ele, os intérpretes teriam uma excessiva e quase exclusiva preocupação com o seu *métier*, preocupação essa bastante discutida por ele em diversos trabalhos, principalmente em *O banquete* (1989). A palavra *virtuose* geralmente significava para ele não o intérprete mestre na técnica de um instrumento ou estilo, mas uma pessoa mais preocupada consigo mesma do que com a música, com o particular do que com o social. O jogo de palavras virtuose/virtuoso, uma das constâncias de seus escritos, expõe quanto o exibicionismo o aborrecia. A personagem Siomara Ponga, cantora de *O banquete*, sintetiza as virtuoses encontradas por Mário por toda sua vida e personifica tudo o que mais repudiava no artista. Escolheu uma cantora, e não qualquer outro músico, para tipificar esse "mau" profissional, provavelmente pelo alto grau de importância que dava à canção nacional.

A questão da interpretação musical brasileira mostrou-se realmente como *problema* para os modernistas já em 1922. Apesar de a

Semana ser lembrada prioritariamente pela sua repercussão na literatura, nela se ouviu muita música. Wisnik, no seu já clássico *Coro dos contrários*, chamou a atenção para a presença dos chamados virtuoses nesse evento; embora esses intérpretes não defendessem necessariamente o programa modernista, foram convidados a participar, seja por estarem disponíveis no momento, seja porque seus nomes atrairiam o público para as demais atividades (Wisnik, 1977, p.67). Apresentaram-se, entre outros, Ernani Braga, Lucília Villa-Lobos, Fructuoso Vianna e Guiomar Novaes, e os cantores Maria Emma e Frederico Nascimento Filho. Além das composições de Villa-Lobos, as de Poulenc, Satie, Debussy, Blanchet e Vallon constaram do programa oficial de concertos ou foram solicitadas pelo público, bem como ilustraram palestras.[5] Porém, essas manifestações musicais

> não compartilham de nenhuma solução estética radical [... . Não] se pode recorrer, pois, nem à idéia de uma ruptura drástica com a tonalidade [...], nem tampouco à idéia de um propósito nacionalista, baseado na clara intenção de fazer do folclore o ponto de referência da composição. (idem, p.141)

Se a transformação da literatura começara complexamente, "a renovação musical no Brasil ainda seria tarefa mais demorada e difícil, a depender não só da disposição criativa dos compositores, mas da evolução dos comportamentos interpretativos, da reprodução por parte dos executantes, e da recepção do grande público" (idem, p.93).

Em seguida à Semana, os modernistas partiram para uma série de artigos nos quais a questão da renovação da linguagem foi cedendo lugar aos problemas da formação dos intérpretes e dos grupos musicais, à análise dos repertórios abordados e às suas interpretações, e à crítica

---

5 Sobre a música da Semana, ver Wisnik (1977) e Travassos (2000). Sobre a trajetória de Villa-Lobos (1899-1959), a construção e reconstrução de sua própria imagem e a sua "conversão parisiense" à brasilidade, ver Guérios (2003) e Sevcenko (1992, p.273-282).

da atração exercida pela ópera e pelos recitais pianísticos, a *pianolatria* (idem, ibid.).[6] Esses artigos foram publicados tanto em jornais quanto em periódicos como *Revista do Brasil Estética, Klaxon* e *Ariel*.[7] O "modernismo musical [...variou de uma] combatividade acirrada e taxativa para uma combatividade empenhada na promoção educativa" (idem, p.102). As publicações informavam aos brasileiros sobre as coisas da Europa, ao mesmo tempo que apontavam para a formulação de uma função social da arte em termos nacionalistas (idem, p.104). Esse perfil didático alcançaria posteriormente também os compositores, e encontraria ressonâncias nas políticas da Escola Nacional de Música e do Departamento de Cultura. Retomando a questão da interpretação, Wisnik remeteu-se ao pensamento de Roland Barthes, afirmando que

> [A] maneira de se conceber a *interpretação* está, inseparavelmente, ligada à maneira de conceber a arte [...e] a linguagem. Isso porque o intérprete limita muito de perto, e ao mesmo tempo, com o autor e o leitor [.Na] história da função do intérprete o grau de sua intervenção no texto, prevista ou não na partitura, é mutável. [Há] momentos em que tende a haver uma aproximação máxima de código e mensagem, [e] há outros momentos [de] disparidade maior entre o sistema e a sua realização, [de] inclusão da experiência pessoal do executante afetando o sistema, isto é, de *interpretação*. [...]
> [Durante o romantismo] o executante ganha uma autonomia que lhe permite impor à obra uma interpretação liberada do rigor maior da

---

6 Sobre o culto ao piano em detrimento aos demais instrumentos, e sobre a interpretação sentimentalista, ver Wisnik (1977, p.76).
7 Sobre as diferentes revistas modernistas, ver Alambert (1992, p.59-66 e 76-84). A revista *Ariel* teve seus treze números, editados entre outubro de 1923 e outubro de 1924, dirigidos por Antonio Leal de Sá Pereira (1888-1966), pianista e compositor. Mário de Andrade foi um de seus colaboradores freqüentes. O Professor Sá Pereira participou ativamente do Congresso da Língua Nacional Cantada, de 1937. Sá Pereira, Mário de Andrade e Luciano Gallet formularam, em 1930, "um controvertido e depois rejeitado programa de ensino para a Escola Nacional de Música, hoje Escola de Música da Universidade Federal do Rio de Janeiro, em que a preparação técnica do instrumento era unida às exigências da formação intelectual" (Wisnik, 1977, p.102).

fidelidade estrita ao texto. [Após a] Semana: postula-se a substituição do virtuosismo romântico por um tipo de execução mais próxima da exatidão clássica, e da observação estrita dos elementos determinados pelo texto. (idem, p.107-108)

Wisnik ressaltou também que a "crítica da interpretação musical é uma leitura de segundo ou terceiro grau: já que o pianista executa uma leitura da obra, e o ouvinte, uma leitura da leitura" (idem, p.118). Afirmou que Mário de Andrade validava uma interpretação mais contida, dita "clássica", que enfatizava mais o código e a mensagem do que o emissor-intérprete. Porém, em vários momentos, constatou que Mário transitou entre "acentuar a 'exaltação lírica' [e] exigir o compromisso social imediato" (idem, p.123), e em outras ocasiões perseguiu a união de ambas as coisas.

No caso da interpretação da canção, além da execução dos sons levada a cabo pelos instrumentistas e cantores, existe também a questão da articulação das palavras acopladas à melodia. Para Mário de Andrade, na canção de câmara em geral, a parte cantada seria mais importante que a do instrumento acompanhador em virtude das características estéticas que atribuía ao gênero. Para ele, a compreensão e a captação do conteúdo do texto da canção nacional não seriam obtidas somente pela inteligibilidade vocabular, mas principalmente pelo caráter da voz, ou pelo que viria a chamar de *timbre racial brasileiro*.

Há outras formas de compreender a questão da interpretação, diferentes da abordagem indicada por Wisnik.[8] Entre elas, a de Adorno (cf. Travassos, op. cit., p.73-74), que considerava a manutenção desse debate nos dualismos razão/sentimento, interpretação clássica/romântica, fiel/livre, objetiva-decodificadora/subjetiva-poética um desvio do olhar do processo histórico: segundo sua análise, a música erudita ocidental deixara gradativamente de ter espaços para a improvisação e passara a ser uma composição escrita altamente elaborada, exigindo dos intérpretes maior especialização. Além disso, a música assumira

---

8   Ver mais sobre interpretação no capítulo 2, p.58.

o papel de mercadoria em uma sociedade de consumo. O virtuosismo remeteria o público às experiências musicais carregadas de imediatez anteriores à modernidade. Mário de Andrade não compreendia o problema dessa forma, utilizando as explicações dualistas correntes.

Intelectuais, nacionalismo e música brasileira

Mário de Andrade fez parte do grupo de escritores que pensou o Brasil bem amplamente, característica marcante de muitos trabalhos e ensaios da primeira metade do século XX. Mas o termo "escritores" não designa um grupo coeso. Além de pertencerem a tendências estéticas e políticas distintas, seus atributos gerais também mudaram muito com o passar do tempo. Segundo Sérgio Micelli (2001), entre os anos 1920 e 1930, a concentração do pensamento brasileiro ainda estava nas mãos dos seus bacharéis ou de seus homens de letras, fortemente ligados aos tradicionais grupos políticos oligárquicos de seus estados. Obtinham geralmente apoio financeiro em algum tipo de mecenato ou nas próprias rendas familiares, e faziam do jornalismo, do magistério e da política possibilidades de carreira.

Depois de 1930, com o fortalecimento do poder central, houve um incremento na agregação dos intelectuais às salas burocráticas governamentais, principalmente cariocas. Entretanto, em razão da diminuição do poder de pressão dos grupos estaduais sobre o governo federal, os intelectuais que se apoiavam nessas antigas estruturas passaram a ter algumas dificuldades. Ao mesmo tempo, com o desenvolvimento do mercado editorial e educacional, passou a existir a possibilidade de independência econômica para novos escritores, aliada a sua crescente inserção nas atividades da sociedade civil.

A partir de 1940 tornou-se mais evidente ainda a mudança no perfil do intelectual brasileiro. Com o aumento e diversificação dos campos de conhecimento no Brasil, passaram a existir filósofos, sociólogos, economistas, historiadores e antropólogos formados pelas universidades, cuja principal característica era sua especialização e profissionalização. Esse novo grupo, com uma nova visão crítica, juntou-se ao dos antigos bacharéis no mercado de trabalho intelectual brasileiro, principalmente no ligado à função pública e, em muitas ocasiões, disputou posições com eles.

Ainda de acordo com Miceli, a condição social de Mário de Andrade sempre exigiu que tivesse de trabalhar e de investir na sua própria educação e cultura, mas ao mesmo tempo permitiu-lhe "levar a cabo o projeto de ser um intelectual total nas condições da época" (2001, p.104). Mário cresceu em uma sociedade que admirava a cultura francesa, dependia do cultivo do café e admitia o autodidatismo. Durante sua maturidade, essa sociedade foi transformando-se em outra, que aprendia inglês e defendia uma nova ordem econômica voltada para a América do Norte, além de valorizar os diplomas.

O tema da crise da cultura ocidental, bem como do papel dos intelectuais na sociedade, foi intensamente debatido no Brasil na primeira metade do século XX. Um dos autores de grande influência no círculo de Mário de Andrade foi o filósofo francês Julien Benda (1867-1956), que, advogando a tradição, lançou, em 1927, *La trahison des clercs*, obra sobre o desvio da missão dos intelectuais que servissem a causas, partidos ou interesses.[9] Outro autor relevante no meio intelectual paulista (cf. Gonçalves, 1992, p.151-160; Fernandes, 1944), o sociólogo Karl Mannheim (1893-1947) afirmava que a antiga *intelligentsia*, grupo social afastado dos problemas cotidianos, de pensamento monolítico e encarregada de "pregar, ensinar e interpretar o mundo" (Mannheim, 1972, p.38), fora substituída nos tempos modernos por uma *intelligentsia* recrutada em variados estratos sociais, possuidora de diversos modos de pensamento ou diferentes visões de mundo. A ela caberia, em situações de mudanças sociais, desmascarar as falsas consciências, e apontar novas direções possíveis.

---

9   Alguns autores (cf. Mota, 1978, p.86 et seq.) transparecem nos textos de Mário de Andrade e de seus conterrâneos, como Romain Rolland (*Au dessus de la mêlée*), Archibald Mac Leish (*Os irresponsáveis*), Julien Brenda, Ortega y Gasset e Jacques Maritain, entre outros. Ver capítulo 4, p.159. O pensamento de Gramsci, contemporâneo de Mário, era desconhecido à época no Brasil.

Mário de Andrade produziu textos importantes sobre a intelectualidade brasileira, à qual mesclava toda a classe artística. Em 1932 afirmou seguir tanto o antigo modelo de intelectuais acadêmicos ou escolásticos (*clercs*), defensores dos "valores maiores da civilização", quanto o dos intelectuais

> traidores dissolutos, convictamente injustos, socializados, revertendo tudo à sua fé católica ou à sua fé comunista. [...Eu vivo] num dualismo acomodatício, buscando seccionar a obra em partes nítidas, uma autoritária, e utilitária, outra livre e pessoal. (Andrade, [196-?], p.49)

O compositor mais representativo da música brasileira da primeira metade do século XX foi, sem dúvida, Villa-Lobos,[10] mas foi por força de Mário de Andrade que vingou no Brasil um fazer musical conhecido como *nacionalista* ao lançar, com o seu *Ensaio sobre a música brasileira*, a base teórica que estabeleceu as normas para a feitura de uma música nacional (no sentido abraçado por Mário). Sendo *a* obra de referência para os compositores dessa tendência, o *Ensaio* apresenta-se, em diversos pontos, extremamente pragmático:

> Si um artista brasileiro sente em si a força do gênio, [...] deve fazer música nacional. Porquê como gênio saberá *fatalmente* encontrar os elementos essenciais da nacionalidade [...]. E si o artista faz parte dos 99 por cento dos artistas e reconhece que não é gênio, então é que deve mesmo fazer arte nacional. Porquê incorporando-se à escola italiana ou francesa será apenas mais um na fornada ao passo que na escola iniciante será benemérito e necessário. (Andrade, 1972, p.19)

Mário de Andrade escreveu o *Ensaio* para esses 99 por cento. A tese defendida por ele impunha, para a música nacionalista, um complexo programa de composição baseado no uso do folclore e

---

10 Sobre as ligações de Villa-Lobos com Getúlio Vargas, ver Contier (1998) e Cherñausky (2003), entre outros.

em distintas e progressivas fases da criação. Segundo o autor, na etapa *nacionalista* e *social*, de construção do amálgama racial e da unidade da nação brasileira, a música deveria partir da pesquisa e da consciência de si mesma, sendo *primitiva* (tribal, religiosa, comemorativa), *interessada* (circunstancial e não-individualista) e *combativa* (atuante). Ultrapassado esse momento, refletindo então a realidade brasileira e não mais a internacional, poderia passar à etapa *cultural*, estética, de criação livre (Andrade, 1965, p.34-35; Andrade, 1972, p.18-19 e 43). Essa proposta, que apoiava as formas tradicionais e tonais de composição e repudiava as demais tendências, encontrou forte apoio em setores da elite e ressonância em boa parte dos compositores da época, tornando-se, para alguns, sinônimo de *música brasileira*.

O *Ensaio* transcendeu o âmbito da teoria musical, fornecendo subsídios para uma interpretação do Brasil bem como para que essa explicação alçasse alturas ideológicas. De acordo com o historiador Arnaldo Contier, o *Ensaio* possui um conteúdo pleno de aspectos controvertidos: baseia-se nas idéias de brasilidade e identidade cultural; utiliza um tom emotivo, jocoso às vezes, tentando envolver o leitor; é também dogmático e doutrinário. Apresenta "uma fundamentação teórica (técnica e estética) muito genérica e pouco rigorosa [...]. O *Ensaio* [...] foi lido, debatido, citado [... por] integralistas, socialistas, fascistas, liberais, stalinistas [...]" (Contier, 1995, p.109). Ainda segundo esse autor,

> No período de 1928 a 1970, aproximadamente, alguns "herdeiros" e simpatizantes das "teses" de Mário sobre a música brasileira, consideram-no como o Segundo Descobridor do Brasil [...] (idem, p.89).
>
> O *Ensaio* ou a *Nova Carta* do descobrimento do Brasil visou [...] envolver emotivamente o leitor-artista, almejando despertar-lhe o gosto pela pesquisa do folclore [...] e induzi-lo [...] a escrever, interpretar e divulgar músicas modernistas, cumprindo, assim, a sua função social no momento da "construção" de um projeto em prol da criação de uma Escola Nacionalista de Composição [...]. (idem, p.91)

Mário de Andrade garantiu a imagem de redescobridor não só com o *Ensaio*, mas também como participante da Semana de Arte Moderna e da chamada Viagem da Descoberta do Brasil, ocorrida durante a Semana Santa de 1924. Mário retornou a Minas Gerais, que conhecera em 1919, dessa vez em companhia de D. Olívia Guedes Penteado, René Thiollier, Godofredo da Silva Teles, Tarsila do Amaral, Oswald de Andrade e seu filho Noné. Junto a essa comitiva seguiu um convidado internacional do casal "Tarsiwald", o poeta Blaise Cendrars, que estava no Rio de Janeiro. Mário apresentou a eles as cidades históricas, o barroco mineiro e os trabalhos de Aleijadinho (Antonio Francisco Lisboa, 1730-1814), documentos artísticos de uma época anterior à da chegada da corte portuguesa ao Brasil. Assim como a historiografia oficial consagrou a Semana de Arte Moderna como o momento zero do modernismo no Brasil e o *Ensaio* como o marco zero da música nacionalista, na nova régua do tempo brasileira a chamada Viagem da Descoberta do Brasil seria o ponto de referência da revelação do Brasil para os brasileiros. Participante dos três episódios, Mário assumiria, nessa recriação da História do Brasil, um papel duplo, misto de um novo Cabral (ao descobrir) e de um novo Pero Vaz de Caminha (ao relatar).

Após o *Ensaio*, Mário de Andrade continuou a defender em seus textos o que considerava ser nacionalismo. Mas, após seu desligamento, em 1938, do Departamento de Cultura, o fez de uma maneira cada vez mais próxima à dos pensadores comunistas. Passou a realizar um balanço de sua vida pessoal, de seus escritos e da sua atuação na história, convivendo com a possibilidade de uma nova relação com o país, com suas obras e consigo mesmo, em um diálogo com o passado e o presente, mediante uma busca da síntese entre fé e razão, arte e ação.[11] Em seu texto de 1942, *O movimento modernista*, a inquietação interior e a realidade exterior exigiram-lhe um auto-exame:

---

11 O Mário de Andrade de *Paulicéia desvairada*, de *Macunaíma* e de outros trabalhos renovadores é o mesmo Mário das viagens de coletas folclóricas e do nacionalismo musical. Observando-se historicamente sua produção, caminhando-se passo a

Não tenho a mínima reserva em afirmar que toda a minha obra representa uma dedicação feliz a problemas do meu tempo e da minha terra [..., mas] chego no declínio da vida à convicção de que faltou humanidade em mim. Meu aristocracismo me traiu. Minhas intenções me enganaram. ([196-?], p.252 -254).

---

passo com o autor, observou-se que o binômio moderno-tradicional não se manifestou em suas obras como um conflito ou dilema – item muito explorado por alguns pesquisadores –, mas como um par dialético constante.

2
O PENSAMENTO DE MÁRIO DE ANDRADE: RAÍZES DA AÇÃO

Da Primeira à Segunda República

Este capítulo objetiva compreender o pensamento de Mário de Andrade pela observação de seus textos, escritos anteriormente ao *Congresso*, que trataram de temas como a língua nacional, a interpretação, o canto, o cantor, bem como assuntos correlatos. Trabalhou-se apenas sobre as obras mais significativas, já que o autor teceu reflexões similares em muitas delas. Mário refletiu sobre esses assuntos de uma maneira bem própria, revelando sua visão sobre a música brasileira e sobre o Brasil. Essa reflexão abrangeu desde as questões psicológicas, físicas, artístico-musicais até aquelas referentes às concepções de mundo e aos projetos políticos.

Escritos em uma fase anterior àquela do aprofundamento de seu questionamento quanto à estrutura da sociedade (1938-1945), esses textos exibem algumas de suas *constâncias pessoais*. Elas não se revelam apenas em questões de estilo, como o uso de reticências internas, indicando suspensão, alteração do pensamento ou jocosidade; ou nas finalizações conciliatórias e carregadas de excessiva modéstia. Aparecem principalmente na repetição, encontrada em diferentes obras, de palavras, idéias e estruturas.

Em virtude da relação intrínseca que apontava para a cultura, a língua, a canção e a unidade nacional, Mário de Andrade dedicou-se muito a essas questões, pois faziam parte da solução que encontrara para os problemas brasileiros: modificar a cultura erudita, de reprodutora da tradição européia, em transformadora da cultura popular brasileira e, por meio dessa modificação, desencadear uma série de reformas na sociedade. Constatou um conflito entre como se escrevia – à portuguesa – e como se falava – à brasileira. Se isto se lhe apresentava como um problema no âmbito literário, também o era no musical. Reconhecendo na língua um elemento muito significativo para a obtenção da identidade cultural e da unidade nacional, dedicou-se sobremaneira às questões da escrita do idioma nacional e também da interpretação da canção brasileira com a pronúncia e o timbre característicos que lhe atribuía.

Mário de Andrade nasceu em 1893, quatro anos depois da instalação de um novo modelo de governo que substituiu o Império. A chamada República Velha, ou Primeira República, durou até a Revolução de 1930 e foi seguida pela Era Vargas, que terminou em 1945. Nesse tempo de profundas transformações sociais, culturais, econômicas e políticas, eivado de revoluções, revoltas e reformas, o estado de São Paulo contou com cerca de trinta governantes (eleitos ou interventores), vinte deles no período de 1922 a 1945.

As duas guerras mundiais (1914-1918; 1939-1945) e a quebra da Bolsa de Valores norte-americana (1929) colaboraram para aprofundar o questionamento interno sobre o modelo agroexportador, baseado no latifúndio e na monocultura, e que privilegiava alguns estados da federação. Na Primeira República, os partidos políticos organizavam-se em âmbito estadual. Em São Paulo dominava o Partido Republicano Paulista (PRP), que dividia com Minas Gerais as candidaturas – e as eleições praticamente garantidas – para a Presidência da República. A política de alianças entre esses dois estados começou a entrar em crise nos anos 20, em meio à insatisfação dos demais interesses estaduais bem como de setores militares e da incipiente sociedade civil. A Revolução Russa (1917), o fascismo (1922) e o nazismo (1933) estimularam, por sua vez, as discussões sobre o modelo político e social brasileiro.

A cidade de São Paulo, vivendo o início do seu processo de industrialização, urbanizava-se rapidamente. Milhões de migrantes e imigrantes a ela se dirigiram, acirrando as más condições de vida do proletariado urbano. Traziam também consigo as influências sindicais e políticas européias. Em 1917, a greve foi o principal instrumento reivindicatório das massas paulistanas. As influências de cada cultura, introduzidas na cidade pelos imigrantes, foram pouco a pouco absorvidas, não sem resistência de alguns cidadãos.

Em 1922 nasceu, da reunião de lideranças marxistas de diversos estados, o Partido Comunista do Brasil, que posteriormente mudou seu nome para Partido Comunista Brasileiro. Oficiais de baixa patente também se organizaram, iniciando as lutas dos "tenentistas" por legitimidade política, voto secreto e estabilidade econômica, entre outras bandeiras. Firmaram ações como o Levante do Forte de Copacabana, de 1922, a Revolta Paulista, de 1924, e a Coluna Prestes (1924-1927).

Os conflitos entre os estados da federação abalavam as esperanças em constituir-se uma real unidade nacional. O paulista Washington Luís, Presidente da República entre 1926 e 1930, indicou outro paulista, Júlio Prestes, para sua sucessão, rompendo o acordo com Minas Gerais. O gaúcho Getúlio Dornelles Vargas (1882-1954) foi o candidato oposicionista da Aliança Liberal. Derrotada nas eleições, como previsto, a Aliança juntou-se ao Exército, tomando o poder a 3 de novembro de 1930. Teve então início a Era Vargas, caracterizada por etapas distintas: a revolucionária (1930-1934) e a constitucional (1934-1937), que juntas são conhecidas por Segunda República, e a ditatorial, ou o chamado Estado Novo (1937-1945). Getúlio tornaria ao poder, desta vez pelas urnas, em 1951, suicidando-se em 1954.

Para Octavio Ianni, "[a] revolução de 1930 seria inexplicável sem o jogo das forças estaduais e regionais em luta para reequacionarem a sua posição e influência no âmbito do Estado Nacional" (1995, p.14). Durante a Segunda República o novo governo acelerou o processo de transição da sociedade rural para a industrial, bem como deu início à junção das idéias nacionalistas com a sua estratégia política populista. Enfrentou as reações, legítimas ou oportunistas, tanto de setores populares quanto estaduais/oligárquicos, como as dos tenentes, dos comunistas, dos integralistas e a dos dirigentes paulistas. Estes últimos, em uma ampla frente política, insurgiram-se contra o governo federal. A revolução constitucionalista de 1932 foi derrotada, mas em 1934 aprovou-se uma Constituição. Se, por um lado, essa nova Carta reconheceu diversos reclamos trabalhistas e sociais, possibilitando um breve período de livre manifestação política, por outro, legitimou Getúlio Vargas no poder até a realização das eleições previstas. Estas, porém, não aconteceram: a 10 de novembro de 1937, fechado o Congresso, começou a ditadura do Estado Novo.

Segundo Sérgio Miceli (2001, p.89-104 e notas), as forças políticas situacionistas paulistas organizavam-se, até o fim dos anos 20, ao redor do PRP e do jornal *Correio Paulistano*. Nesse diário colaboraram tanto os herdeiros naturais do perrepismo – como Oswald de Andrade, afinado à época aos interesses oligárquicos – quanto outros membros do modernismo que, posteriormente, se engajariam em movimentos políticos conservadores, como Plínio Salgado e Cassiano Ricardo, entre outros.

Os outros se aproximavam da família de Júlio Mesquita, proprietária do jornal *O Estado de S. Paulo* e do principal veículo cultural da época, a *Revista do Brasil*. Dissidentes da oligarquia estadual, intelectuais e políticos emergentes sem possibilidade de ascensão pelas vias perrepistas, e uma variada gama de oposicionistas, tinham voz nessas publicações. Unidos, passaram a defender um programa de reformas, que incluiu a criação do Partido Democrático (PD), em 1926. Os membros desse partido defendiam a tese de que a educação era a resposta para todas as desordens da sociedade, passando pelo aprimoramento dos administradores públicos, técnicos ou políticos. Mário de Andrade escreveu regularmente no jornal desse partido, o *Diário Nacional*.

José Pires do Rio foi prefeito da capital de 1926 até 1930, quando Getúlio Vargas o destituiu do cargo (Barros & Moizo, 1991, p.49). Iniciou-se em sua gestão municipal a visão de planificação e centralização das ações públicas, que Fábio Prado consolidaria.

Em 1930, muitos dos integrantes dos "Partidos Democráticos" brasileiros apoiaram a Revolução. Carlos Moraes de Andrade, irmão mais velho de Mário de Andrade, participou ativamente da formação da Aliança Liberal, sendo por isso preso. Vitorioso, Getúlio Vargas libertou-o; mesmo assim, o PD ficou alijado dos cargos públicos estaduais paulistas pela vinda de interventores federais. Desse modo, tanto a velha oligarquia rural se viu desprovida do poder como igualmente parte de sua "ala jovem", que engrossara as fileiras do PD. Em breve, a Revolução Constitucionalista tentaria, sem sucesso, reverter essa situação.

Com fama de apolítico, ou no máximo de homem de retaguarda, Mário de Andrade, em um primeiro momento, apoiara a Revolução de 1930. Posteriormente, foi um "ativista anônimo" durante a Revolução de 1932: segundo Flávia Toni, Mário ligou-se "à Rádio Sociedade Record, porta-voz da causa constitucionalista" (Silva, 2001, p.191). Entre as suas atividades na programação da emissora, solicitou a Camargo Guarnieri um *Hino a São Paulo*, para ir ao ar a 7 de setembro. Mas, segundo Telê Lopez, Mário seria um "nacionalista que aspirava à internacionalidade, [e que] não podia, em sã consciência, aceitar todas as linhas do movimento" (1972, p.62). Envolvido pelo impulso revolucionário, escreveu sobre a sedição, sob o pseudônimo de Luís Pinho.[1] Dividido, dizia-se consciente de que, naquele momento, abraçar a causa paulista era negar a nacional; mas simplesmente não conseguia deixar de fazê-lo. Suas vivências colaboraram para a assimilação paulatina das teorias comunistas. Embora as conhecesse, Mário de Andrade não as acolhia, devido à sua formação religiosa e intelectual, mas, aos poucos, separou "de sua fé católica soluções sociais e abordagens de caráter marxista" (idem, p.66), manifestadamente após seu afastamento do Departamento de Cultura.

Após nomear alguns interventores militares, Getúlio Vargas escolheu Armando Salles de Oliveira (1887-1945), genro de Júlio Mesquita, como governador de São Paulo. Em alguns trechos do jornal *Folha da*

---

1 Sobre seus escritos da época revolucionária, ver Andrade (1976b, p.52-57 e 551-603), principalmente a crônica *PRAR* (idem, p.593-595).

Manhã, de 17 de agosto de 1933, sobre a nomeação de um interventor civil e paulista, pode-se ler:

> Foi assinado hoje à tarde [...] o decreto nomeando o sr. Armando de Salles Oliveira, para o cargo de interventor federal em São Paulo. Logo após nomeação [...] esteve no palácio do Catete, onde [...] teria apresentado ao sr. Getulio Vargas uma lista contendo os nomes dos secretários [...] para a administração paulista. [...] A nomeação do dr. Armando [...] deverá assinalar o inicio de uma outra orientação na política federal, com a participação crescente de São Paulo nas deliberações nacionais. [...] É filho do engenheiro Francisco de Salles Oliveira, que foi senador ao Congresso Estadual, [... é] engenheiro formado pela Escola Polytechnica de S. Paulo, e [... é] vice-presidente da Companhia Mogyana de estradas de Ferro, diretor presidente da S. A. "O Estado de S. Paulo". (O DR. ARMANDO..., 1933)

Armando Salles de Oliveira foi primeiramente interventor e depois governador eleito: a união do PRP e do PD, derrotada na Revolução de 1932, mostrou-se vitoriosa nas urnas. Renunciou posteriormente ao cargo para concorrer à Presidência da República, mas teve suas intenções frustradas pelo golpe de 1937. Segundo suas palavras, "[... a] crise brasileira não é popular, mas das classes superiores; não é das massas, mas dos que devem dirigi-las e não se acham preparados [...]" (Nosso Século, 1980, v.1930-1945, p.70). No seu governo foi criada a Universidade de São Paulo (USP), que posteriormente agregou seu nome em sua homenagem; decênios depois outra universidade estadual paulista, a Unesp, viria a conter o nome de Júlio de Mesquita Filho, seu cunhado e colega de diretoria no jornal *O Estado de S. Paulo*. Ainda segundo Miceli, a opção pela "educação" visaria ocultar lutas sociais:

> Em vez de se dar conta da emergência de demandas sociais que haviam sido represadas por falta de canais de expressão e participação, os dirigentes da oligarquia paulista atribuem as derrotas sofridas em 1930 e 1932 à carência de quadros especializados para o trabalho político e cultural e, escorados desse diagnóstico, [... condicionaram] sua pretensões

de mando no plano federal à *criação de inesperados instrumentos de luta*: a Escola de Sociologia e Política, a Faculdade de Filosofia, Ciências e Letras [...] da nova Universidade de São Paulo, e o Departamento Municipal de Cultura. (op. cit., p.101, grifo nosso).

A USP, cujo lema é *vencerás pela ciência*, foi instituída em 25 de janeiro de 1934, aniversário da fundação da cidade. Inicialmente unificou faculdades e institutos já existentes – como Direito, Museu Paulista e Butantã –, criando também a Faculdade de Filosofia, Ciências e Letras (FFCL). Abrigada na Escola de Medicina e na Escola Politécnica, a FFCL foi transferida posteriormente para a Escola Caetano de Campos, onde também funcionava o Instituto de Educação. Somente em 1947, já separada dos cursos de exatas e biomédicas, a Faculdade de Filosofia, Letras e Ciências Humanas (FFLCH) ganhou sede própria, na Rua Maria Antonia. Pública, laica e gratuita, a USP contratou inicialmente alguns docentes estrangeiros vindos de Portugal, Alemanha, Itália e principalmente França, que lecionavam em sua língua natal. Os postulantes às vagas tinham de conhecer esses idiomas, fato que restringiu inicialmente o acesso a uns poucos candidatos.

Fábio da Silva Prado, prefeito nomeado da capital (7 set.1934 – 30 abr.1938), juntou-se ao governador, formando gabinetes apoiados em colaboradores do PRP e do PD. Nesse contexto, Mário de Andrade foi chamado a ser o primeiro Diretor do Departamento de Cultura e Recreação do Município de São Paulo (DC), cargo equivalente hoje em dia ao de Secretário Municipal de Cultura.

Prefácio interessantíssimo

A música era uma ferramenta privilegiada para a compreensão e explicação do mundo material e intelectual para Mário de Andrade. De maneira especial, a música estrutura sua obra em prosa *Macunaíma*, e por meio dela Mário explicou muito de sua poesia; o *Prefácio interessantíssimo*, *As enfibraturas do Ipiranga* e *A escrava que não é Isaura* inexistiriam sem ela. Nos libretos operísticos *Pedro Malazar-*

te e *Café*, Mário buscou somar e entrelaçar as teorizações sobre os processos poéticos e musicais de composição, bem como apresentar suas soluções para a intersecção de música e palavra, o *melos* e o *logos* necessários para a confecção do que preferia chamar de "teatro cantado" ou de "melodrama".

Durante a Semana de Arte Moderna, Mário declamou *Paulicéia desvairada*. Este e outros poemas reunidos em livro homônimo têm como introdução o *Prefácio interessantíssimo*, segundo João Luiz Lafetá, o "primeiro texto teórico escrito no Brasil sobre a natureza dos procedimentos técnicos da arte contemporânea. Tem, portanto, a importância de um manifesto pioneiro do Modernismo" (Andrade, 1982, p.76). Dizendo-se apoiado nos escritos de Théodule Ribot (1839-1916), ligado à psicologia experimental, Mário de Andrade fundou e encerrou nesse prefácio a escola poética Desvairismo.

Ribot, ao aceitar duas categorias musicais – a música vazia, ou exterior (na qual os componentes técnicos são priorizados), e a música plena, ou interior (na qual se manifesta a imaginação criadora afetiva, sentimental) –, opunha-se às teorias do crítico musical Hanslick.[2] O psicólogo francês também defendia que, durante a fase de invenção da composição, o homem criava e organizava ao mesmo tempo. Em seguida, como esclareceu Flávia Toni (Silva, 2001, p.211, nota 33), viria a fase de depuração e crítica do material inspirado. Outro conceito seu era o da mensagem em código: "[a] inspiração parece um telegrama cifrado que a atividade inconsciente envia à atividade consciente, que o traduz" (Ribot apud Andrade, 1960, p.209, nota 1).

O uso das idéias de Ribot, visível em diversos trabalhos e cartas, pode ajudar a esclarecer algumas aparentes incongruências presentes nos textos musicais de Mário de Andrade. Adepto de uma música não-programática, advogava, ao mesmo tempo, que ela expressasse

---

2 Em 1854 Eduard Hanslick (1825-1904) publicou *Do belo musical – uma contribuição para a revisão da estética musical*. Nesse livro, criticou a música programática de Wagner e Liszt, como também os defensores do subjetivismo e dos estetas do sentimentalismo. Para esse autor, a música seria uma linguagem ela mesma, descolada de representações da natureza ou dos sentimentos humanos.

o coletivo e não o pessoal; que tivesse alcance social e *intenções*, princípios; mas que não fosse tão "pura" como a apregoada por Hanslick, que considerava distante da alma popular. Anos depois, na nota número vinte de sua *Pequena história da música*, Mário de Andrade explicou que, para ele, *música pura* seria "a música que, não se baseando diretamente em elementos descritivos, quer objetivos, quer psicológicos, tira dos elementos exclusivamente dinamogênicos (Ritmo, Melodia, Harmonia) as suas razões de ser arte e ser bela" (1944, p.106). A música sem texto seria incapaz de expressar outras coisas senão ela mesma:

> Os instrumentos se [...] libertam da voz e conseqüentemente da palavra e da inteligência. Cria-se (séc. XVII) a noção da música exclusivamente musical, Música Pura. Esteticamente falando isso foi um benefício [....] Mas [...] no movimento Romântico do séc. XIX, vai aparecer o preconceito da Música, desligada da palavra, ser capaz de expressar intelectualmente os sentimentos (Schumann, Chopin), os fatos (Berlioz, Liszt), as idéias (Beethoven, Wagner, Strauss). (idem, p.76)

No *Prefácio interessantíssimo*, Mário de Andrade explicou seu processo criativo como resultante de um impulso lírico, gritado pelo inconsciente, mas corrigido logo em seguida. Definiu o lirismo como o "estado afetivo sublime – vizinho da loucura" (1966, p.26). Em sua primeira nota, citara a fórmula de Paul Dermée, "Lirismo + Arte = Poesia", na qual "arte" tem o sentido de elaboração, trabalho estético. Discorreu sobre o belo artístico (afastado do belo da natureza), a produção poética nacional, a arte moderna e sobre o problema da utilização de uma gramática portuguesa em uma escrita brasileira.

Mário de Andrade firmou seu gosto pelas sutilezas da *fala brasileira*, em particular pelo som característico dos nasais: "A língua brasileira é das mais ricas e sonoras. E possui o admirabilíssimo 'ão'" (idem, p.22). Vocábulos do *Português de Portugal* (PP) que contenham /a/ acrescido do til (sinal diacrítico /~/) formam um som nasal /ã/ distinto dos das demais línguas. No *Português do Brasil* (PB) o /ão/ soa, por sua vez, diferentemente daquele do PP, denotando brasilidade.

Mário de Andrade preferiu não se colocar entre os poetas futuristas ou entre os que apenas utilizavam temas modernos – o automóvel, a fábrica, o cinema –, mas sim entre os que possuíam uma forma de expressão contemporânea, livre das amarras da métrica e da rima. Apoiado nas conceituações do poeta espiritualista francês Gustave Kahn (cf. Lopez, op. cit., p.41), utilizou elementos constitutivos da música para fundamentar a poética modernista, chamando de *melódico* o verso tradicional e de verso *harmônico* às palavras soltas de um poema, que funcionariam como as notas de um arpejo. Se o conjunto fosse maior, com frases soltas superpostas, ter-se-ia, de acordo com suas teorias, a *polifonia* poética.

As enfibraturas do Ipiranga

No livro *Paulicéia desvairada* há um poema que demonstra bem o processo criador descrito no *Prefácio interessantíssimo*. Concebido para ser um tipo de *oratório profano*, sob a inspiração do Centenário da Independência do Brasil, *As enfibraturas do Ipiranga* tem como personagens as "Senectudes tremulinas", que são os milionários, representados por um coro de sopranistas; os "Sandapilários indiferentes", os operários, coro de barítonos e baixos; os "Orientalismos convencionais", os beletristas, distribuídos em um coral sem tenores; as "Juvenilidades auriverdes", os modernistas, tenores; "Minha loucura", o lirismo, soprano ligeiro solista. A esses quinhentos e cinqüenta mil cantores juntar-se-iam cinco mil instrumentistas. Estudando esse poema, Wisnik observou que Mário de Andrade

> não escreve um programa para uma peça musical (emprestando à música um falso caráter literário), mas inclui elementos de um gênero musical semantizado (já que inclui a palavra), o oratório, na própria constituição da obra poética. Ou seja: as alusões musicais passam a constituir o texto poético, ao fazer parte dele, servindo a desenvolvimentos paródicos. (1977, p.32)

A ação narrada transcorreu durante um dia, no qual os personagens combateram entre si nas proximidades do Teatro Municipal, defendendo suas posições sociais e intelectuais. A cada nova entrada de uma voz/personagem há no texto uma indicação de mudança de instrumentação, andamento, intensidade. Reclamando do barulho, os operários uniram-se aos conservadores na fuga contra a *Verdade*, trazida pelos jovens artistas. Ao fim, exaustos, os poetas juvenis adormeceram, ninados pelo lirismo (Andrade, 1966, p.52-64).

Na concepção desse espetáculo grandioso, objetivamente irrealizável, não faltaram desafinação, lassidão, ruídos. O conflito, porém, não se deu na forma de lutas de classes. Aconteceu na opção estética entre o velho e o novo. A crítica de Mário de Andrade abordou as condições de produção artísticas, e não as econômico-sociais, desligando-as. Apesar disso, neste trecho final de *As enfibraturas do Ipiranga*, vêem-se elementos constantes em sua obra que serão reencontrados em *Café*, lá formando o cerne da ação (ver capítulo 4, p.168):

> [*Minha Loucura*]: Estas espigas da colheita branca
> e os escalrachos roubando a uberdade!
> Enredadamente! Oh!...
> Os meus joelhos têm quedas muito crentes
> que vão bater no peito do Senhor;
> mas os meus suspiros muito louros
> entreteceram-se com a rama dos cafezais...
> [...] Os cérebros das cascatas marulhantes
> e o benefício das manhãs gloriosas do Brasil!
>   (harpas, trompas, órgão)
> (Andrade, 1966, p.57-58).

A escrava que não é Isaura

Em 5 de julho de 1924, começou a Revolução Tenentista de São Paulo, liderada pelo general reformado Isidoro Dias Lopes. O prefeito Firmiano de Moraes Pinto (1920-1926) enfrentou ao mesmo tempo a crise de abastecimento de água e de energia elétrica, bem como o bombardeamento da cidade. Aproximadamente 10% da população paulista fugiu para o interior (Barros & Moizo, op. cit., p.48); após um mês de lutas na capital, os revolucionários juntaram-se a Prestes e a sua coluna.

Mesmo com as convulsões que abalavam a cidade, continuavam as discussões estéticas. Mário de Andrade perdeu muitos dos seus alunos particulares após a Semana, mas intensificou suas aulas no Conservatório Dramático e Musical. Nesse ano, abordando questões nacionais e gramaticais, começou a escrever sua obra que mais se aproximou de um romance, *Amar, verbo intransitivo* – nome que subverte a predicação e alude a um tipo de amor que não se pode transmitir a outrem –, e participou da Viagem da Descoberta do Brasil.

Em 1925, Mário de Andrade lançou o ensaio *A escrava que não é Isaura (discurso sobre algumas tendências da poesia modernista)*, no qual retomou alguma questões do *Prefácio interessantíssimo*, ampliando-as, exemplificando-as e acrescentando uns tantos problemas não tocados em 1922. Nas primeiras páginas fez uma parábola evocando Rimbaud, na qual a poesia seria uma escrava que durante séculos teria ficado soterrada sob diversas camadas de roupagens, até ser desnudada por esse poeta (Andrade, 1960, p.201-202).[3] O título já é significativo: Bernardo Guimarães (1825-1884) publicara em 1875 seu romance *A escrava Isaura* sobre uma serva brasileira de pele muito alva, filha de um feitor e de uma escrava, que, apesar dessa ascendência, recebera uma esmerada educação de base européia.

Mário de Andrade diferenciou a beleza, encontrada na natureza, do belo, criado pelo homem em condições específicas. Discorreu sobre os "assuntos" em arte; alertou para a diferença entre retórica (no sentido de discurso vazio ou afetado, preso a regras) e eloqüência (no sentido de discurso expressivo, livre de amarras), dizendo que os modernistas optaram por esta última. No fim da primei-

---

3 Jean-Artur Rimbaud (1854-1891), poeta romântico francês precursor do simbolismo, valorizava o valor simbólico e musical das palavras. Utilizava versos livres, cheios de revolta e surrealismo. Os simbolistas eram, ao mesmo tempo, contra os defensores da arte pela arte, bem como dos naturalistas/positivistas.

ra parte desse texto, apresentou as duas maiores características da poesia modernista, no seu entender: "1º: respeito à liberdade do subconsciente. Como conseqüência: a destruição do assunto poético. 2º: o poeta reintegrado na vida do seu tempo. Por isso: renovação da sacra fúria" (idem, p.224). Sem repelir o passado, os modernistas repeliriam os passadistas mas não o passado, como explicou nesta nota: "Goethe pertence a uma época passada mas não é passadista porque foi modernista no seu tempo. Passadista é o ser que faz o papel do carro de boi numa estrada de rodagem" (idem, p.238).

Além do verso e da rima livre, Mário de Andrade identificou na poesia modernista a organização subconsciente que se manifestaria pela "SUPERPOSIÇÃO DE IDÉIAS E IMAGENS. Sem perspectiva nem lógica intelectual" (idem, p.245). Verificou também o que chamou vitória do dicionário (ou liberdade sintática), a presença do texto sintético e do polifonismo (idem, p.226). Sabia da existência de outros termos internacionais para designar a mesma coisa, como simultaneidade e sincronismo: "[o] nome de *Polifonismo* [...] deriva de meus conhecimentos musicais que não qualifico de parcos, por humildade" (idem, p.256).

Mário de Andrade discorreu sobre a evolução da música, de início mais lenta que a das demais artes; estas seriam, porém, essencialmente imitativas da natureza. Afirmou que para se tornar igualmente inteligível a música atrelara-se à palavra, a qual, simultaneamente à "tradução" do componente acoplado, lhe dera parâmetros temporais. Mário denominou *música pura* aquela alforriada do texto: "[liberta] da palavra, em parte pelo aparecimento da notação medida, em parte pelo desenvolvimento dos instrumentos solistas, conseguiu enfim tornar-se MÚSICA PURA, ARTE, nada mais" (idem, p.257). A exemplo da música, as demais artes também poderiam ser não-representativas da natureza, pois em vez de causar emoções, "A OBRA DE ARTE É UMA MÁQUINA DE PRODUZIR COMOÇÕES" (idem, p.258), no sentido de tocar o ser humano intelectualmente, pelo seu belo intrínseco, não necessitando nada imitar. Mas é necessário não se deixar apanhar pela sua eloqüência. Para fazer-se compreender, em *A escrava que não é Isaura* Mário usou a imagem da liberdade da música apenas instrumental. Mas, para Mário, a música nacionalista, em especial a cantada, deveria ter funções sociais, sentidos e até mesmo *ethos*, se necessário fosse.

Introdução à estética musical, Dicionário musical brasileiro e Gramatiquinha da fala brasileira

Observando os textos de Mário de Andrade na procura de suas *constâncias pessoais* (idéias, frases e estruturas afirmadas repetidas vezes) relevantes para esta pesquisa, verificou-se que suas primeiras manifestações podem ser encontradas, singularmente, em algumas de suas obras publicadas postumamente. Elas vieram a público somente ao redor de 1990, sendo, portanto, desconhecidas pela maior parte de seus contemporâneos. São elas: *Introdução à estética musical* (Andrade, 1995)[4], *Dicionário musical brasileiro* (Andrade, 1989a)[5] e *Gramatiquinha da fala brasileira* (Pinto, 1990)[6]. Nesses textos encontram-se sistematizadas as conceituações aceitas e ensinadas por

---

4   Essa obra reúne os apontamentos, organizados por Flávia Toni, feitos por Mário de Andrade enquanto professor, para sua disciplina homônima durante os anos 1921-1925 e 1938, como também os adendos dos cadernos de duas de suas alunas À época, os estudos sobre a Música seguiam esta subdivisão: a História a estudaria cronologicamente; a Acústica, o som nele mesmo; a Estética (disciplina do saber dirigida ao Belo e à Arte) estudaria os efeitos dos sons sobre os homens: estímulos, sensações, idéias. Mário adicionava a esses itens as questões sociais e técnicas, bem como as que chamava de psicofisiológicas, estas últimas ligadas diretamente às qualidades dinamogênicas que atribuía à música (ver p.88 neste capítulo).
5   Esse livro, publicado sob coordenação de Oneyda Alvarenga e Flávia Toni, refere-se a apontamentos e comentários incompletos do autor recolhidos aproximadamente entre 1929 e 1935, visando à futura publicação.
6   Obra organizada por Edith Pinto (1990), sob o nome *A gramatiquinha de Mário de Andrade: texto e contexto*, reúne os apontamentos e comentários esparsos feitos por Mário de Andrade aproximadamente durante os anos 1922 a 1937. O autor referia-se a essa obra freqüentemente, deixando claro que não "errava o português", mas organizava e sistematizava uma nova linguagem literária, baseada na maneira brasileira de falar.

esse autor e que ajudam a compreender as noções presentes em suas obras mais conhecidas.

Mário de Andrade dispersou elementos da estética da interpretação em diversos textos, porém os assuntos *compositor, obra, público* e *intérprete* aparecem de forma sistematizada em seus apontamentos para a *Introdução à estética musical*. A arte foi vista sob o ângulo das relações pessoais às quais se aplica o conceito de *desejo de amigo*, a identificação do criador com o espectador. No quinto capítulo, ao falar sobre a *manifestação musical*, afirmou que esta seria uma fusão de quatro entidades distintas:

> o criador, a obra-de-arte, o intérprete e o ouvinte. [...] O que leva o homem a criar artisticamente é [...] o desejo de amigo, a comunicação com os semelhantes. [...] A arte é historicamente e psicologicamente uma manifestação sublimada de amizade [...]. O artista ama e quer ser correspondido [...]. O aplauso não é senão uma objetivação, uma aplicação desse amor. (Andrade, 1995, p.55-56)

O *artista criador*, uma dessas quatro entidades, seria um tímido que se supera ao sublimar o amor não realizado mediante as atividades artísticas. Teria vida dupla, a da atividade do corpo e a do espírito. A partir de Beethoven, os compositores passaram a romantizar também a vida material. Mário de Andrade distinguiu os criadores geniais dos "comuns", dando a estes últimos maior identificação com o *nacional*:

> O homem é um ser social. O criador só verdadeiramente é artista se concorre para o desenvolvimento dessa humanidade a que pertence. A humanidade se enriquece pela grandeza e diversidade das suas manifestações. A grandeza está mais no destino dos gênios [...e a] diversidade é mais propícia aos artistas mais comuns. [...] São raríssimos os gênios que tiram a qualidade do seu gênio do coeficiente racial [... mas] pro artista em geral ser é ser principalmente nacional. (idem, p.59)

Mário de Andrade comparava a *obra-de-arte*[7] a um filho emancipado, cuja visão fazia recordar seu pai, o artista criador. Entretanto, na música essa "emancipação" da obra não seria total, porque a "obra-de-arte musical é uma mensagem morta que adquire realidade por meio do intérprete e do ouvinte. [...] De todas as obras-de-arte a musical é a de condição mais precária porque carece dum intermediário: o intérprete" (idem, p.61). Essa dependência caracterizaria a música, fazendo do intérprete o elemento-chave da discussão.

Dentre as obras de arte, a que mais interessa a este estudo é a *canção*. No seu *Dicionário musical brasileiro*, Mário de Andrade a definiu como "Composição em verso" (1989a, p.87), citando em seguida uma narrativa histórico-evolutiva da canção extraída da *Pequena história da música*, partindo do seu sentido poético para chegar ao que ele entendia ser o tipo musical ideal. Este ocorreria quando a música exercesse principalmente o papel de "efetivadora fisiológica do texto", como afirmava ter ocorrido na época do cantochão, e fosse menos "comentadora psicológica do texto", como teria sido por ocasião da melodia acompanhada. Nesse período, "apesar de afirmarem todos que a música é *escrava da palavra*, ela se tornou uma escrava despótica, prejudicando a rítmica oratória por meio de sons que não se desenvolvem no movimento oral da frase, mas são medidos em tempo musical" (Andrade, 1944, p.75, grifo nosso). Discorreu também, entre outros tópicos, sobre as suas diversas formas (idem, p.66-70; 140-141), principalmente da *chanson* e do *Lied*. Entre outros aspectos, essa opção de Mário pela escolha e captação dos conteúdos poéticos/literários deveu-se à sua preocupação com a "eficiência moral do texto".

Para Mário de Andrade, a canção nacional demonstraria a somatória das características da música, da língua e do que considerava

---

7 A definição de obra de arte defendida neste trabalho remete ao pensamento de Antonio Candido e Adorno: o que pode converter uma produção comum em uma obra artística é justamente a particular articulação que faz o autor (ou o intérprete) entre conteúdo e forma, relacionando-se no momento exato da criação com sua realidade histórica, a sua comunidade (seus pares e seu público), o material e o método escolhidos.

"raça" brasileira. Em *Terapêutica musical* (1956, p.13-56), preocupado em afirmar as "funções dinamogênicas" da música – fisiologia, psicologia e música unidas, avivando as funções de órgãos do corpo humano –, relativizaria e reequilibraria a seu modo a relação música/palavra. Em outro trabalho, *Os compositores e a língua nacional* (1965, p.43-118), apresentou sua visão sobre a hierarquização dos elementos da canção:

> A canção, elevada à sua mais perfeita representação estética pelos compositores alemães, russos e franceses do Romantismo, é uma peça de câmara, pra canto e instrumento comentador, especialmente o piano. [...] Tornar o instrumento [...] tão ou mais importante que o canto; levar esse comentário [... para outros instrumentos é] descaminhar o conceito de canção, deformá-la. (p.45)

A primazia da poesia sobre as demais artes, pedra-de-toque do Romantismo, aparece nessa visão que percebe antes uma luta e uma relação de vassalagem entre a música e as palavras do que as suas ricas possibilidades de conjunções. O século XX discutiu esse conceito, mas Mário e muitos outros ignoraram essa possibilidade.

Outro elemento analisado por Mário de Andrade, o *ouvinte*, teria inicialmente tanta importância quanto o *artista criador*, devido ao *desejo de amigo*:

> [A] afirmativa de que o artista cria só para si, por desejo de criar, [... só se aplica] pra manifestações esporádicas muito raras. [... O] ouvinte é uma entidade tão importante quanto o criador. Se [...] ele não é indispensável pra que a manifestação artística se dê, atualmente [...] as belas-artes não se organizariam sem ele. (Andrade, 1995, p.56-57).

Porém, o ouvinte ideal foi depois apresentado como alguém que deveria estar sempre aberto para o novo, mas de maneira passiva. O ouvinte, página em branco, deveria sentir primeiramente a música, para em seguida passar para o estágio da compreensão crítica, se e quando possível. Compreenderia a música mais pela intuição – ou pelo amor – do que pela memória musical que sua história e sua crítica lhe garantiriam:

> A primeira atitude de ouvinte é receber. O ouvinte é o ser disposto a amar. A atividade crítica é e deve ser posterior. [...] Não tem dúvida que pra compreensão [consciente] carece que haja uma soma anterior de conhecimentos ajuntados. A intuição artística despreza inteiramente ou quase os conhecimentos anteriores. [...]
> É muito raro o verdadeiro ouvinte. Para que a contemplação seja calma de verdade e o prazer desimpedido carece que o ouvinte perca qualquer preconceito, qualquer verdade anterior [...] (idem, p.65-66).

Em seguida, Mário de Andrade discorreu sobre os ídolos humanos, os grandes gênios do passado; os ídolos raciais, fenômenos políticos de origem nacional; e os ídolos formais, divididos entre o costume dos ouvintes a uma determinada forma de expressão, e o costume a uma interpretação, a primeira que se ouviu. Esses ídolos impediriam aos ouvintes atingir aquela "contemplação passiva que lhe permitirá gozar e amar" (idem, p.67).

O transmissor da obra de arte musical para o ouvinte é o *intérprete*. Por um lado, essa dependência da figura do intérprete colocava a música, segundo Mário de Andrade, em uma condição precária e de inferioridade em relação às demais artes.[8] Por outro, essa mesma condição seria a razão de ser do intérprete, enquanto revelador das intenções do artista-criador. Mário reconhecia a existência de diferentes interpretações, mas apresentou um problema afirmando que, em tese, a música deveria ter uma única interpretação e, também, que a possibilidade de distintas interpretações dependeria dos "tempe-

---

8 Há interessantes similaridades entre as afirmações de Mário de Andrade sobre a *performance* musical e aquelas feitas por Stravinsky (1996, p.111-122) em 1939. Sobre as influências freudianas dessas afirmações, ver Andrade (1995, p.68, nota n1) e Freud (1976, p.438-439).

ramentos diversos", tanto dos intérpretes quanto dos ouvintes. Sua opinião revelou-se novamente apoiada em aspectos psicológicos:

> O intérprete assunta, estuda a obra-de-arte que tem diante de si e a compreende. [...] Por mais que ele se desapareça diante da obra a recriar, está fatalizado pela sua personalidade pessoal. A obra-de-arte atinge o ouvinte através dum temperamento. [... Para dois intérpretes há] dois temperamentos diversos e duas interpretações diferentes. Isso [...] prejudica o criador porque a obra-de-arte em tese deveria ter uma só interpretação porém esse prejuízo é fatal pois que o próprio espectador por sua vez compreende qualquer obra-de-arte e seu criador segundo o seu temperamento a sua personalidade individual. (idem, p.63)

A interpretação foi vista principalmente pelo aspecto da transferência do temperamento dos intérpretes para o seu trabalho. Mário parecia não reconhecer neles uma dimensão artística completa, que englobasse razão e sensibilidade, inteligências; na sua estética, eles variariam entre *imitadores* e *traidores*:

> O intérprete imitador é aquele que procura desaparecer diante da obra que revela. [...Porém quanto mais sua] personalidade é dominante e se impõe tanto mais o intérprete se afasta da imitação que lhe parecia ser o mais exato domínio. E surge assim o intérprete traidor [...,] que se serve da obra-de-arte alheia pra se revelar a si mesmo. O intérprete traidor é um criador frustrado. (idem, p.64)

Se para o ouvinte ideal haveria a preponderância do sentimento sobre o intelecto, para o intérprete do tipo traidor faltaria uma noção de espaço a preencher, ou de papel a cumprir, que resultaria em uma extrapolação de suas competências. Mário usou termos mais pertinentes ao repertório da moral (imitadores/traidores), bem como da psicologia (dominante/frustrado), do que da estética musical, propósito de seu estudo. Não fez menção aos repertórios clássicos ou românticos, ou às interpretações ditas clássicas/objetivas (fiéis à partitura, à "razão") ou românticas/subjetivas (com maior liberdade de interpretação, mais próximas do "sentimento"), mas ateve-se à moral, julgando o caráter do intérprete.

Para Mário de Andrade, um dos maiores defeitos que poderia ter um intérprete era o de deixar-se cegar pela vaidade, buscando o sucesso pela via da virtuosidade. No seu *Dicionário musical brasileiro*, o autor trabalhou os termos virtuose/virtuoso, firmando o conceito do intérprete ideal como um ser sempre subalterno e revelador do "gênio criador":

> VIRTUOSE (s.m. e f.) – Intérprete de técnica apurada, cuja execução enfatiza sobretudo a própria habilidade. [...] O mal inda não seria enorme se o intérprete fosse apenas o *intérprete*, isto é, se limitasse a um papel subalterno e virtuosíssimo de revelador, de explicador da obra de arte. Mas [...] em vez de ser virtuoso, prefere ser virtuose. [...] O que se ataca no intérprete é o lado virtuose, o lado malabarístico, que desvaloriza a obra de arte, faz esquecer o gênio criador e deseduca o público. (1989a, p.565).

O jogo de expressões virtuose/virtuoso, constantemente referido em seus escritos, revelou quanto lhe desagradava a antítese entre exibicionismo e serviço. A origem do virtuosismo vocal foi atribuída à reprodução de elementos da música pura:

> a voz imita a liberdade dos instrumentos e os efeitos instrumentais; e se cria o '*Bel Canto*', de origem itálica (...séc. XVIII). Mais tarde (séc. XIX) serão os instrumentos que, grandemente influenciados pelo bel canto, cairão no exaspero da virtuosidade (Paganini, Liszt) (idem, p.77).

Criticando a virtuosidade, Mário também não poupou palavras referindo-se aos intérpretes brasileiros:

> [Os] estabelecimentos de ensino musical [...] já conseguiram dar à virtuosidade brasileira uma função social que satisfaz as exigências da nação. São numerosíssimos os virtuoses brasileiros "nacionais", [...] esse gênero de intérpretes mais útil, mais humano e fecundo, cuja vida artística funciona dentro dos limites da pátria. O virtuose "internacional" [...] tem função social mínima. Envaidecido pela habilidade excepcional dos dedos ou da voz que possui, se converte num caso repulsivo de egoísmo. Quer

dinheiro e aplauso geral. [...Abusa] de programas gastos, sem interesse, sem função histórica, sem cultura verdadeira. É bem difícil [...] a gente distinguir o que é interesse pecuniário, o que é fome de glória. As duas fraquezas são xifópagas e se confundem. (1944, p.171)

A forma de expressão verificada nesse trecho, que beira o destempero, é outra das constâncias de Mário de Andrade. Pode ser entendida, por um lado, como uma das características da sua personalidade; por outro, pode ser vista como uma estratégia para o convencimento do leitor pela via emocional. Aplicada aos intérpretes, manifestou também a maneira visceral com que tratava dos assuntos relacionados a eles. Esse posicionamento sobre a função dos intérpretes nacionais e de seus opostos, os brasileiros "internacionais", seria retomado em sua obra *O banquete* (1989b), principalmente nos trechos relacionados à cantora fictícia "Siomara Ponga" (ver capítulo 4, p.186).

Elisabeth Travassos afirmou que, segundo Adorno, a atração dos fãs pela virtuosidade deveu-se principalmente a um tipo de fuga inconsciente para um tempo anterior, quando a música não era simplesmente mercadoria, e a partitura, se existisse, serviria apenas de apoio para a improvisação. Mário de Andrade e outros críticos tradicionais do virtuosismo freqüentemente identificavam virtuoses vocais aos acrobatas e aos contorcionistas. Esse tipo de colocação denota que esses analistas, impossibilitados

> de recusar a divisão [...] entre abordagens objetiva e subjetiva da obra musical, constatando o crescimento das últimas paralelamente à mercantilização da atividade musical e especialização profissional, trouxeram para o debate argumentos morais (Travassos, 1997, p.74).

Enrico Fubini encontrou duas hipóteses opostas sobre a interpretação da música erudita reinantes na Europa na primeira metade do século XX. Uma defenderia uma posição de passividade e falta de independência do intérprete no momento da execução (fidelidade); outra veria criatividade em todo ato do espírito, logo também na interpretação, que seria sempre uma recriação (liberdade). Na primeira possibilidade, o intérprete praticamente desapareceria diante da partitura; na segunda, a enriqueceria (Fubini, 1971, p.225-230).⁹

A idéia de que o intérprete soma, e não subtrai, é inversa à de Mário de Andrade, que refletia em suas obras o "modelo musical *standard* do século XIX – 'o compositor prescreve, o artista executa (ou interpreta) e o ouvinte percebe' [...]" (Rovell, 1983, p.219-221 apud Tomás, 2002, p.114).¹⁰ O compositor não seria um bom intérprete da própria criação; o intérprete deveria ser um executante passivo e fiel de uma obra acabada, e não criativo, como os da segunda hipótese descrita por Fubini; o bom ouvinte deveria apenas contemplar. Essa idéia também confere à música escrita o valor (equivocado) da imutabilidade. A escrita musical, ideográfica por natureza, que a princípio servia somente para auxiliar a memória dos músicos, sofisticou-se de tal maneira que se passou a tomá-la por música em si, já que tornou possível escrever uma música nunca ouvida. No limite, os compositores acumulam a partitura de informações visando tornar a interpretação o mais próxima possível do seu ideal de execução, esforço esse nem sempre recompensado.

É necessário ainda mais um comentário, sobre a questão do idioma. No seu estudo sobre o romantismo brasileiro, Antonio Candido salientou que um de seus traços mais marcantes foi o do nacionalismo, uma "transformação do nativismo [..., de] significado mais político do que estético, porque foi um desígnio correlativo ao sentimento de independência" (Candido, 2002, p.87). O romantismo nacionalista "contribuiu para a idéia que o brasileiro ia formando de si mesmo, ou seja, para o sentimento de identidade" (idem, p.95). Em seu tempo,

---

9 Fubini escreveu, entre outros tópicos, sobre o pensamento valorizador da figura do intérprete de Pareyson (1996, p.165-174), para quem a interpretação seria o encontro, de *infinitas* possibilidades, de uma pessoa com uma forma. Também discorreu sobre o conceito de *desvio*: interpretar uma partitura seria sempre desviar-se dela para reencontrar a música. Ver o capítulo 1, p.34 et seq.
10 Sobre essas funções na história da música ocidental, bem como sobre o intercâmbio desses papéis no século XX, ver Tomás (2002, p.14, 15, e 114).

José de Alencar[11], autor sempre associado ao indianismo nacionalista, tentara uma escrita literária de influências autóctones, tocando o cerne do problema da

> [...] independência estética em relação a Portugal [..., ao elaborar uma] expressão que correspondesse à diferenciação lingüística que nos ia distinguindo cada vez mais dos portugueses, numa grande aventura dentro da mesma língua. [...] José de Alencar atacou a questão da identidade pelo aspecto fundamental da linguagem. E, como Mário de Andrade, nem sempre acertou o alvo. (idem, p.63-64)

Para Antonio Candido, os dois escritores citados acreditavam que uma fala diferenciada da de Portugal urdiria o sentimento de identidade brasileira. A tradição gramatical requeria a adoção de uma língua literária coligada ao idioma nacional ou à língua-padrão, caso instituída. *Língua-padrão* é a variante prestigiada por uma comunidade, usada tanto como língua artística quanto como língua "oficial" em alguns países marcados pelo multilingüismo. Como no caso britânico: convivendo com outros quatro idiomas – escocês, irlandês, galês e bretão – o inglês apresenta algumas variantes; uma delas, conhecida como "inglês da rainha", ou *received pronunciation*, é considerada padrão para o Reino Unido.

José de Alencar e Mário de Andrade, cada qual segundo seu tempo, tipificam os intelectuais que abraçaram o vernaculismo e defenderam que fala e escrita distinguidas das do Português de Portugal (PP) colaborariam para urdir o sentimento de identidade brasileira, bem como para a edificação e unificação da nação. O modernismo retomou a defesa da *língua brasileira*, fórmula depois preterida e substituída por *língua nacional*, que removeria a necessidade de um

---

11 José Martiniano de Alencar (1829-1877). Escreveu diversos textos a respeito da expressão literária brasileira. É autor, entre outros romances, de *O guarani* (1857), personagem nativo brasileiro que inspiraria o libreto da ópera *Il guarany*, de Antônio Carlos Gomes (1836-1896), estreada no teatro *La Scala* de Milão, em 1870.

nome próprio para a língua bem como serenaria ânimos nacionalistas. A expressão *fala brasileira*, constante nos textos de Mário, remeteria a uma forma nativa de dizer, cantar, declamar e escrever o Português do Brasil (PB). A sua *Gramatiquinha da fala brasileira* afirmava que não existia uma língua brasileira. Não obstante, haveria na pronúncia

> uma língua inteiramente apartada da fala portuga [sic]. [... Não] tem grande diferença entre o brasileiro falado no Ceará, em São Paulo e no R. Grande do Sul. E é uma diferença muito mais oral porque vocabular é pequena. [...Os] provincianismos são fatais dentro duma língua [... mas] com o contínuo aumento das relações interestaduais *uma língua geral compreensível por todo o país se estabelecerá*. (Pinto, 1990, p.341-343, grifo nosso)

Mário de Andrade manifestou sentir-se conectado a José de Alencar diversas vezes. Não se tratava apenas do reconhecimento de uma afinidade artística, mas, do mesmo modo, de uma comunhão de propósitos. Em 1925, muito criticado pelo que parecia ser regionalismo ou erro de português, explicitara, em carta a Manuel Bandeira – Manuel Carneiro de Souza Bandeira Filho (1886-1968), seu amigo *Manu* –, que o seu fito era cooperar na elaboração de uma *língua culta*, e não na criação de uma *língua nova*, como erroneamente se diz "que fizeram Dante e Camões, [...pois] Dante seria incapaz de escrever no italiano da Comédia se antes dele não tivesse a escola siciliana [...e os] trovadores [..., bem] como os cronistas e cantadores portugueses permitiram o português de Camões" (Andrade, s.d., p.66).

Viola quebrada, e Macunaíma, o herói sem nenhum caráter

Mário de Andrade recolheu e publicou muito material folclórico, além de ter incentivado ou colaborado na realização de viagens etnográficas com esse intuito. As peças recolhidas que constam do seu álbum *Modinhas imperiais* fazem parte do repertório da maioria dos cantores brasileiros. Além disso, sua poesia é freqüentemente musicada pelos compositores brasileiros de diversas tendências musicais, como Lorenzo Fernandez, Heitor Villa-Lobos, Camargo Guarnieri, Francisco Mignone, Koellreutter, Edmundo Villani Côrtes e Paulo de Tarso, entre outros.

Mário de Andrade projetou-se como teórico, poeta e educador. Porém, as suas facetas de intérprete e de compositor não foram tão destacadas. Não tocava em público apesar de ser professor de piano, e *Viola quebrada* é sua única canção conhecida, sendo ele o autor da música e da letra (duas estrofes e refrão – A/B/C/B). Ambientado em uma zona rural do Brasil, o poema contém um grande número de expressões populares ou acaipiradas. Mário, trovador urbano, retratou seu colega rural, imitando o que seria seu falar e cantar "natural". O assunto é o repúdio sofrido por um artista por ser artista, bem como sua resolução de, por amor, "pegar na enxada", pois o trabalho lhe devolveria tanto a amada quanto a arte:

> *Viola quebrada*
>
> [...] Minha Maroca arresorveu por gosto seu me abandoná
> Porque os fadista nunca sabe trabaiá [...]
> Por causa dela eu sou rapaiz muito capaiz de trabaiá
> E os dia intero, e noite intera à capiná [...]
> Minha viola gemeu
> Meu coração estremeceu
> Minha viola quebrou
> Teu coração me deixou. [...]

Viola quebrada foi arranjada por diversos compositores. Quanto à música, condizente com o teor do poema, foi composta na forma |:A/B:| em ré menor, em dezesseis compassos dois por quatro, mais um de anacruse, sendo oito para o refrão. Em carta de 1926 a *Manu*, Mário afirmou imitar Catulo da Paixão Cearense (1863-1946) no que havia nele de brasileiro, como a psicologia e a dicção. Sobre sua "Maroca", confessou:

isso é o pasticho mais indecentemente plagiado que tem. No que aliás não tenho a culpa porque toda a gente sabe que não sou compositor. A Maroca foi friamente feita assim: peguei no ritmo melódico de Cabocla do Caxangá e mudei as notas por brincadeira [...], que por acaso saindo bonita registrei e fiz versos pra. Só o refrão não é pastichado [...] da obra de Catulo. [...] Aliás o refrão não tem nada de propriamente brasileiro com aquele tremido sentimental... (Andrade, s.d., p.106).

Mário de Andrade fez nessa canção justamente aquilo que mais tarde orientaria os compositores a *não* fazer: iniciou a composição pela música, adaptando posteriormente nela suas palavras; idealizou o personagem e suas falas "caipiras"; inseriu elementos "internacionais" no refrão; não se baseou no folclore brasileiro, nas canções de autoria desconhecida e já assumidas pela comunidade como suas, mas em uma música popular urbana – e pertencente a Catulo, artista a quem Mário criticava por considerar, segundo seus termos, popularesco, por imitar a verdadeira música popular-folclórica.

Segundo Gilda de Mello e Souza em seu ensaio de 1977, a composição declaradamente plagiada da canção *Viola quebrada* não revelaria um vício, mas uma virtude de Mário de Andrade, que afirmava abertamente basear-se, criativamente, na transcrição de trechos alheios e "nos processos dos cantadores do nordeste e dos rapsodos de todos os tempos; [...para ele], o limite que separava a invenção do acaso, do plágio ou de certos expedientes hábeis de construção era muito tênue" (Souza, 2003, p.27).[12] Verificou também que em diversos trabalhos

---

12 Hoje em dia, esse método também pode ser chamado intertextual. De acordo com Oliveira (1999), "[o] termo intertextualidade foi desenvolvido por Júlia Kristeva. Segundo a teórica, 'qualquer texto se constrói como um mosaico de citações e é absorção e transformação de um outro texto. Tal apropriação pode-se dar desde a simples vinculação a um gênero, até a retomada explícita de um determinado texto'". Outros exemplos de trabalhos intertextuais que explicitam essa metodologia – baseada também em trabalhos de Mikhail Bakhtin e Laurent Jenny – encontram-se em Santos (1999) e Mendes (1999). Ver Sant'Anna (1988). As *constâncias* de Mário de Andrade também revelam a outra faceta da *intertextualidade*: a possibilidade do diálogo dos autores com eles próprios, a

de Mário há "dois campos opostos, [...] de um lado, a personalidade construída, o *ethos*, de outro, o ser primordial" (idem, p.53), o que se nota neste poema de 1922, que além de expor sua condição primitiva e civilizada, também alude ao poeta/cantor:

> *O trovador*
>
> Sentimentos em mim do asperamente
> dos homens das primeiras eras...
> As primaveras de sarcasmo
> intermitentemente no meu coração arlequinal...
> Intermitentemente...
> Outras vezes é um doente, um frio
> na minha alma doente como um longo som redondo...
> Cantabona! Cantabona!
> Dlorom...
>   Sou um tupi tangendo um alaúde!
> (Andrade, 1966, p.32-33).

Mário de Andrade escreveu a primeira versão de *Macunaíma* entre dezembro de 1926 e janeiro de 1927. Encontrara esse mito em *Von Roraima zum Orinoco*, publicado por Theodor Koch-Gruenberg em 1924, e o reconstruiu livremente. Filho da tribo dos Tapanhumas, caracterizado pelo sensualismo e pela preguiça, o "herói da nossa gente" tornara-se louro, tendo um irmão vermelho e outro negro; perdeu um amuleto, o Muiraquitã, deixou a mata e saiu em sua busca. Segundo Souza (op. cit., p.59 et seq.), *Macunaíma* seria uma versão satírica e carnavalizada dos romances de cavalaria, mais especificamente o *Queste del Saint Graal*, que narra a procura pelo cálice utilizado por Jesus na Santa Ceia.

Gilda de Mello e Souza concluiu que Mário de Andrade não utilizou processos literários comuns na composição desse livro, "mas

---

intratextualidade. Sobre os procedimentos "rapsódicos" de Mário de Andrade, ver Andrade (1976b, p.433-435).

transpôs duas formas [...musicais]: a que se baseia no princípio rapsódico da *suíte* – cujo exemplo popular [...] podia ser encontrado no bailado [...] do *bumba-meu-boi* – e a que se baseia [... na] *variação*, presente no improviso do cantador nordestino" (idem, p.12).[13] Mais adiante, afirmou:

> a elaboração de *Macunaíma* se encontra ligada à [sua] profunda experiência musical [...], sobretudo à meditação sobre o sistema de empréstimos entre música erudita e popular [...]. Partindo de um material já elaborado e de múltipla procedência, Mário de Andrade o submeteu a toda a sorte de mascaramentos, transformações, deformações, adaptações. Em certos momentos retirou do populário trechos quase sem alteração, à semelhança [...de] Luciano Gallet; outras vezes dissolveu [...] as frases populares [...], à maneira de Lorenzo Fernandes; e, constantemente, em lugar de partir de documentos anteriores [...], preferiu inspirar-se em normas de compor, constâncias sintáxicas, motivos rítmicos. (idem, 25-26)

Ao núcleo do drama, Mário de Andrade agregou distintos casos, e em um deles reinventou a tradição do boi-bumbá. O boi era considerado por ele "o bicho nacional por excelência" (Andrade, 1971, p.65), e o bumba-meu-boi representaria o "nosso fenômeno nacional [...]. Unidade de língua, [...] de religião, várias são as razões inventadas para designar esse fenômeno absurdo que é a unidade brasileira. Talvez fosse mais razoável indicar a unidade do boi [...,] principal elemento unificador do Brasil" (cf. Lopez, op. cit., p.131-132). A eleição do Bumba "como modelo, ou melhor, como referência, tinha

---

13 A autora, prima de Mário de Moraes Andrade, morou em sua casa na Rua Lopez Chaves até se casar com Antonio Candido de Mello e Souza (1918) e assumir seu nome de casada, Gilda Rocha de Mello e Souza, (1919-2005). "Era hábito de Mário passar todos os anos um mês na região de Araraquara, [...] em duas estadias: uma na fazenda Santa Isabel, de Cândido Moraes Rocha, meu pai, e outra na chácara de Zulmira e Pio Lourenço Corrêa" (Candido, 1994, p.9). Em uma dessas férias, Mário escreveu *Macunaíma*.

uma intenção ideológica e se ligava ao complexo sistema de sinais com que se habituara a pensar" (Souza, op. cit., p.17).

Considerada por Antonio Candido "a obra central e mais característica do movimento" (2000, p.110-111), Mário de Andrade confirmou em *Macunaíma*, publicado em julho de 1928, sua disposição em apresentar distintas linguagens brasileiras e em aliar os conteúdos nacionalistas à estética inovadora dos modernistas, como demonstra este trecho que narra a chegada do herói à cidade de São Paulo:

> A inteligência do herói estava muito perturbada. As cunhãs rindo tinham ensinado pra ele que o sagüi-açu não era sagüim não, chamava elevador e era uma máquina. De-manhãzinha ensinaram que todos aqueles piados berros cuquiadas sopros roncos esturros não eram nada disso não, eram mas cláxons campainhas apitos buzinas e tudo era máquina. [...] Os tamanduás os boitatás as anajás de curuatás de fumo, em vez eram caminhões bondes autobondes anúncios-luminosos relógios faróis rádios motocicletas telefones gorjetas postes chaminés... Eram máquinas e tudo na cidade era só máquina! (Andrade, [197-?], p.51)

Mário de Andrade apresentou nesse livro diferentes linguajares do Brasil. Na carta do herói para as Icamiabas – espécie de crônica da capital paulista e de seus habitantes, que abriga o propósito real de pedir dinheiro às súditas – usou da pena para debochar dos "novos eruditos", que afetariam sabedoria escrevendo em um português pseudocastiço. Salientou também a conservação da discrepância fala/escrita: "sua riqueza de expressão intelectual é tão prodigiosa, que [...nas] conversas utilizam-se os paulistanos dum linguajar bárbaro e multifário [..., mas] logo que tomam da pena, [...exprimem-se] numa outra linguagem, [...que] se intitula: língua de Camões!" (idem, p.109). Ou, de outra feita: "Macunaíma aproveitava a espera se aperfeiçoando nas duas línguas da terra, o brasileiro falado e o português escrito" (idem, p.115).

Na versão impressa de *Macunaíma* consta somente a dedicatória feita a Paulo Prado. No entanto, nos originais da primeira versão manuscrita, Mário de Andrade também o dedicara àquele que considerava ser seu precursor: "A José de Alencar, pai-de-vivos que brilha no vasto campo do céu – *Macunaíma*" (Souza, op. cit., p.8). A letra /s/ de "vivos" aparece riscada, indicando, talvez, um sentimento de parentesco intelectual manifesto por Mário, vivo e desejoso de criar uma linguagem literária (ou, como ele dizia, "linguagem culta", estilizando o "brasileiro vulgar") a partir do PB, conforme se observa nas cartas a Carlos Drummond de Andrade (1902-1987) e a Manuel Bandeira, ambas de 1925 (cf. Pinto, 1981, p.136-138; 153-154). Mário, contestando a crítica de *Manu* de que a questão da língua se tornara "dessocializante" [sic] em sua obra, argumentou que suas intenções sempre foram claras: "[forcei] a nota pra chamar a atenção sobre o problema [...;] de tudo me utilizei, até do grotesco" (Andrade, s.d., p.206).

Entre maio e agosto de 1927, Mário de Andrade percorreu parte da Amazônia, chegando a Iquitos, no Peru. Nessa viagem colheu novos elementos para a revisão da primeira versão de *Macunaíma*. Depois de sua publicação, fez outras duas viagens aos estados de Pernambuco, Rio Grande do Norte e Paraíba, registrando sua música folclórica, conhecendo cantadores como Chico Antonio, bem como ampliando os dados a respeito das possíveis propriedades dinamogênicas da música.

Ensaio sobre a música brasileira

> Escritor de nome
> disse dos meus amigos e de mim
> ou que éramos gênios ou bestas.
> Acho que tem razão.
>
> (*Prefácio interessantíssimo*)

> O [artista brasileiro] que fizer arte internacional ou estrangeira,
> si não for gênio, é um inútil, um nulo.
> E é uma reverendíssima besta.
>
> (*Ensaio sobre a música brasileira*)

O ano de 1928 foi muito rico para as letras no Brasil, e nele ratificaram-se as diferenças dos modernismos/nacionalismos brasileiros. Foram editadas, entre outras obras, o *Retrato do Brasil*, de Paulo Prado; *Laranja da China*, de António de Alcântara Machado; *República dos Estados Unidos do Brasil*, de Menotti Del Pichia; *A bagaceira*, de José Américo de Almeida; e *Martim Cererê*, de Cassiano Ricardo. Oswald de Andrade lançou a *Revista de Antropofagia* e o *Manifesto antropofágico*. Raul Bopp escreveu *Cobra Norato* e Mário de Andrade o libreto *Pedro Malasarte*, além de publicar *O Aleijadinho, Macunaíma* e o *Ensaio sobre a música brasileira* (Andrade, 1972, p.9-151).

Essas obras de Mário de Andrade marcariam aquele ano como o do seu projeto ideológico, assim como 1922 ficara marcado como o ano de seu plano estético. O *Ensaio* é muito mais que uma obra sobre música ou sobre técnicas de composição. Em um ambiente intelectual marcado pela presença dos homens da literatura, que faziam o papel que em outras culturas pertencia ao filósofo e ao sociólogo, Mário de Andrade escreveu, de acordo com Antonio Candido, uma análise abrangente do Brasil, tarefa já realizada antes dele, mas que dessa vez agregava uma inédita proposta de mudança (Candido, 2000, p.113-115).

O *Ensaio*, dedicado à D. Olívia Guedes Penteado, está dividido em duas partes: a primeira traz o pensamento de Mário de Andrade sobre música brasileira e nacionalismo; a segunda expõe melodias populares recolhidas em viagens ou compiladas de outras fontes. Mário empregou o termo *constâncias* (Andrade, 1972, p.9-10) para designar tanto as normas de composição popular quanto os elementos e as tendências freqüentes das obras musicais estudadas: as estruturas melódicas, os ritmos, a composição polifônica, as formas e os instrumentos tradicionais, e o timbre dos instrumentos e do canto, observando a *fala brasileira*. O que caracterizaria a música folclórica brasileira, no seu entender, não seria a sua ancestralidade, como afirmavam as teorias folclóricas européias, mas sua disseminação por todo o território brasileiro. Na falta de uma tradição "real", Mário inventou uma possível.

Mário de Andrade iniciou seu capítulo *Música brasileira* relatando o divórcio que existira, a seu ver, entre a música erudita brasileira e a imprecisa identidade nacional (idem, p.13). Para reverter esse quadro, defendeu a necessidade da nacionalização da música, adotando um critério social de composição, no qual os artistas (gênios ou não) abdicariam de suas particularidades em função da construção da nação brasileira (idem, p.19). Adiante, insistiu com os compositores para que assumissem as três fases da arte nacionalizada: da tese nacional, do sentimento nacional e da inconsciência nacional, abrindo mão temporariamente da sua inventividade, pois considerava "masculino a gente se sacrificar por uma coisa prática, verdadeira, de que beneficiarão os que vierem depois" (idem, p.43, nota 1).

Mário de Andrade discordava dos seus contemporâneos que não considerassem como brasileiras as "obras e autores passados como até os que atualmente empregam a temática brasileira numa orquestra européia ou no quarteto de cordas" (idem, p.13). No seu entender, a música brasileira teria de ser vista sob dois critérios. O "transcendente" (idem, p.19), que abrangeria toda e qualquer composição, e outro, mais apropriado para o seu momento, que definiria como música brasileira aquela "que sendo feita por brasileiro ou indivíduo nacionalizado, reflete as características musicais da raça" (idem, p.20).

Segundo Mário de Andrade, o compositor brasileiro nacionalista deveria criar uma ponte entre dois "níveis" de cultura, unindo música erudita e folclore. Reafirmou que este, como manifestação pura do povo e da nação, deveria ser incorporado e reelaborado por compositores eruditos. Verificou que essa música era desconhecida por muitos brasileiros, carecendo de uma simples adaptação para o ramo da música artística. Constatou, porém, que a notação rítmica dessas canções era extremamente variável, em função do preparo do pesquisador e das condições de captação (idem, p.20-21; 23), gerando algumas falhas.

Mário de Andrade referiu-se, no capítulo *Melodia*, às qualidades dinamogênicas da música, ou seja, seu poder de estimular órgãos humanos (idem, p.40-41). Discutiu e defendeu a apropriação e reelaboração das melodias populares para a música instrumental erudita, bem como, no caso do canto, o emprego da melodia de forma integral ou ligeiramente alterada. Afirmou que as constâncias melódicas nacionais seriam a sétima abaixada, o emprego dos modos antigos, a presença de saltos de sétima e de oitava, os arabescos, as frases descendentes e as terminações tanto das frases musicais como das canções no terceiro grau da escala (idem, p.44-48).

No capítulo *Ritmo* (idem, p.29-39), o autor afirmou que a música mundial vivia uma época de predominância rítmica – e isto o perturbava, em virtude das características "primitivas" que atribuía ao ritmo, no que tangia às qualidades dinamogênicas musicais; alertou para uma das constâncias da música brasileira, a síncopa. Diferentemente da européia, a síncopa brasileira teria ligações com a oratória ameríndia e africana, com as heranças étnicas, e não com intensidades ou contratempos: "São movimentos livres específicos da moleza da prosódia brasileira. São movimentos livres não acentuados " (idem, p.36).

Mário de Andrade afirmou, no capítulo *Polifonia*, que os princípios da harmonia, por suas características intrínsecas, não exporiam componentes nacionais ou "raciais", mas sim individuais: "[a] harmonização européia é vaga e *desraçada*" (idem, p.50, grifo nosso). A música brasileira possuiria, entretanto, uma polifonia bem característica, encontrada nos "contracantos e variações temáticas superpostas empregadas pelos nossos flautistas seresteiros, [...e nos] baixos melódicos do violão nas modinhas" (idem, p.51-52). Alertou, porém, para o emprego dos processos polifônicos europeus, que descaracterizariam a música brasileira (idem, p.53-54).

Mário de Andrade espalhou no *Ensaio* referências ao canto e ao cantar nacional. Juntamente com a descrição dos conjuntos instrumentais brasileiros, afirmou que a nasalidade característica da fala brasileira seria uma conseqüência das heranças raciais, mas reforçando a idéia da influência do meio sobre o homem, esse timbre também decorria do clima, do estilo e, até, dos instrumentos musicais:

> [A] timbração anasalada da voz e do instrumento brasileiro é natural, é climática de certo, é fisiológica. Não se trata do ... efeito tenorista italiano ou da fatalidade prosódica do francês.
>
> Talvez também em parte pela freqüência da cordeona (também chamada no país de sanfona ou de harmônica), das violas, do oficleide,

por um fenômeno perfeitamente aceitável de mimetismo [... ,] a voz não cultivada do povo se tenha anasalado e adquirido um número de harmônicos que a aproxima das madeiras. Coisa a que propendia naturalmente pelas nossas condições climatéricas e pelo sangue ameríndio que assimilamos. (idem, p.56)

No seu *Dicionário musical brasileiro*, Mário de Andrade explicou o termo *timbre* pelo seu aspecto acústico: "Qualidade do som que permite ao ouvido distinguir instrumentos diferentes. É resultante da combinação de harmônicos emitidos pelo instrumento ou voz, e suas respectivas intensidades em relação ao som fundamental" (1989a, p.512). Porém, no *Ensaio* e em outros textos, a questão do timbre do cantor foi vinculada aos componentes que Mário de Andrade definiu como raciais, cruciais para a interpretação da canção, devendo atestar a identidade nacional. Acreditava ser possível aproveitar esse timbre natural e, com a ajuda dos professores, criar uma escola de canto com "peculiaridades étnicas de valor incontestável. Nacional e artístico" (Andrade, 1972, p.57).

No que diz respeito às músicas puramente instrumentais, mais do que um *tema* brasileiro, as composições brasileiras deveriam seguir as *formas* brasileiras (como ponteios, cateretês, modas, cururus e dobrados) que formariam uma *suíte* nacional se colocadas em seqüência. Ao tratar das variedades formais do canto nacional (idem, p.63-66), Mário de Andrade afirmou que os desafios, fandangos, martelos, lundus, parlendas, pregões, cantos rituais e de trabalho ofereceriam muito material ao compositor/arranjador. Em sua opinião, os cocos e as danças dramáticas, como o bumba-meu-boi, forneceriam inspiração formal para composições e arranjos corais. Além disso, creditava ao canto poder unificador:

> os nossos compositores deviam de insistir no *coral por causa do valor social* que ele pode ter. País de povo desleixado onde o conceito de Pátria é quasi uma quimera [...;] país de que a nacionalidade, a unanimidade psicológica [...] independeram até agora dos homens dele [...]; o compositor [...] tem uma função social neste país. O coro

umanimisa [sic] os indivíduos. [...] A música não adoça os caracteres, porém *o coro generaliza os sentimentos*. A mesma doçura molenga [...e] a mesma sexualidade peguenta [...] rege a criação da música nacional de norte a sul. (idem, p.64-65, grifos nossos)

Campanha contra as temporadas líricas, I a VII

Mário de Andrade caracterizou-se por realizar diversas atividades ao mesmo tempo e por ter inúmeros trabalhos publicados em áreas diferentes. Professor e conferencista, escrevia crônicas, resenhas, artigos para jornais e revistas especializadas, poemas, livros e muitas, muitas cartas. Não raras vezes, suas conferências transformaram-se em matérias jornalísticas, e o mesmo trabalho foi republicado em jornais de diferentes cidades. Coletâneas desses artigos foram feitas pelo próprio autor ou compiladas postumamente.

No que diz respeito ao jornalismo musical, Mário de Andrade geralmente anunciava espetáculos a acontecer, criticava os concertos acontecidos, tecia comentários e ensaios sobre aspectos gerais da música. Falava sobre arte, mas, aberta ou veladamente, o autor falava também de si, de seus planos, de seus conceitos. Colaborava regularmente no jornal *O Estado de S. Paulo*; no *Diário Nacional*, órgão do Partido Democrático, entre 1927 e 1932; no *Diário de São Paulo*, entre 1933 e 1935. Durante o período que trabalhou no Departamento de Cultura (1935-1938), Mário publicou prioritariamente na *Revista do Arquivo Municipal*. Trabalhou para a *Folha da Manhã* entre 1943 e 1945.[14]

---

14 Sobre as características partidárias desses e de outros jornais, ver Miceli (2001, p.95-96 e notas). Sobre as publicações da *Revista do Arquivo*, porta-voz do Departamento de Cultura, ver Oliveira (1995). As principais coletâneas dos artigos jornalísticos estão em Andrade (1963b; 1976; 1989b; 1993a) e Coli (1998).

Fixou-se neste capítulo um estudo sobre dois dos artigos escritos até 1937, escolhidos por tipificarem alguns temas que Mário privilegiou durante toda a sua vida, e por referirem-se também a dois compositores muito ligados a ele: este artigo, sobre ópera e Francisco Mignone, e outro, à página 92, sobre música nacionalista e Camargo Guarnieri.

O livro *Música, doce música*, de 1933, reunião de escritos para jornal, era composto originalmente das partes *Música de cabeça, Folclore, Música de coração* e *Música de pancadaria*. No volume VII das obras completas de Mário de Andrade, Oneyda Alvarenga acrescentou *Novos artigos*, além do trabalho *A expressão musical dos Estados Unidos*, de 1940. *Campanha contra as temporadas líricas* é na verdade a união de sete artigos com o mesmo nome, publicados em datas diferentes do segundo semestre de 1928.

No conjunto desses artigos, Mário de Andrade tratou os seguintes temas: a necessidade – ou não – de haver uma temporada lírica oficial, ou seja, custeada pelos cofres públicos; a contratação de empresa estrangeira para a temporada; os repertórios apresentados, sempre os mesmos programas consagrados; as grandes estrelas internacionais convidadas; os intérpretes nacionais presentes à força de contrato; a exclusão do povo simples nessas apresentações: "[a] Temporada Lírica Oficial se baseia num despropósito de erros, escondidos debaixo da mais irritante hipocrisia. Nenhum interesse verdadeiro a justifica. A nacionalidade está abolida. A cidade está abolida. O povo está abolido. A arte está abolida" (Andrade, 1963b, p.193). Viu com bastante pesar a participação de Francisco Mignone nessa temporada.[15] Chamou a essa inclusão de compositor brasileiro de tentativa de dissimular a realidade, e de hipocrisia dos empresários e da prefeitura.[16] Segundo Mário, Mignone seria

---

15 Sobre Francisco Paulo Mignone (1897-1986) ver José Maria Neves (1981, p.63-66) e Contier (1997). Ver também capítulo 3, nota 7.
16 Sete anos mais tarde dessas severas críticas às políticas paulistanas, Mário de Andrade passaria a gerir as ações e os cofres da cultura na cidade de São Paulo. Ver p.97 deste capítulo e o capítulo 3.

dotado duma cultura exclusivamente européia, desenvolvido no ritmo da sensibilidade italiana [...]. Não encontra libretistas brasileiros que lhe forneçam assuntos nacionais. E si encontrar: o libreto pra ser representado, terá de ser vertido pro italiano, porque ninguém não canta em brasileiro neste mundo.

Ora não será sobre palavras italianas que um compositor poderá escrever música vocal *essencialmente* brasileira, pois [...] os valores rítmicos e melódicos nacionais, são determinados diretamente pelo caracter, sintaxe e prosódia das línguas.

[...Que] valor nacional tem o *Inocente*? Absolutamente nenhum. [...] *O Inocente*[17] pertence à Itália. (idem, p.202-203)

Aqui estão firmadas algumas das bases musicais pelas quais Mário de Andrade se batia: seria nacional não mais a música feita no Brasil, mas aquela que tivesse as constâncias nacionais (ritmos, melodias, formas etc). No caso de peça cantada, seria nacional se fosse cantada *brasileiramente*, composta sobre as especificidades da língua, observando sua sintaxe, sua prosódia e seu caráter, que em outros textos Mário chamaria de *timbre racial brasileiro*.

Sabe-se que Mário de Andrade prezava muito a Mignone, apesar de ter sido o responsável por um tipo de congelamento da obra do compositor, devido aos comentários que fez a respeito dela.[18] Após sua "conversão" ao nacionalismo, *Chico Bororó* (pseudônimo aplicado às composições populares) tornar-se-ia um ponto de apoio para Mário, no sentido pessoal e artístico, a ponto de ter sido incumbido de musicar o libreto da ópera *Café*, terminado somente em 1942, o que, entretanto, acabou por não se efetuar.

---

17 *L'Innocente*, novela de Concha Espina, com libreto de Arturo Rossato (Neves, 1981, p.64).
18 Ver Contier (1997), *Chico Bororó Mignone*. Em 1940, Mignone compôs a *Sinfonia do trabalho*, a pedido e sobre argumento de Mário de Andrade.

Pedro Malazarte

Para Mário de Andrade, a ópera supervalorizaria o intérprete, e rebaixaria ao mesmo tempo texto e música; seria completamente européia, sem nenhum vínculo com a nacionalidade brasileira. O seu alto custo e sua produção em mãos estrangeiras também o contrariavam. Ir à ópera seria também uma ocasião na qual a elite vivenciaria mais sua posição na sociedade do que a música em si, consumindo-a sem nenhum espírito crítico e em detrimento da música de câmara. A ópera tornara-se "arma ostensiva da classe dominante. Ópio do povo, distanciamento dos ricos" (Coli, 1998, p.101). Mesmo assim, por motivações diferentes, elaborou dois libretos: *Café*, de feição popular/revolucionária, e *Pedro Malazarte*, com a presença de elementos tradicionais, entregue a Camargo Guarnieri em 1928. Mário trabalhara nesse texto cercado pela influência de *Macunaíma* e do *Ensaio sobre a música brasileira*, bem como de suas severas críticas à ópera *L'innocente*.

Na opinião de Camargo Guarnieri, citada por José Maurício Valle Brandão, a fixação de uma tradição operística não teria vingado no Brasil, entre outros motivos, por não haver no país uma tradição de confecção de libretos, gênero que exige do libretista conhecimentos tanto de dramaturgia quanto de eloqüência poética (Brandão, 1999, p.112-113). A experiência de compor uma ópera dentro dos padrões nacionalistas foi relatada por Guarnieri: "[na] casa de Mário de Andrade em 1928, ele, Lamberto Baldi e eu conversávamos, quando surgiu a idéia de uma ópera nacional. Mário ficou assanhado, e três dias depois me deu o libreto pronto" (idem, p.118).

Mário de Andrade, em carta de 10 de setembro de 1928 a *Manu*, descreveu o processo: "[tomei] um passo do ciclo de Malazarte [...], e fiz em 2 dias pra caso urgente um libretinho-merda de opera-comica [sic] num ato [...]. Meu texto não tem nada que valha por si" (Andrade, s.d., p.148-149). Mário acreditava que as "deficiências" de seu texto seriam compensadas pelo enredo e pela música: "[os] versos são bestas, sem nenhuma correção. O caso é que vale e a musicalidade. Músico: Mozart Camargo Guarnieri, 21 anos, moderno brasileiríssimo, inteligente. Obra de mocidade pra ele" (idem, p.149).

Originalmente ibérica, a tradição de Pedro Malasartes[19] foi fartamente disseminada no Brasil, tipificando o espertalhão que, por meio de artimanhas, engana àqueles que "merecem": os soberbos, os tolos, os traidores, os avarentos. Atrai para si intensa simpatia sendo, como o Macunaíma que Mário de Andrade concebera no ano anterior, outro herói sem nenhum caráter, porém muito mais aceitável pelo público de ópera. Villa-Lobos musicara em 1921 o libreto *Malazarte* de Graça Aranha, ação repetida por Lorenzo Fernandez em 1941.

Ao falar sobre a música de Camargo Guarnieri, esta ópera recebeu o seguinte comentário de Luiz Heitor Correa de Azevedo: "um delicioso *sherzo*, pontilhando todo o quadro com o humorismo subtil que essa arte é capaz de acrescentar às situações cênicas, quando tratada por mão de mestre" (Azevedo, 1956, p.336). No estudo da ópera que fez para sua dissertação de mestrado, Brandão considera que houve total adequação de Guarnieri às indicações de Mário.

Pedro Malazarte, em seu único ato, não ultrapassa quarenta minutos de duração. Em carta a Mário de Andrade, enviada de Nova Iorque em primeiro de janeiro de 1943, Camargo Guarnieri anunciou uma possível montagem da ópera nesse mesmo ano (o que não aconteceu). O compositor pedia autorização ao libretista para diminuir os instrumentos da orquestra, bem como para alterar o projeto inicial, deixando o papel principal para um barítono, em vez de um tenor, pois lhe parecia impossível "se arranjar um tenor inteligente" que, em tão pouco tempo, absorvesse todos os detalhes do papel (Silva, op. cit., p.293). Mário concordou, mas nunca a viu montada; sua estréia ocorreria somente em 1952, no Rio de Janeiro[20], sete anos após sua morte.

---

19 As grafias desse nome variam conforme as regiões, sempre significando *alguém que faz más obras*. Ver Cascudo (1962). Segundo o musicólogo Luiz Heitor Correa de Azevedo, a maior proeza de Malasartes, presente em tantas composições, foi ajudar a criar "a ópera típica brasileira, baseada no folclore" (apud Brandão, 1999, p.115).

20 Outras quatro montagens foram registradas por José M. V. Brandão (Buenos Aires, 1969; São Paulo, 1975 e 1993; Belo Horizonte, 1994), e também uma gravação feita

Além da personagem-título, Mário introduziu outras três. O conjunto dos sitiantes em festa forma o coro, representando o povo brasileiro que, em meio à dança da ciranda, vai entrelaçando seus sons aos do enredo. Baiana, apaixonada por Pedro Malazarte, não hesitaria em enganar seu marido, Alemão, se o malandro a quisesse. O casal é enganado pelo forasteiro, que deles só quer a janta e algum dinheiro.

A esses elementos "raciais brasileiros" juntaram-se no texto expressões típicas, seja na sintaxe, seja no léxico (*Ai-lai! Vendo não; trás ante-ontem; Alamão; desque; chamá*). Há também menção às comidas e bebidas nacionais, à dança da Ciranda, ao canto de uma modinha, ao coco *Mulher, não vá* que consta do *Ensaio* (Andrade, 1972, p.110) e a uma embolada, com a qual o trapaceiro se apresenta:

> Eu?...eu...
> Sou malazarte,
> Minha parte é em toda a parte
> Minha terra é em toda terra
> [Em] Que erra a serra da minha arte.
> Trailailai! Sou Barzabum
> Chinfrin xodó forrobodó
> Doborrofó doxó frinchin
> Tupim-niquim bom jour banzai!
> (Brandão, 1999, anexo, p.6).

O emprego de palavras de vários idiomas e de várias pronúncias brasileiras, bem como o processo de reutilização à sua moda de temas

---

pela RAI, emissora italiana, sob a regência do Maestro Lamberto Baldi. Brandão também realizou uma versão concerto com a obra, para fundamentar sua dissertação de mestrado (1999, p.134-135). A mais recente montagem deu-se em 2000, no Teatro São Pedro, em São Paulo, sob regência de Lutero Rodrigues e direção de Walter Neiva. Os solistas foram Benito Maresca (Alemão), Edinéia de Oliveira (Baiana) e Sandro Bodilon (Malazarte), acompanhados pela Camerata Atheneum e pelo Coral do Estado de São Paulo, regido por José Ferraz de Toledo.

e processos populares, já se verificara em *Macunaíma*. Esse belzebu ordinário (*Barzabum chinfrin*) pertence ao mundo: Brasil (*Tupimniquim*), França (*bom jour*) e Japão (*banzai*). O assunto em *Pedro Malazarte* – um dos seus episódios mais conhecidos, a venda de um gato morto, tido por vidente, por vinte contos de réis – importou menos que a linguagem poética e musical utilizada para expô-lo.

Modinhas imperiais

Às portas da revolução de 1930, Mário de Andrade observava discretamente as articulações que levariam à vitória de Getúlio Vargas. Nesse ano, compartilhou com Luciano Gallet da comissão que reformularia o Instituto Nacional de Música e publicou o livro *Remate de males*, no qual revelou: "Eu sou trezentos, sou trezentos-e-cincoenta" (Andrade, 1966, p.157) – um desses Mários expôs-se lírico e musical nos *Poemas da amiga*:

> I
> A tarde se deitava nos meus olhos
> e a fuga da hora me entregava abril,
> Um sabor familiar de até-logo criava
> Um ar, e não sei por que, te percebi.
>
> Voltei-me em flor. Mas era apenas tua lembrança.
> Estavas longe, doce amiga; e só vi no perfil da cidade
> O arcanjo forte do arranha-céu cor-de-rosa
> Mexendo asas azuis dentro da tarde. [...]
>
> XII
> [...] Não é uma alma, não é um espírito do ar, não é nada!
> É a outra coisa que baila, que baila, que baila,
> Livre de mim! gratuita enfim! fútil de eternidade!
>
> Ôh, brinca, brinca, minha melodia!
> Sabiá da mata que canta a mei-dia!

> Olha o coco, Sinhá!
> (idem, p.208; 214)

Também selecionou e publicou quinze peças para canto e piano para o seu álbum *Modinhas imperiais*, dedicado a Villa-Lobos. É o seu único livro de música pronta para ser interpretada. O autor fixou no prefácio sua versão da história da modinha brasileira, "gênero de romanças de salão em vernáculo, um tempo, e já agora, um dos gêneros da cantiga popular urbana" (1980, p.8). Possuiria algumas constâncias: como tema central, o amor, as pastoras; um padrão modulatório bem livre e uma preferência pelos tons menores; originalmente de caráter binário, foi também passando a ternário com a influência das valsas. Mário de Andrade revelou que seu volume não visava somente à reinterpretação das modinhas, mas também à inspiração e a instrução dos compositores da sua época, que nelas encontrariam os "elementos nacionais burgueses" ou o folclore dos centros urbanos:

> nossos compositores vivos, tão justamente desejosos de se nacionalizar, podiam tirar d'ai verdadeiros planos tonais que especificariam de jeito característico a maneira modulatória nacional. [...É] necessária em nossa música erudita uma readmissão mais livre dos elementos nacionais burgueses. [...] E si o aproveitamento das bases populares é mais que justíssimo entre nós, um estudo profundo da lição que nos ficou das Modinhas imperiais, pode nos evitar a excessiva coreografia em que nos estamos bamboleando. (idem, p.11)

A modinha faria parte de um dos raros casos nos quais um gênero originalmente erudito e importado tornou-se popular e urbano ao se nacionalizar: "Ora dar-se-á o caso absolutamente raríssimo duma forma erudita haver passado a popular? [...] Pois com a modinha parece que o fenômeno se deu" (idem, p.8). Mário de Andrade acreditava que as transformações e as reelaborações quase sempre fluíssem das formas populares para as eruditas. Roger Bastide, na série de artigos *Estudos de sociologia estética brasileira*, publicados no *Estado de S. Paulo*, em 1940, discordou dessa afirmação. Não via nisso nada de raro, pois só comprovaria a tese do *desnivelamento* estético, ou seja, a retransmissão feita pelo povo daquilo que absorvera da cultura das elites.[21]

O autor incluiu um segundo prefácio chamado *Notas*, no qual discorreu sobre cada uma das peças que ele recolheu e republicou. Na modinha nº 1, *Acaso são estes*, adiantou algumas indicações sobre um futuro estudo que pretendia fazer sobre o que chamava canto artístico: "[Nós], os semicultos, não sabemos cantar em nossa língua. É invejável a naturalidade com que o povo ignorante fixou sua dicção cantada [...e] é preciso que tenhamos definitivamente a coragem da nossa naturalidade" (idem, p.12). Após constatar que os cantores eruditos cantavam exatamente o que liam (cantando seguindo a ortografia) e não como falavam, ou carregando nos *erres* e *esses* (semelhante à dicção em italiano), ele propôs para o canto uma dicção próxima à da fala coloquial.

Mário de Andrade apresentou indicações para a execução dos nasais brasileiros; para a palavra *são*, cantada em notas diferentes, sugeriu reparti-la em duas sílabas, *"sã-um"* [sic]. Para o canto dos /o/ átonos finais, como em *pranto*, aconselhou que soasse quase /u/ nas passagens rápidas, mas /o/ quando se estendesse por tempos mais longos. Tais sugestões seriam questionadas sete anos depois no Congresso da Língua Nacional Cantada.

No invólucro de cartolina que protegia o disco de 78 rpm Victor nº 33.951, de 1935 (cujo Lado B continha o samba-canção *Saudades do meu barracão*, interpretado por Ataulfo Alves), Mário de Andrade afirmou:

> *Modinha* – À medida que esta desaparece ou vive mais desatendida dos seresteiros, vai sendo [...] substituída pelo samba-canção, que é

---

21 Sobre os fundamentos deste debate, ver o capítulo 1, p.26 e 27. Para acompanhar o desfecho do assunto, ver p.101 deste capítulo.
O Professor Roger Bastide (1898-1974), sociólogo, antropólogo e crítico literário francês, lecionou na USP entre 1938 e 1954, integrando-se por completo à vida cultural e intelectual brasileira. Ver Fernandes (1990), Peixoto (1999), Souza (2003, p.20) e Travassos (1997, p.181-183).

realmente uma [...] canção lírica solista, apenas com uma rítmica fixa de samba, em que [...] a agógica já não é mais realmente coreográfica, mas de canção lírica. Ora isso é uma evolução lógica, por assim dizer, fatal. A modinha de salão passada pra boca do povo popular adotou mesmo ritmos coreográficos, o da valsa e o da chótis principalmente. Ora estes eram sempre ritmos importados, não da criação imediata nacional. O samba-canção é a nacionalização definitiva da modinha. (Toni, 2004, p.235)

Música de feitiçaria no Brasil e *Terapêutica musical*

O livro *Namoros com a medicina* constituiu-se da união de dois artigos de Mário de Andrade publicados originalmente no mensário *Publicações médicas* da Associação Paulista de Medicina. O primeiro, *Terapêutica musical*, reproduzia uma conferência de 1936. O segundo, *A medicina dos excretos*, que tratava de todo tipo de medicamentos feitos à base de dejetos, "não foi recitado em lugar nenhum, Deus me livre! Nem poderia dizer o que nessa página escrevi, nem outros escutariam" (Andrade, 1956, p.5).

Esse livro relaciona-se diretamente com a conferência proferida em 1933, *Música de feitiçaria no Brasil*, que por sua vez se baseia nas viagens etnográficas realizadas por Mário de Andrade relatadas para o *Diário Nacional*. Essas crônicas foram reunidas posteriormente por Telê Lopez sob o título *O turista aprendiz* (Andrade, 1976b).

Música de feitiçaria foi construído ao redor da descrição de Mário de Andrade sobre feiticeiros de catimbó da cidade de Natal, que teriam "fechado seu corpo" às 24 horas do dia 28 de dezembro de 1928, "última sexta-feira do ano, [...] muito propício pras coisas de feitiçaria" (Andrade, 1963a, p.34), ao custo de trinta mil réis... Tipo semelhante de experiência, na qual o autor afirmou ter sido levado a um estado de entorpecimento pelos ritmos e sons do maracatu, foi também relatado na *Pequena história da música* (1944, p.186), e em *Terapêutica musical* (1956, p.18-19).

Em *Música de feitiçaria* Mário de Andrade falou sobre diversos assuntos: as diferenças entre os cultos; a sinceridade e a charlatanice dos feiticeiros; os utensílios materiais e os elementos musicais desses cultos; a relação entre ritmo, repetição e hipnotismo; o poder curativo da música, e sobre as teorias que relacionavam música e magia do professor Jules Combarieu.[22] Mário de Andrade, dizendo-se baseado na concepção de mentalidade primitiva (primária, genérica) de Lévy-Bruhl,[23] falou também sobre essas ocorrências em diversas culturas extintas ou em diversos estágios das culturas existentes, identificando elementos encontrados nas manifestações estudadas àqueles das culturas dos povos chamados "primitivos":

> A música é uma força oculta, incompreensível por si mesma. Ela não toca de forma alguma a nossa compreensão intelectual, como fazem o gesto, a linha, a palavra e o volume das outras artes. Por outro lado é a mais socializadora e dinâmica, a mais dionisíaca e hipnótica, especialmente nas suas formas primárias em que o ritmo predomina. Assim, a música é terrível, é fortíssima e misteriosíssima. [...] Por isso ninguém considera a música como criação humana. Há quase unanimidade entre primitivos e Antigos no atribuir aos deuses a invenção da arte musical. (Andrade, 1963a, p.46)

Esse texto expôs a aproximação que Mário de Andrade realizava, desde pelo menos 1928, entre o inconsciente humano e a música "primitiva"; revelou também o seu interesse no "poder" da música sobre uma coletividade, pelo que ela teria em si (ritmo e som) ou pelo que traria do ambiente para dentro dos homens.

O público-alvo inicial de *Terapêutica musical* foram os médicos. Mas, logo após a publicação de *Namoros com a medicina*, essa platéia

---

22 Professor de História da Música do Collège de France. Mário de Andrade referenciou diversas obras desse autor, entre elas, a de 1894, *Les rapports de la musique et de la poesie*; a de 1909, *La musique et la magie – étude sur les origines populaires de l'árt musical, son influence et sa fonction dans les societés*; e a de 1913, *Histoire de la musique – des origines au déboût du XX siècle*.

23 Sabe-se que Mário conheceu desse autor pelo menos as obras *Les fonctions mentales dans les sociétés inférieures* e *La mentalité primitive*.

ampliou-se, englobando músicos, terapeutas, antropólogos, sociólogos, folcloristas e místicos. No prefácio, datado de 22 de novembro de 1937 (dia de Santa Cecília, padroeira dos músicos), doze dias após o Estado Novo, Mário de Andrade afirmou que, quando menino, assegurava que quando crescesse seria médico, mas nunca se preparou para isso. Atribuiu, então, a multiplicidade de suas atividades a essa situação infantil: "sinto sempre uma hesitação danada quando, nos hotéis, enchendo a ficha de hospedagem, tropeço no "Profissão". Pianista? Professor? [...] Folclorista? [...] Funcionário Público? [...] Mas aquela resposta de menino me vaia a vida inteira. Me tornei médico às avessas, isto é, doente" (Andrade, 1956, p.8).

A crença na característica dinamogênica da música – qualidade de superativar as funções de órgãos do corpo humano – é uma das constâncias de Mário de Andrade. A dinamogenia uniria música, biologia e psicologia. Para referendá-la, citou nesse trabalho as mais diversas fontes, empregando desde dados de coletas de medicina popular, estudos folclóricos e antropológicos, até livros de história da música ocidental. Mencionou exemplos de farmacopéia musical e de esoterismos. Discorreu tanto sobre as influências do ritmo e do som sobre o homem quanto também sobre as relações entre texto e música:

> Se o som não diz nada à inteligência, é preciso notar no entanto que numerosíssimas vezes ele é acompanhado de palavras no canto, e que conseqüentemente estas palavras [...] enfraquecem o poder do ritmo musical. Esta contradição parece tanto mais importante que noventa e nove por cento das músicas dos primitivos e da música popular, são cantadas. (idem, p.21-22)

Estudando a questão do "dinamismo do som" em diferentes obras de Mário de Andrade, Jorge Coli observou que, para aquele autor, a música,

> pelo seu ritmo, "ordena" o ouvinte, torna-o passivo, mas pela melodia e harmonia, cria uma disponibilidade do espírito que o induz a uma resposta. [...]

Uma associação mais orgânica ainda, é a da incorporação da palavra, nas obras cantadas. Se o ritmo "animalizava", a palavra devolve a consciência, contaminando o som com seu sentido. Mas, por outro lado, carregada de substância musical, ela se torna mais opaca, dissolve um pouco sua significação nas encantações musicais próprias à música. (Coli, 1998, p.21)

Mário de Andrade relatou a aplicação da terapêutica musical (meloterapia) entre os internos do Juqueri, feita pelos médicos em colaboração com o Departamento Municipal de Cultura, então sob sua responsabilidade. E afirmou:

> Os autores [...e os] experimentadores são unânimes [...:] a música acalmaria, suavizaria realmente os alienados, epiléticos, psicastênicos, neurastênicos, maníacos de vária espécie e vário grau, cumprindo [...] o brocardo de que "adoça os costumes" – coisa falsa na vida comum, pois da experiência clínica que tenho dos musicistas meus manos, nunca vi gente mais brigona e mais perfeitamente alienada por egoísmos e rivalidades. Pior que músico, nem pintor, Santa Maria! (Andrade, 1956, p.39)

Essa ponderação, sobre a ineficácia do poder da música justamente sobre os músicos, é outra de suas constâncias. Utilizou-a, entre outros textos, no *Ensaio* (1972, p.64-65). Ela contradiz o argumento do poder dinamogênico da música apregoado pelo autor. Mas se os músicos, talvez por contato freqüente, ficaram imunes ao remédio, outros ainda poderiam beneficiar-se dele, pois, para Mário de Andrade,

> [uma] música suave, sereniza o ser; outra [...] delicada, nos convida ao sono; uma violenta, nos excita, e outra marcial [...] nos organiza a dinâmica do gesto e o facilita. [...Essa] força psicofísica [...] deriva [...] do ritmo musicalizado enfim.
> A meloterapia, a meu ver, residirá na utilização desses poderes facilmente reconhecíveis [...] aplicados à coletividade. [...] Proibir-se-ia os rádios e demais elementos de pandifusão da música, de executar peças apaixonadas, violentas, marciais, depois das vinte horas... Todos [...] seriam obrigados nessa hora, a executar só peças [...] serenas, para

auxiliarem as crianças, os enfermos, os operários e as mães a dormir. Quando muito a um rádio apenas por noite, seria permitido a execução de cançonetas, "jazz", sambas e tango [...]. De manhã, alvoradas claras de claros acordes simples, [...] concitariam o ser à ginástica, ao banho e ao trabalho contente. (1956, p.55)

As experiências do catimbó e do maracatu alimentaram o esforço de Mário de Andrade em fixar diversos tipos de *ethos* para a música do seu tempo, organizadores e animadores da sociedade. Apesar do tom espirituoso, jocoso e ligeiro desse final, pode-se conjeturar que em sua república utópica ideal, ultraplanificada, haveria como que uma "trilha sonora", do nascer ao pôr-do-sol, esquematizando todas as ações humanas, visando à saúde do indivíduo e da comunidade. *Terapia musical* trata-se, talvez, da versão popular e aplicada do *Ensaio*. Nela, Mário apresentou a música não mais apenas como arte, tampouco como perspectiva educacional – fosse mediante seu ensino tradicional, fosse por aquela que se aproximava à maneira massiva do canto orfeônico de Villa-Lobos –, mas como possibilidade de terapia pessoal, organização social e direcionamento das massas.

Camargo Guarnieri, e *O carro da miséria*

Em uma de suas últimas matérias enviadas ao *Diário de S. Paulo*,[24] Mário de Andrade descreveu e criticou o concerto acontecido no dia 27 de maio de 1935, com peças camerísticas de Camargo Guarnieri.[25]

---

24 Mário de Andrade preparava-se para assumir o cargo de diretor do Departamento de Cultura e Recreação da Cidade de São Paulo (DC), e se afastaria por algum tempo das atividades jornalísticas. A edição das críticas feitas para esse jornal foi realizada por Paulo Castanha (Andrade, 1993a).
25 Mozart Guarnieri nasceu em Tietê, São Paulo, em 1º de fevereiro de 1907. "Por volta de 1930, Mário propôs ao jovem músico inserir, entre esses dois nomes, o sobrenome Camargo, de sua mãe" (Silva, 2001, p.351). Compositor importante da escola nacionalista, mudou-se para São Paulo em 1923 para estudar; trabalhava como pianista acompanhador, tendo formado seu primeiro trio de câmara com o violinista belga Maurice Raskin e o barítono gaúcho Andino Abreu – voz apre-

Encontram-se nesse texto alguns temas freqüentes do pensamento do crítico, bem como algumas inversões de expectativas.

Nesse texto, a virtuosidade, normalmente atacada ou tratada pelo autor como um desvio de caráter do intérprete, foi entendida como arte, esforço intelectual, confiança na obra do compositor. Elogiando os intérpretes, disse que a pianista Júlia da Silva Monteiro possuía "dons de virtuosidade [...] excelentes. Soube cadenciar com perfeita expressividade, os diversos momentos psicológicos [...da] série de prelúdios"; considerou "uma pena" que o violoncelista Calixto Corazza[26], apreciado pelo autor da análise e pelo compositor da noite, não pudesse "dedicar-se exclusivamente à virtuosidade"; afirmou que o Quarteto Paulista[27] deu "o melhor do seu esforço em defender peça tão árida", e que o cantor Cândido Botelho[28] "delineou com espírito, riqueza notável de expressão e acerto de estilo" os *Lieder* apresentados (Andrade, 1993a, p.311-312).

Mário de Andrade continuou seu texto criticando as composições. Sobre a *Sonata nº 1*, afirmou: "O dramático e áspero canto de Camargo Guarnieri vibrou em sua inteireza de caráter a execução dos dois artis-

---

ciadíssima por Mário de Andrade. Foi o primeiro regente do Coral Paulistano. Sobre sua vida e obra, aspectos composicionais e defesa do nacionalismo, ver Silva (2001) e Neves (1981, p.66-69). Faleceu em 13 de janeiro de 1993.

26 A dupla Corazza/Guarnieri, em 29 de março de 1938, executou novamente a *Sonata nº 1 para violoncelo e piano*, composta por Camargo Guarnieri em 1931, com seus movimentos *Tristonho, Apaixonadamente* e *Selvagem* (Silva, 2001, p.351). Sobre o caráter polifônico/nacional de sua obra, ver Silva (2001, p.166-167).

27 Quarteto do Conservatório Dramático e Musical de São Paulo, formado por Zacarias Autuori, Luís Oliani, Enzo Soli e Bruno Kunze.

28 Cândido de Arruda Botelho (1907-1955), famoso tenor da primeira metade do século XX, fez numerosas gravações de música erudita e popular (Mariz, 2002, p.255). Também se reapresentou com o compositor no programa citado de 1938. Foi aluno de Vera Janacópulos (1892-1955). Sua esposa, Maria do Carmo Arruda Botelho, exímia pianista e co-repetidora, colaborou muitos anos com uma das alunas de Vera, a professora de canto Celina Sampaio (1900-1974). Após o falecimento de Celina, continuou o trabalho com seus alunos (Carlos Vial, Edmar Ferretti e Victoria Kerbauy, entre outros), mantendo assim a tradição pedagógica Lili Lehmann / Vera Janocópulos no Brasil. Ver capítulo 3, nota 5.

tas. [...] Talvez apenas, como equilíbrio de forma, se pudesse desejar que o terceiro tempo fosse um bocado mais longo, mais concludente" (idem, p.311). Sobre as seis canções apresentadas, disse que são

> a parte mais acessível, mais amável de criação de Camargo Guarnieri [..., que não faz] nenhuma concessão [...], indo à mais amarga, à mais desértica dedução lógica de seu próprio pensamento e individualidade: mas sempre a linha cantada [...] se reveste de maior sensualidade, é mais gostosa por assim dizer, tomando as suas bases mais constantemente na melódica das modinhas. (idem, ibid.)

Mário salientou que sobre a base "difícil", característica das obras de Camargo Guarieri, tem-se em geral uma melodia de caráter nacional, como sugerira nas *Modinhas imperiais*. Em seguida, destacou uma particularidade da composição "*Sai Aruê*, de forte feição coreográfica, baseada em nossos cantos de feitiçaria africana" (idem, p.312): considerou-a popularesca, ou seja, imitadora do popular/folclórico. Apesar disso, valorizou o fato de que nela o piano funcionou como verdadeiro instrumento acompanhador, traço incomum na obra de Guarnieri. O compositor se caracterizaria por "conservar num quase divórcio, o canto e o piano, e quer na indiferença dum obstinado, quer numa polifonia libérrima, este se exime de sua função lógica de acompanhador" (idem, ibid.). Mário defendia uma polifonia à brasileira como sistema composicional, mas também insistia, para melhor valorizar o canto e a letra da canção, que o instrumento fosse apenas um comentador.

Sobre os *Ponteios*, Mário de Andrade disse que eram de valor variável, e que o conjunto seria até monótono, apesar dos esforços expressivos conferidos pela pianista. Quanto ao *Quarteto*, considerou-o

> magnificamente bem escrito, quer como valorização instrumental quer como lógica de desenvolvimento temático e polifonia. Mas o cromatismo levado assim às últimas conseqüências atonais, torna esta esplêndida composição duma aridez ainda por demais inacessível à maioria. Sem a menor alusão política, é uma obra... da oposição... O próprio ritmo chega a ser atonal! (idem, ibid.)

Explicando essa "atonalidade rítmica" e as demais características alargadoras do nacionalismo musical utilizadas por Camargo Guarnieri, Mário concluiu que

> seu nacionalismo já não é [...] mais aquele necessário nacionalismo de pesquisa, que é característico da obra de Villa-Lobos, e [...] dos compositores menores da geração deste. É já um nacionalismo de continuação, quero dizer: que não se alimenta mais diretamente do populário, e apenas se apóia nele. [...É] uma obra exclusivamente de arte erudita, não apenas funcionalmente, mas fundamentalmente erudita. E o Brasil se reconhece nela, não mais com a objetividade violenta dum corpo, mas como uma precisão instintiva de alma. (idem, p.313)

Esse concerto de 1935 marcaria, por assim dizer, o início da segunda fase do nacionalismo na música, descrita por Mário de Andrade: a fase do *sentimento nacional*, quando o hábito de escrever nacionalmente já estaria incorporado ao compositor a ponto de as fontes folclóricas não mais serem evidentes nas suas obras eruditas. Essa segunda fase, na sua opinião, já teria começado para Guarnieri, mas não para todos os compositores brasileiros.

Além dessa transformação que Mário de Andrade verificou ter ocorrido na música, outra acontecia em seu interior. Em carta de 5 de abril de 1944 a Carlos Lacerda[29], falou sobre a "fase purgatória" vivida entre 1929 e 1934, fase que coincidiu com a das primeiras aproximações com o comunismo, o que efetivamente só se daria anos mais tarde:

> as datas do desfazimento em mim dos prazeres e prerrogativas da minha classe são essas: 1930, "O Carro da Miséria"; 1932, 2ª versão [...] do mesmo; 1933, "Grão Cão do Outubro" e enfim, fins de 1934 o artigo

---

29 "Carlos Lacerda (1914/1974), jornalista e político, comunista na juventude, depois derivou para a direita" (Andrade, 1982, p.92, nota 46). Mário de Andrade conviveu com seu grupo no período em que morou no Rio de Janeiro (1938-1942). Sobre o marxismo e o artigo de 1934, ver Lopez (1972, p.65 et seq.). Sobre a *Oração de paraninfo*, ver p.97.

me confessando "coram populo" comunista. [...Em seguida] veio a fase reconstrutiva, principiada por aquela "Oração de Paraninfo", que você gosta. (Andrade, 1982, p.96)

Nessa carta, Mário anexou a cópia prometida do poema *O carro da miséria*, dedicado a Lacerda, explicando-o. Comentou que a insatisfação consigo mesmo e com os fatos vividos nesse tempo não teve solução na psicologia, na política ou na religião. Acrescentou que somente saiu dessa fase "quando a criação do Departamento de Cultura me salvou" (idem, p.94). *O carro da miséria*, publicado postumamente em 1946, foi escrito nos tempos das revoluções de 1930 e de 1932, tendo uma versão final em 1943. Nesse poema de forte teor político encontram-se germens tanto de *Café* como de *Meditação sobre o Tietê*:

O carro da miséria

I
O que que vêm fazer pelos meus olhos tantos barcos
Lenços rompendo adeuses presentinhos
Charangas na terra-roxa das estações um grito
Um grito não um gruto
Que me faz esquecer a miséria do mundo pão pão...
[...] Ah... caminhos caminhos caminhos errados de séculos...
Me sinto o Pai Tietê. Dos meus sovacos
Saem fantasmas bonitões pelos caminhos
Penetrando o esplendor falso da América. [...]

XVI
[...] Não foram esses heróis heróis revolucionários
Que ficaram heróis heróis revolucionários
Martirizados pelo encalhe do café [...]
Que fizeram vosso dia
Não nasceu o salvador.
Nasce o dia canta o galo
[...] Acorda acorda Tia Miséria

Vem nascendo um dia enorme
Mas pouco se vê porém!
Oi Tia Misemiséria
Tens de parir o que espero
Espero não: esperamos
O plural é que eu venero
Nasce o dia canta o galo
Miséria pare vassalo [...]
Pois então há de parir
nossa exatidão também.
(Andrade, 1966, p.217; 228-229)

Cultura musical / Oração de paraninfo

Em maio de 1935 iniciou-se a constituição efetiva do Departamento de Cultura (DC). O grupo político de Mário de Andrade, ligado ao Partido Democrático, apregoava que os problemas brasileiros seriam resolvidos somente se houvesse, em primeiro lugar, uma melhoria cultural de sua elite seguida de uma ação educativa dos servidores públicos e das massas, sempre de acordo com suas diretrizes. Os paulistanos possuíam um governador e um prefeito afinados com essa proposta e, apesar das dificuldades impostas pela reação federal e pela oposição interna, os projetos da Escola Livre de Sociologia e Política, da Universidade de São Paulo (USP) e do DC tornaram-se realidade.

Meses depois da sua posse, Mário de Andrade foi convidado, mais uma vez, a ser o padrinho de uma turma de músicos formados pelo Conservatório Dramático e Musical de São Paulo. No discurso que proferiu durante a cerimônia de formatura, encontram-se as impressões do professor, do artista e também do homem público. Nesse momento Diretor do DC, "Mestre Mário" tentava materializar as idéias pelas quais se batera até então, mas estava às voltas com as vantagens e desvantagens do poder.

Cultura musical funcionou como uma espécie de dobradiça, unindo dois períodos da produção de Mário de Andrade, o anterior e o posterior ao DC. É o começo da fase que ele mesmo chamou reconstrutiva (Andrade, 1982, p.96). Não sendo ainda o discurso de um homem que se sente totalmente livre para dizer o que quer, nem seguro o suficiente para poder enxergar seus próprios erros e acertos, de certa maneira antecipou as reflexões que se desenvolveriam mais claramente a partir de 1941. Outra característica importante desse texto é que nele Mário não tratou somente da cultura musical: o texto tem como alcunha *Oração* (que pode ser entendido como prece, prédica, discurso) *de paraninfo* (padrinho, protetor), feito especialmente *para os* futuros profissionais da música. É um discurso professoral, pleno de construções retóricas e de apelos emocionais, no qual também se pode ouvir um líder conclamando à ação.

Mário de Andrade desculpou-se por não fazer, como é praxe nessas ocasiões, uma preleção encorajadora. Antes de ocupar esse cargo, dizia sempre: "Sou um homem feliz!". Mas suas experiências no DC teriam feito que acordasse para "o mundo real":

> Não serei breve, nem serei discreto, e vou expor coisas obscuras. [...] E esta decisão de só encarar o real, me veio da enorme, da radical transformação que deu-se em minha existência.
>
> Chamado a um posto oficial, embora não político, me vi de chofre desanuviado dos sonhos que sempre embalei. Sempre conservara a ilusão de que era um homem útil, apenas porque escrevia no meu canto, livros de luta em prol da arte, da renovação das artes e da nacionalização do Brasil. Mas depois que baixei ao purgatório de um posto de comando, depois que lutei contra a angustiosa nuvem dos necessitados de emprego, depois que passaram pelas minhas mãos dinheiros que não eram meus e de mim derivaram proveitos ou prejuízos, veio se avolumando em mim um como que desprezo pelo que fora dantes. (Andrade, 1965, p.235)

Segundo o autor, essa visão mais clara das coisas fez com que, numa cerimônia como essa, não pudesse mais falar sobre a "importância do diploma", ou sobre as "grandezas da música", pois o impressionava o grau de degradação da cultura musical. Passou então à descrição dos motivos e dos agentes dessa degradação. Em primeiro lugar, constatou que os alunos se interessavam pelo estudo de um instrumento, mas não de música. Os alunos apresentavam como finalidade maior a conquista da celebridade, e em decorrência disso, os professores particulares não ensinavam música, mas sim a virtuosidade desejada pelo público. Os conservatórios, terceiros culpados, seriam como cooperativas desses professores. Mesmo o Conservatório Dramático e Musical de São Paulo sofria desse mal, não ampliando os conhecimentos de seus alunos (idem, p.239-240). O governo estadual e o federal ajudavam pouco, não oficializando o ensino musical nem subsidiando as ações particulares. A iniciativa privada, em forma de mecenato, também não colaborava na medida do necessário. Defendeu que a então recém-criada USP, quando inaugurasse seu curso superior de música, o destinasse "à formação das elites técnicas, das elites didáticas, dos compositores e da alta virtuosidade" (idem, p.243). Para Mário de Andrade, o espírito universitário e a convivência com outros profissionais poderiam elevar a cultura e a ética do músico:

> a inobservância do nosso músico quanto a cultura geral, é simplesmente inenarrável. [...] Os violinistas vão aos recitais de seus próprios alunos ou dos violinistas célebres, os pianistas só se interessam por teclados. [...] Uma curteza de espírito assombrosa; um afastamento desleal das outras artes, das ciências, da vida econômica e política do país e do mundo; uma incapacidade lastimável para aceitar a existência, compreendê-la, agarrá-la; uma rivalidade vulgaríssima; uma vaidade de zepelin sozinho no ar. Cada qual se julga dono da música e recordista em especialidade. [...A] vida totalizada, se restringe a um dar lições, [...preparar um] recitalzinho e falar mal dos colegas. (idem, ibid.)

Em seguida, Mário de Andrade falou do DC e do posto que lá ocupava. Como iniciativas primeiras, citou a compra do piano de concerto, a criação da orquestra sinfônica, do Coral Paulistano e de um pequeno madrigal. Relatou sobre a "multidão" que afluía aos concertos públicos, às bibliotecas infantis e circulantes. Rebelou-se contra as críticas sobre o emprego desse dinheiro público:

A uma iniciativa cultural, todos se queixam porque faltam hospitais ou porque a situação financeira não permite luxos [..., revelando] a falta de convicção do que verdadeiramente seja a grandeza do ser nacional. [...] Nós não estamos ainda convencidos de que a cultura vale como o pão. (idem, p.245)

Após todas essas constatações, visualizando uma possível solução que englobaria reflexão, ação e religiosidade, o autor convocou os formandos:

O que ireis fazer da vossa vida?... Acaso vos sentis bem aparelhados para vencer o rodamoinho voraz?... [...] Eu vos trago o convite da luta [...] por uma realidade mais alta e mais de todos. [...] Há sempre uma aurora para qualquer noite, e essa aurora sois vós. E pois que a noite ainda é profunda e vai em meio, eu vos convido a forçar a entrada da manhã. [...] Há toda uma mística nova a envergar sobre os ombros, para que o destino não se desvirtue [.... Nos] vemos num momento agro do mundo em que qualquer idealidade tem de equiparar-se à religião, cujo resultado é fundir. [...] Vosso domínio é a música, e infame será quem julgar menos útil cuidar da música que do algodão. (idem, p.245-247)

As imagens simbólicas que envolvem noite/aurora/novo dia são usadas, em geral, nas falas que pregam a esperança, a mudança, a revolução. Significam que um momento de trevas foi ou será substituído por uma nova era, de luz. Nesta mistura de confissão, relatório, pregação e discurso, Mário de Andrade também combinou música, sua vida pessoal e política nacional. O "dia" dos alunos do conservatório e do povo brasileiro ainda não havia chegado, mas seu autor esperava que a juventude o adiantasse. Que "dia" seria esse? o da chegada da Democracia? ou da Revolução Proletária? Mário de Andrade sentia-se atraído pelo comunismo, mas naquele momento era alto funcionário da municipalidade, representante da estrutura do poder, na qual, talvez, mediante as reformas paulatinas no campo da educação e da cultura, pensava poder ajudar a forçar a entrada da manhã...

A música e a canção populares no Brasil e Cândido Inácio da Silva e o lundu

José Miguel Wisnik, lembrando tanto do trabalho de 1938, *Samba rural paulista* (Andrade, 1965, p.145-231), como do intérprete Chico Antônio retratado em *Vida de cantador* (Andrade, 1983), falou sobre as escolhas de Mário de Andrade:

> [A] chave de tudo [...] estaria no compromisso da cultura letrada com a cultura popular brasileira, entendida necessariamente como cultura rural, artesanal, anônima e coletiva. Exemplificando: os objetos de sua escolha crítica não são propriamente Pixinguinha ou Sinhô, músicos do nascente mercado de música urbano-industrial, mas Chico Antônio, coqueiro repentista do Nordeste; não é o samba carioca mas o samba rural paulista; não é o futebol mas o bumba-meu-boi. (Wisnik, 1999b)

Mas o mesmo Mário dos textos citados já defendera a revisão de dois pontos da teoria folclórica tradicional européia, em *A música e a canção populares no Brasil*: o "conceito de tradição e a impossibilidade de considerar-se as manifestações folclóricas como fenômenos essencial e exclusivamente rurais" (Andrade, 1972, p.159-160). Feito originalmente para o Institut international de coopération intellectuele de la Société des Nations, e por ele publicado somente em 1939, foi reproduzido no Brasil já a partir de 1936, pela *Revista do Arquivo Municipal* e em cópia mimeografada pelo Ministério das Relações Exteriores. Esse estudo relaciona-se às *Modinhas imperiais*, bem como aos artigos *Origens do fado, A modinha e Lalo, O desnivelamento da modinha* (Andrade, 1963b, p.95-99; 339-348), e *Cândido Inácio da Silva e o lundu* (Andrade, 1999, p.215-233), de 1944.

Mário de Andrade concordou que "a influência deletéria do urbanismo" (Andrade, 1972, p.166) sobre as manifestações populares realmente dificultava o trabalho do folclorista, mas salientou que no Brasil, ao contrário da Europa, a fronteira urbano/rural seria muito tênue. Aquilo que os folcloristas estrangeiros consideravam como *canção popular* (folclórica, anônima, multissecular, de origens rurais), praticamente não existiria no Brasil: "[não] é tal canção determinada que é permanente, mas tudo aquilo de que ela é construída" (idem, p.165); ou seja, seriam as *constâncias* que caracterizariam a música, e não sua localização espacial e temporal. Essa música se encontraria também nos ambientes urbanos:

> Manifestações há [...] de música popular brasileira, que são especificamente urbanas, como o *Choro* e a *Modinha*. Será preciso apenas [...] discernir no folclore urbano, o que é virtualmente autóctone, o que é tradicionalmente nacional, o que é essencialmente popular, enfim, do que é popularesco, feito à feição do popular, ou influenciado pelas modas internacionais. (idem, p.167)

Essa definição de *popular* – autóctone, nacional e folclórico (rural ou urbano) – em oposição ao *popularesco* – imitador e internacional – remete à questão do nacional e do popular para Mário de Andrade. Responsável nesse momento pela cultura da municipalidade paulistana, Mário estava em contato diário com o dia-a-dia da cidade e com a incipiente indústria cultural. Fora obrigado pelas circunstâncias a sair da posição de um quase antropólogo – um sujeito "estrangeiro" a observar uma comunidade ou situação, sem se envolver com ela, embora, muitas vezes, a queira bem e a proteja – para observar a música na qual estava imerso. Nessa observação encontrou ora produtos que não o agradaram enquanto *ouvinte*, ora que não o agradaram enquanto *teórico*. Outros, no entanto, ressoaram no seu ser total. Como incluir estes últimos no seu projeto musical/político cuja base era o folclore, se o folclore europeu excluía, por definição, o urbano?

As especificidades brasileiras não cabiam nos moldes europeus. A solução descoberta por Mário de Andrade foi embasada, mais uma vez, em juízos de valor: diferenciar a música urbana entre a ruim (popularesca) e a boa (popular/nacional). O perigo a evitar viria de fora, da influência estrangeira, ou de dentro, dos compositores brasileiros que imitassem a música folclórica, fosse nas composições eruditas, fosse nas populares.

Em seu artigo de 1944 para a *Revista Brasileira de Música* sobre o lundu de salão, Mário de Andrade fixou suas derradeiras impressões sobre a modinha:

> [Eu] cada vez tendo menos a ver na modinha um objeto folclórico, apesar das razões que eu mesmo dei para alargar a conceituação científica do folclore [...]. A modinha é [...] uma manifestação muitas vezes anônima, mas sempre popularesca no caráter, e insistentemente urbana. E mesmo na cidade, o samba, a marcha de rancho, as feitiçarias são manifestações musicais muito mais folclóricas que ela. O canto sexual não dançado, verdadeiramente representativo do folclore do Brasil, é a toada rural. (Andrade, 1999, p.218).

Igualmente, Mário de Andrade revelou nesse texto suas impressões sobre o lundu, uma forma de dança (com estalar de dedos e umbigadas) e canto inicialmente restrita aos escravos que se popularizara e apresentara uma versão erudita: "[Um] dos [...] marcos históricos mais notáveis [...] na evolução da música brasileira [...] é o lundu de salão *Lá no Largo da Sé*, de Cândido Inácio da Silva" (idem, p.215). Segundo os parâmetros do autor, esta seria a primeira [1834?] canção verdadeiramente nacional, pois se nela fora alterada a temática marota das letras dos lundus, foram mantidas as constâncias da modulação antiacadêmica e da sincopação. Além disso, o lundu de salão exporia a miscigenação:

> A "nacionalização" duma forma afro-negra, depois afro-colonial, [...foi] aceita e permanente em todas as raças, mestiçagens e classes do país. [...O] lundu, e por causa dele o *Lá no Largo da Sé* de Cândido Inácio da Silva, [...é] a primeira forma musical que adquire foros de nacionalidade. Não é mais de classe. Não é mais de raça. Não é branco mas já não é negro mais. É nacional. (idem, p.228)

3
O DEPARTAMENTO DE CULTURA E O CONGRESSO DA LÍNGUA NACIONAL CANTADA: PENSAMENTO EM AÇÃO[1]

O Departamento de Cultura e Recreação do Município de São Paulo: princípios

Mário de Andrade sempre vinculou literatura e música, uma dando à outra subsídios estruturais. Chegado o tempo propício, o tema escolhido para a primeira e única grande reunião que organizou conciliou esses dois temas. A união entre ciência, arte e política ocorrida em sua gestão (31 de maio de 1935 a 10 de maio de 1938) à frente do Departamento de Cultura (DC) concorreu para efetivar o Congresso da Língua Nacional Cantada e, dentro dele, as *Normas para a boa pronúncia da língua nacional no canto erudito*. Esse encontro, porém, não brotou apenas dos seus interesses particulares, como também não foi um fim em si mesmo, relacionando-se com o momento histórico e com os seus agentes. Questões importantes para

---

[1] Após a finalização deste volume, foi lançado o livro de Roberto Barbato Junior (2004) sobre o DC e seus intelectuais, com uma perspectiva diferente da apresentada aqui.

os seus patrocinadores foram discutidas nessa ocasião, como as que envolviam a língua portuguesa falada no Brasil, o canto e a sua interpretação, a identidade e a unidade nacional. O tipo de repercussão obtida por esse evento deveu-se tanto às mudanças implantadas pelo Estado Novo quanto à fase de reflexão que se seguiu para Mário.

O DC foi durante décadas silêncio ou mito. Silêncio por parte de toda uma geração política vinculada à ditadura Vargas, que fez dele um nada, quando não o foi. E mito por todos aqueles que ou participaram direta ou indiretamente dessa organização, ou sentiram-se, de alguma maneira, "herdeiros" de Mário de Andrade. Entre as idéias que se cristalizaram sobre esse órgão, uma faz de Mário sua única face, como se ambos fossem um só e a mesma coisa. É certo que nessa repartição pública Mário pôde concretizar diversos planos, doando-se cotidianamente em prol de seus ideais; o DC, entretanto, existiu por conta dos projetos políticos de São Paulo e de sua elite, apoiada pelos intelectuais que a ela se ligaram. Outra imagem diz respeito às iniciativas do organismo, ao tentar passar-se a idéia de que todas as suas propostas culturais foram inovadoras e democráticas.

Textos como os de Paulo Duarte[2], bem como os dos que se apoiaram quase exclusivamente nessa fonte para tratar de aspectos do DC e de seu diretor, oferecem um relato apaixonado e, muitas vezes, apologético a esse respeito: "Os evangelhos ficaram para dizer das dimensões de um Cristo. E o Departamento não teve até hoje quem pudesse gritar em miúdo o que foi o trabalho e o sacrifício de Mário de Andrade" (Duarte, P., 1977, p.59). Em outra direção, Nogueira (2002) e Sandroni (1988) demonstraram haver nas práticas do DC a busca tanto do controle sobre as camadas populares quanto da confirmação da hegemonia paulista sobre os demais estados da federação. O estudo de Raffaini (2001) revelou as diversas ativi-

---

2 Paulo Alfeu Junqueira de Monteiro Duarte (1899-1984), amigo de Mário de Andrade dos tempos da redação do jornal *O Estado de S. Paulo*, como também do *Diário Nacional*, periódico do Partido Democrático. Esse convívio estreitou-se a partir de 1932 com o engajamento de Carlos, irmão de Mário, na causa paulista, lado a lado com Paulo Duarte (Silva, 2001, p.261).

dades culturais existentes na cidade de São Paulo antes de 1935, bem como as novas ações efetivadas pelo grupo e não pela pessoa que gerenciava o DC.

O Brasil vivia tempos de grandes transformações. Segundo a análise de Miceli (2001, p.77), o país ainda era eminentemente agrícola, mas começava a viver o seu processo de industrialização, urbanização e burocratização. Como em diversas partes do mundo, o governo brasileiro passava a intervir pesadamente no planejamento, oferecendo urbanismo, educação, saúde e demais serviços públicos, mas cobrando por isso o preço do controle estatal sobre o cotidiano. Período de mutação da economia, da sociedade, da política, da cultura e da intelectualidade brasileiras. Época de ultrapassagem do antigo conceito sobre o burgo – o lugar da liberdade, – para o contemporâneo, local de confinamento, delimitador de espaços, atividades, mobilidades. Carregada das simbologias que identificavam civilização/progresso/metrópole, a técnica estruturava a nova ordem mediante intervenções do espaço urbano. Sob tudo isso, a condição subalterna no cenário capitalista internacional.

Nomeado interventor, Armando Salles de Oliveira foi o primeiro paulista civil a governar o estado de São Paulo (1933-1936) na era Vargas; convidou Fábio Prado para ser o novo prefeito da capital (1934-1938), que, por sua vez, chamou Paulo Duarte como seu assessor. Este explicitou a esses dois governantes o que o seu grupo, composto por intelectuais ligados à corrente modernista de cunho nacionalista e/ou por políticos pertencentes principalmente ao Partido Democrático (PD), idealizara como estratégia de ação governamental (cf. Duarte, P., 1977, p.51). Esse grupo clamava por uma urgente transformação do Brasil pela via educacional. Pensavam em criar um órgão cultural, chefiado por Mário de Andrade (idem, p.53), que abarcasse as instalações municipais existentes, dinamizando-as. Além delas, seriam criadas novas estruturas capazes para pôr em prática todas as idéias que davam sentido e organicidade ao projeto. O DC seria o germe de um órgão estadual semelhante, e este, por sua vez, do futuro Instituto Brasileiro de Cultura, formado a partir dos departamentos culturais de cada estado.

Pertencente a uma tradicional família paulista, o novo prefeito de São Paulo, Fábio da Silva Prado (1887-1963), aparentemente desconhecia quem era o autor de *Paulicéia desvairada*: "[As] informações que teve de estranhos eram de que se tratava de um futurista sem outra qualidade a não ser o próprio cabotinismo" (idem, p.32). Isso não impediu que ambos, prefeito e governador, vissem nesse projeto uma importante alavanca para seus planos políticos presentes e futuros. Raffaini, estudando essa conjuntura, afirmou:

> Este projeto [...] no qual primeiramente São Paulo e depois todo o Brasil seria transformado por meio da cultura, no qual caminhavam juntos progresso material e espiritual, pode ser compreendido como parte da idéia hegemônica, por meio da qual o estado de São Paulo, depois da derrota de 1932, conseguiria [...] conquistar e transformar o [...] país [...]. *[Acreditava-se] ser possível a volta ao poder federal do grupo paulista, pela via cultural* (2001, p.35, grifo nosso)

Autor de uma profunda reforma administrativa, Fábio Prado "governou a cidade impregnado de uma visão 'modernizante' e centralizadora [..., que se refletiu na] primeira intervenção globalizante do poder público municipal na área cultural" (Barros & Moizo, 1991, p.58). A partir de maio de 1935 iniciou-se a construção efetiva do DC, bem como o período no qual Mário de Andrade pôde tentar concretizar o sonho de toda uma vida; igualmente, sob o peso das suas novas responsabilidades, os aspectos mais sombrios das classes política, artística e intelectual que o cercavam fizeram-se conhecer. Fazia parte das atividades do DC promover, difundir, criar, manter, estimular e organizar as mais distintas iniciativas que visassem à promoção cultural da cidade. Para que tais eventos acontecessem, foi estruturado em cinco divisões: Documentação Histórica e Social (ocupada por Sérgio Milliet da Costa e Silva); Bibliotecas (dirigida por Rubens Borba de Moraes); Turismo e Divertimentos Públicos (liderada por Nino Gallo); Educação Infantil e Recreio (Maria Apparecida Duarte comandava os Parques Infantis, e Nicanor Miranda os esportes); e a Divisão de Expansão Cultural, composta de duas seções: a de Rádio Escola (que não se efetivou) e a de Teatros, Cinemas e Salas de Concerto. Mário de Andrade acumulou a chefia dessa última divisão bem como a de todo o DC (cf. Duarte, P., 1977, p.62-66).

Entre as diversas realizações do DC, cita-se a inauguração de novos Parques Infantis e de Bibliotecas Circulantes e Ambulantes (carros dotados de mini-bibliotecas). O Arquivo Municipal recebeu um periódico que serviu como divulgador das idéias do grupo pioneiro no DC. A Revista do Arquivo Municipal teria impulsionado, por sua vez, a criação de uma Gráfica Municipal, para essa e outras publicações. À Divisão de Expansão Cultural pertencia a Discoteca Pública Municipal e o Laboratório de Fonética, entregues a Oneyda Alvarenga[3]: além de favorecer diversos tipos de eventos culturais e científicos, essa divisão promoveu também a *Missão de pesquisas folclóricas*. O antropólogo Claude Lévi-Strauss, que estava em São Paulo devido à criação da USP, colaborou com a recém-criada Sociedade de Etnografia e Folclore, presidida por Mário de Andrade, cuja primeira secretária foi Dina Lévi-Strauss.

Em 1935 foi criado o Coral Paulistano, um corpo estável de cantores eruditos ligado ao Teatro Municipal. De setembro a dezembro desse ano selecionaram-se seus integrantes, e Camargo Guarnieri[4] foi nomeado seu regente. A estréia deu-se a 3 de março do ano seguinte (Silva, 2001, p.577-578). Idealizado para divulgar a música brasileira, o Coral Paulistano deveria apresentar exclusivamente peças escritas em português, latim ou em traduções para o português, tendo recebido diversas composições e arranjos dos músicos da época. Sua participação no Congresso foi fundamental,

---

3 A musicóloga Oneyda Paoliello de Alvarenga (1911-1984) foi discípula e colaboradora em diversos projetos de Mário de Andrade (Silva, 2001, p.351), responsável também pela organização da edição de suas obras completas, além de algumas obras póstumas.

4 Sobre esse compositor, ver capítulo 2, p.92.

por ser um grupo que valorizava a procura de um *timbre* brasileiro característico.

Chega-se aqui à segunda imagem cristalizada sobre o Departamento de Cultura: a que tenta passar a idéia de que todas as suas propostas foram inovadoras, muito populares e progressistas. No processo de racionalização implementado pelo prefeito, houve em muitos casos apenas renomeação de antigos institutos, adaptação, recolocação, aglutinação, ampliação ou transformação de outros. A pesquisa efetuada por Raffaini lembra que havia anteriormente na cidade, por exemplo, o Parque Infantil Pedro II, O Teatro Municipal, o Arquivo Histórico, a Biblioteca Municipal, os setores que cuidavam dos esportes e dos divertimentos públicos, com uma filosofia, entretanto, diferente da criada a partir de 1935. A autora também relatou uma intensa vida cultural espontânea, ligada às associações e sindicatos, além de diversões populares como cinemas, circos, salões de dança, parques de diversão e campos de futebol (cf. Raffaini, op. cit., p.33).

Fábio Prado e seus secretários formaram uma equipe apoiada no nacionalismo modernista como estratégia geral e no planejamento urbano como tática de informação e de ação públicas. A disseminação do seu projeto ocorria principalmente via Departamento de Cultura, *logus* político de seu grupo. Em seu trabalho, Nogueira ressaltou as atividades educacionais do DC, principalmente junto aos Parques Infantis e à diversão pública. Notou uma intenção de "moldar os filhos dos proletários (migrantes e imigrantes) de acordo com o 'controle dos poderes públicos' para a constituição de uma sociedade moderna e civilizada" (Nogueira, 2002, p.184). Para esse autor, as ações culturais institucionalizadas do DC seriam, muitas vezes, contrárias aos desejos dos cidadãos, já que visavam coibir as atividades consideradas inconvenientes para a sociedade e incentivar aquelas que ajudassem a construir seu ideal "ilustrado" de nação.

Quanto à inovação, deu-se principalmente na Divisão de Expansão Cultural, com o "Coral Paulistano, Madrigal, Coral Popular, Quarteto [Haydn], Trio [São Paulo], a estruturação de uma orquestra dando origem à atual Orquestra Municipal de São Paulo"

(Silva, op. cit., p.219), a Discoteca Pública, o Curso de Etnografia e Folclore, a Missão de Pesquisas Folclóricas e o Congresso da Língua Nacional Cantada . Por meio de uma das pesquisas realizadas "pela subdivisão de Documentação Social e Estatísticas Municipais, que tinha a incumbência de realizar o levantamento das situações sociais e econômicas da cidade" (Raffani, op. cit., p.49), o DC participou do Congresso da População de 1937, em Paris, com a comunicação *São Paulo au microscope*; esse trabalho analisou a cidade estatisticamente, por quarteirão, estudando a distribuição de crianças, migrantes, estrangeiros.

À Discoteca Pública Municipal coube realizar a gravação de três séries de discos: o Arquivo da Palavra (AP), o registro da música erudita brasileira (ME) e o do folclore musical brasileiro (F). Para a série AP, por exemplo, foram feitas gravações de dois sujeitos alfabetizados, cada par de uma região do Brasil delimitada pela discoteca (Pará, Pernambuco, Rio de Janeiro, São Paulo, Minas Gerais e Rio Grande do Sul), sendo um *culto* e outro *inculto* (segundo sua terminologia). Ambos liam um texto composto para o estudo e também recitavam de cor as orações "Pai Nosso" e "Ave Maria" (Carlini, 1994, p.40-59).

Como uma das suas últimas atividades no DC, Mário de Andrade enviou, entre fevereiro e julho de 1938, um grupo de pesquisadores a Pernambuco, Paraíba, Maranhão e Pará na Missão de Pesquisas Folclóricas, para pesquisar a música dessas regiões (Toni, [198-?], p.170-173). A Missão foi subsidiada pelos primeiros trabalhos da Discoteca, pelo Curso de Etnografia e Folclore ministrado por Dina Lévi-Strauss em 1936, e pela Sociedade de Etnografia e Folclore (Carlini, op. cit., p.60-67), extinta em 1941. Nesse meio-tempo, preparava-se para o estado de São Paulo um serviço de preservação de monumentos aos moldes do Serviço de Patrimônio Histórico e Artístico Nacional, o SPHAN, criado em 1936 com a colaboração de Mário de Andrade. Esses projetos cristalizariam "a herança colonial luso-brasileira materializada em monumentos como elemento fundamental do nacionalismo e da cultura brasileira" (Nogueira, op. cit., p.185). Segundo Raffaini,

> A preservação de monumentos arquitetônicos coloniais, assim como as pesquisas sobre folclore, tinham como objetivo recuperar elementos e referências culturais já esquecidas e reintroduzi-las na vida cotidiana. Dessa forma, a construção da nacionalidade percorria um caminho de duas mãos [...]. A população [estrangeira] da cidade [de São Paulo] seria assimilada por meio da cultura e para que isso acontecesse não seriam estimuladas, nem toleradas, práticas culturais estranhas às tradições concebidas como legitimamente brasileiras. [...] A cultura tradicional seria reintroduzida em São Paulo como um símbolo da própria nação que estes intelectuais queriam criar. (op. cit., p.91-92)

Dentre todas as realizações do DC, a efetivação do Congresso foi muito oportuna para o grupo político paulista que visava chegar ao poder federal, por reunir em São Paulo, sob uma ditadura às vésperas de endurecer, intelectuais, artistas e pessoas influentes, em seus respectivos estados. Paulo Duarte forneceu o conceito-chave para desvendar a dimensão do evento: "Por aí se vê o que era o Departamento de Cultura. Sem ele seria impossível esse grande *comício cultural* com a presença de especialistas de todo o Brasil. [...] Era a primeira vez que [...] se via em encontro dessa natureza" (Duarte, P., 1977, p.34, grifo nosso).

As razões e as finalidades explícitas e oficiais que impulsionaram Mário de Andrade a realizar um evento de tamanha monta foram "estudar a escolha duma língua-padrão a ser usada no teatro, na declamação e no canto eruditos do Brasil, bem como estabelecer as normas para mais correta, fácil e artística emissão dos fonemas dessa língua-padrão no canto nacional" (Congresso da Língua..., 1938, p.42). À época era comum os "cantores nacionais cantarem 'ortograficamente', [...] como se escreve e não como se pronuncia, sem nenhum respeito nem pela linguagem nem pela música" (idem, p.58), e às Normas caberia dirimir esses e outros problemas. Os motivos implícitos e os aspectos ideológicos desse Congresso foram talvez menos evidentes, mas não menos relevantes.

O Congresso da Língua Nacional Cantada

Armando Salles de Oliveira, Fábio Prado, Júlio de Mesquita Filho, Manuel Bandeira, Cecília Meirelles, Guilherme de Almeida, Vera Janacópulos, Camargo Guarnieri, Souza Lima, Dina e Claude Lévi-Strauss, profissionais ligados à área da voz (atores, estudiosos de fonética e fonologia, músicos, cantores e professores de canto) e mais de uma centena de personalidades do mundo cultural e político juntaram-se para viver, entre 7 e 14 de julho de 1937, o Congresso da Língua Nacional Cantada, indicando o grau de importância conferida à época para as questões que envolviam a língua nacional.

Quatro meses antes do Estado Novo, nos dias que cercavam o quinto aniversário da revolução de 1932, aconteceu mais uma semana marcante na vida de Mário de Andrade. Dessa vez, ao contrário das vaias de 1922, "Mestre Mário" colheu aplausos por todos os espaços do Teatro Municipal: no auditório, onde se realizaram os recitais e concertos da Orquestra Sinfônica do Departamento de Cultura, do Coral Paulistano e dos alunos de Vera Janacópulos; no *foyer* do teatro, onde ocorreram as sessões plenárias e os trabalhos da Seção Musicológica; na sala de coros, onde se instalou a Seção Lingüística; no saguão e escadarias, onde aconteceu uma Exposição de Iconografia Musical Brasileira. Toda a energia empregada na realização desse evento, somada à das iniciativas do DC, recebeu diversas manifestações de reconhecimento, como a de João Itiberê da Cunha, na comunicação na qual propôs o emprego do termo *brasiliense* para indicar nacionalidade em vez de *brasileiro*, palavra cujo final /eiro/ designa profissão, exemplificando: "Mário de Andrade, brasiliense excepcional, conseguiu este milagre: fez-se burocrata para trabalhar!" (idem, p.571).

No começo desse ano, Mário de Andrade começara a expedir os convites para o Congresso com a ordem dos trabalhos. Solicitou ao prefeito uma verba para hospedagem para 18 convidados, dois dos quais não constam dos anais, Renato de Almeida e Villa-Lobos (Processo Municipal nº 30747, de 1937). Também enviou aos futuros congressistas um questionário sobre os assuntos do Congresso e cópias do Anteprojeto da língua-padrão. Na sessão de instalação, esse evento foi definido como um tipo de "retiro espiritual" por Mário:

> Não sei, Meus Senhores, si estais bem conscientes da insensatez maravilhosa da nossa decisão de nos reunirmos neste Congresso da Língua Nacional Cantada. Enquanto a política rosna lá fora, fundando imperialismos absurdos, nacionalismos estufados [...], por se odiarem os homens; [...] congressos se correspondem na insensatez aparente da paz, do saber e da arte. (idem, p.707)

Mesmo cercado por uma classe política que apoiava e incentivava as propostas culturais e educacionais de Mário de Andrade, um congresso desses, na São Paulo de 1937, para traçar regras para o canto erudito, pode parecer, hoje em dia, um acontecimento ao mesmo tempo extraordinário e extremamente elitista. Mas os debates sobre o que é nação e como a língua a espelha eram uma constante, como foi visto nos capítulos anteriores. Estudando a *fala brasileira* e a língua nacional aplicada ao canto, Mário obteve uma oportunidade ímpar de refletir sobre seu país, mostrar a atuação do DC, traçar diretrizes futuras e congregar seus pares. Mário, porém, revelou também outros anseios além desses:

> Haverá [...] pelo menos duas maneiras de se fazer a História, a maneira sensata de los [sic] Conquistadores, e a [...] insensata dos institutos culturais [... Se] vemos hoje [...] as pátrias militarizarem suas criancinhas, não estaremos nós também militarizando as vogais? A diferença é simplesmente cronológica. A militarização das crianças é uma ambição de agora já, a militarização das vogais constrói o futuro. [...] Vamos, portanto, fazer um bocado mais de História do Brasil. (idem, p.708)

As sessões do Congresso estavam previstas para acontecer no Conservatório Dramático e Musical de São Paulo, mas o número de participantes e de instituições nacionais representadas fez com que o endereço fosse transferido para o Teatro Municipal. No dia 7 de julho de 1937, às 17 horas, foi inaugurada a sessão plenária, e também constituídas as mesas, secretarias, seções e comissões, sob a presidência de Júlio de Mesquita Filho, e secretaria-geral da professora de canto Maria da Glória Capote Valente. Nesse dia, Mário de Andrade leu a exposição de motivos do *Anteprojeto da língua-padrão*, composto pelas partes I: *A língua-padrão* e II: *Normas para a boa pronúncia da língua-padrão no canto erudito*.

Foi deixada para o dia seguinte, 8 de julho, a discussão sobre a parte I: qual seria a pronúncia a ser adotada no canto erudito nacional? E de que tipo seria a língua-padrão, técnica ou regional? Mário de Andrade assim justificou sua preferência:

> Não passou despercebido [...] o problema de escolher-se para língua-padrão uma pronúncia regional já existente, ou uma artificial feita da escolha de um fonema do norte, três do centro ou quatro do sul. [...Escolhemos] uma pronúncia já existente, porque só [delas...] é que temos experiência e prática. Criar-se uma pronúncia artificial [...] era criar um esperanto, [...] porque ninguém [...] teve notícia de que uma língua artificial se vulgarizasse [, ...ou] "se humanizasse". (idem, p.27-28)

E qual pronúncia regional seria? Pela proposta do DC, deveria ser a carioca, com as exceções já apontadas no anteprojeto. A sessão plenária do dia 8 aprovou a proposta por unanimidade, após ligeiras mudanças no texto original. A partir daí, as plenárias discutiram as mudanças que deveriam ocorrer nos itens do anteprojeto referentes aos detalhes da dicção constantes das *Normas*. Nas sessões subseqüentes, o público dividia-se na segunda metade de cada tarde, permanecendo no *foyer* os interessados pelas comunicações musicológicas, e dirigindo-se à sala de coros os ouvintes das conferências lingüísticas.

O passo-a-passo das reuniões, os programas dos concertos realizados ao redor desse encontro e os textos das comunicações foram agrupados nos anais desse Congresso. Sua capa reutilizou aquela que Portinari idealizara originalmente para os encontros musicais, a pedido de Mário de Andrade: "[os] programas devem ter capa, uma capa única, que quero firmada pelo maior pintor e maior desenhista do Brasil: você. [...Faça] o desenho que você quiser, alusivo a cantar, corais, cantadores populares" (Andrade, 1995b, p.57). No primeiro capítulo, *Atos do Congresso*, estão os relatórios das sessões, das moções e as *Normas*. No segundo, *Trabalhos do Departamento de Cultura*, há cinco comunicações. No terceiro, *Teses de outros congressistas*, há 23 textos sobre os mais diversos aspectos do falar e do cantar. Finalmente, o quarto capítulo, *As festas*, contém os registros das cerimônias, dos espetáculos teatrais e musicais e da exposição de iconografia musical brasileira.

Os assuntos debatidos

Os exemplos musicais foram executados pelos cantores Branca Caldeira de Barros e por Jorge Fernandes. São citados também os nomes de Vera Janacópulos[5] e Celina Sampaio, bem como genericamente "outros vários congressistas cantores" (Congresso da Língua..., 1938, p.16). Segundo os programas dos concertos, alguns dos alunos de Vera Janacópulos e intérpretes do Coral Paulistano também passaram por lá. Os artigos, entretanto, na sua grande maioria, não foram escritos por cantores, nesse Congresso mais espectadores do que agentes. Do total dos 28 trabalhos publicados, 18 estão atrelados aos assuntos de lingüística, geralmente versando sobre pronúncias regionais brasilei-

---

5 Vera Janacópulos (1896-1955) carioca, cantora e professora de canto, uma das maiores divulgadoras da música brasileira no exterior. Estudou com renomados professores, mas com Lili Lehmann (1848-1929) aperfeiçoou-se em música de câmara, cujas características transmitiu posteriormente aos seus alunos, como as paulistas Madalena Lébeis e Celina Sampaio (Enciclopédia Brasileira de Música..., 1977, p.373). Na época do Congresso vinha ao Brasil por temporadas, só retornando definitivamente em 1940.
Nessa noite, uma das cantoras foi sua assistente Celina Sampaio (1909-1974), que a partir de 1946 dedicou-se exclusivamente ao magistério, principalmente na Pró-Arte, de São Paulo (idem, p.686). Juntamente com Madalena Lébeis (1912-1984), Celina participou das comemorações do primeiro aniversário da morte de Mário de Andrade. Madalena teve intensa participação na vida cultural de São Paulo, seja como intérprete, seja como professora (Mariz, 2002, p.265). Ver capítulo 2, p.93, nota 28.

ras, fonética e fonologia. Outros dez estão mais diretamente ligados ao cantar. Para que se tenha uma noção do tipo de debate e do grau de discussão que a língua e o canto tinham à época, segue uma descrição sucinta desses estudos.

Alguns textos parecem responder, em todo ou em parte, ao questionário previamente enviado aos congressistas, como o de Otávio Beviláqua, *Algumas proposições e quesitos* (idem, p.655-662). O autor concordou com a proposta do DC, que defendia o sotaque carioca como pronúncia-padrão para o canto lírico, e também com o canto dos fonemas nasais, porém sem o que considerava "exageros"; apoiou, entretanto, a prevalência da voz (a emissão) sobre a palavra (a dicção). João Itiberê da Cunha,[6] no seu trabalho *Algumas "notas" para o Congresso da Língua Nacional Cantada* (idem, p.565-577), teve quase as mesmas opiniões de Beviláqua, exceto ao apoiar a colisão (a justaposição) entre acentuações musicais e verbais, afirmando tratar-se de regra quase universal.

Pedro Jatobá reforçou essa tese na sua comunicação *Colisão entre as acentuações verbal e musical no canto* (idem, p.663-678). O professor Paula Barros também concordou com a colisão, no artigo *Reflexões para uma tese* (idem, p.317-326); em sua opinião, a dicção não poderia deformar a beleza da voz, a música deveria estar sempre a serviço da palavra e o compositor deveria observar a tessitura das vozes para o canto ser o mais natural possível.

Outros autores reforçaram a tese da prevalência da fala sobre a voz propondo um modo brasileiro de cantar, como o respeitado professor de canto Murilo de Carvalho no seu texto *Os compositores e a técnica de canto* (idem, p.647-654). Admitiu que a língua portuguesa falada no Brasil oferecia dificuldades para o cantor lírico, principalmente os sons nasais, mas que o recurso de deformá-la, aproximando-a do italiano, seria uma solução inadequada. A sua larga experiência o fez concluir que a boa dicção não prejudicava a emissão dos bons canto-

---

6 João Itiberê da Cunha (1870-1953), compositor e crítico musical, conhecido como *Jic*.

res. Verificou, como Mário de Andrade, que os cantores populares tinham melhor dicção do que os eruditos, mas que alguns compositores também não colaboravam, escrevendo em desacordo com a natureza humana. Para esse conferencista, os cantores, ao lerem uma acentuação musical defeituosa, deveriam realizar a acentuação verbal. Ofereceu as seguintes soluções para o canto: não aceitar a simples transformação do /e/ final em /i/ (*fale* soando como /fali/), mas alterá-lo para um quase /e/ mudo francês; contestou a sugestão de mudança do /o/ final em /u/ (*pelo* = /pelu/) em todas as situações, principalmente nos agudos; propôs cantar as sílabas escritas com /an/ ou /am/ em um ponto entre o nasal italiano e o francês; para o /ão/, cantar com a laringe em posição elevada. Apesar da dubiedade de posicionamentos (próximos e distantes da fala), no entendimento de Fernando Duarte sua sugestão final é esclarecedora:

> para que uma verdadeira "escola de canto brasileira" fosse instaurada, a voz deveria ser impostada de tal modo que desse ao ouvinte a impressão de *canto falado*, por meio de uma certa emissão *plafonée*, a meio caminho das escolas italiana e francesa, obedecendo à caracterização acústica dos sons nasais brasileiros. (Duarte, F., 1994, p.96)

Ênio de Freitas e Castro, por sua vez, observou que muitos cantores brasileiros pareciam estar cantando em italiano, e sugeriu *Uma escola brasileira de canto* (Congresso da Língua..., 1938, p.429-436) na qual, nos primeiros anos de estudo, os alunos só cantassem em português. O compositor Francisco Mignone[7] defendeu a mesma tese em seu trabalho *A pronúncia do canto nacional* (idem, p.485-496). Acreditava que muitos músicos iniciantes buscavam ser can-

---

7 Francisco Mignone (Francisco Paulo Mignone, 1897-1986) conhecia Mário de Andrade desde os tempos de estudante do Conservatório Dramático e Musical de São Paulo. Ele e sua esposa, Liddy Chiaffarelli (Elisa Hedwig Carolina Mankel Chiaffarelli Mignone, 1891-1961), cantora que também participou do Congresso, mantiveram intenso relacionamento musical e afetivo com Mário (Silva, op. cit., p. 239 e 240). Ver capítulo 2, p.79; capítulo 4, nota 8.

tores enganados por uma ilusão de facilidade. Para ele, haveria uma diferença primordial entre o canto na ópera e na música de câmara, pois nesta última a dicção deveria prevalecer sobre a perfeição vocal e assemelhar-se à fala comum. Com a ajuda dos discos que trouxe e do cantor que acompanhou ao piano, demonstrou o que considerava ser um bom modelo de dicção "brasileira".

O musicólogo Luiz Heitor Correia de Azevedo,[8] na sua comunicação *A imperial academia de música e ópera nacional e o canto em vernáculo* (idem, p.587-636), salientou que essa casa, inaugurada em 1857, dedicara-se ao canto em língua nacional durante toda a sua existência, segundo documentação pesquisada pelo conferencista. Anexou ao texto uma lista dessas montagens e bibliografia.

As teses apresentadas na Seção de Lingüística são em maior número. Dentre elas, as do DC, que enviou dois trabalhos: *Pronúncias regionais do Brasil*, realizada pela Discoteca Pública e já apontada na p.105, que descreveu as etapas da pesquisa, sem oferecer seus resultados; outro, *Mapas folclóricos de variações lingüísticas*, apresentado pela Sociedade de Etnografia e Folclore, que não anexou ao texto os exemplares cartográficos enviados ao Congresso Internacional de Folclore (Paris, 1937).

Auxiliado pela audição de discos, Sá Pereira,[9] representando o Instituto Nacional de Música do Rio de Janeiro, revelou, em sua comunicação *Guerra à ênfase declamatória* (idem, p.295-310), o padrão brasileiro dos discursos e das falas teatrais: o texto (a razão, o entendimento) seria menos importante que a melodia (a emoção).

---

8 Luiz Heitor Corrêa de Azevedo (1905-1993), musicólogo, organizador da Bibliografia Musical Brasileira e ex-diretor dos serviços de música da Unesco. O artigo *Quarto de Tom* (Andrade, 1963b, p.288-292), publicado no *Estado de S. Paulo* em 16 abr. 1939, fala sobre seu concurso de ingresso como o primeiro professor da cadeira de Folclore Nacional, na Escola Nacional de Música. Posteriormente desenvolveu também carreira diplomática (Horta, 2003). Na época do Congresso era bibliotecário do Instituto Nacional de Música, sendo escolhido como um dos relatores das *Normas*. Ver capítulo 4, notas 7 e 9.
9 Sobre esse professor, ver capítulo 1, nota 7.

Apontou como causas desse problema a influência do teatro francês, dos sermões católicos e das recitações escolares, e propôs a criação de uma Alta Escola de Arte Dramática que ensinasse dicção/declamação baseada na fonética brasileira.

Dois autores buscaram a historicidade fonética: Plínio Ayrosa, em *Subsídios para o estudo da influência do tupi na fonologia portuguesa* (idem, p.679-696), e Graco Silveira, em *Alguns traços do dialeto caipira e do subdialeto da Ribeira* (idem, p.504-510). O primeiro ressaltou a importância do trabalho dos jesuítas no Brasil no sentido de observar e garantir a permanência das línguas tupi e guarani no país. Apontou as diferenças sutis que esses dois troncos apresentam e suas influências no falar brasileiro, elucidando os casos mais freqüentes, como a inexistência do som representado pela letra /d/, fazendo-o cair nas formas /ando, endo, indo/: por exemplo, a palavra *falando* seria pronunciada /falãnu/. Também a ausência do som representado por /l/, que o faria desaparecer (*jornal* = /jorná/) ou ser substituído por /r/ (*calma* = /carma/). O segundo texto focalizou os fonemas caipiras, salientando suas diferenças regionais e demonstrando sua execução. Por exemplo, o /lh/ se reduziria a /i/ (*molha* = /moia/); o /au/ passaria para /o/ (*aurora* = /orora/).[10]

Candido Jucá Filho apresentou o estudo de uma pronúncia regional no artigo *Problemas da fonologia carioca* (idem, p.327-340).[11] Utilizou um tipo de alfabeto fonético, por ele adaptado, para dar uma idéia do som das vogais e consoantes fluminenses que ele detectou, além de explanar sobre o modo de expressão dessa região. Por exemplo, o /r/ final, que disse ser "geralmente gargarizado, e insonoro. Corresponde a um 'j' castelhano muito áspero"(idem, p.337). Alertou ainda para outras regiões do país onde a mesma letra soa mais suavemente, "como o 'h' aspirado alemão" (idem, p.377), ou chega

---

10 Atualmente considera-se o *caipira* não um português mal falado, mas um falar híbrido, composto principalmente de elementos do tupi, do guarani e do português antigo. Ver nota 2, p.16.
11 Ver o estudo apresentado por França (2001).

a ser totalmente omitida. Quanto ao /s/ ou /z/ finais, foram caracterizados como demasiadamente chiados (idem, p.337-338).

Nos anais também se encontram dois importantíssimos textos de Mário de Andrade em primeira edição, apresentados a seguir.

Os compositores e a língua nacional

No texto *Os compositores e a língua nacional* (Andrade, 1965, p.43-118)[12] Mário de Andrade deixou clara a sua preocupação com os compositores, o canto e os cantores da sua época, bem como com a vinculação desses com o seu projeto nacionalista: a composição da canção brasileira se formaria na intersecção da música, nos seus aspectos rítmicos e melódicos, com a prosódia e o timbre brasileiros.

Mário de Andrade falou sobre a diferença entre o ritmo no canto e na poesia; o primeiro teria por base o nosso corpo inteiro e o segundo apenas a nossa mente (processos cerebrais promovidos pelas palavras). A voz humana assemelhar-se-ia a um armamento antigo, como um arco, "que vibra tanto pra lançar longe a flecha como pra lançar perto o som: a voz humana tanto vibra pra lançar perto a palavra como pra lançar longe o som musical" (idem, p.43). Conseguir harmonizar os ritmos corporais e intelectuais, a música e a letra, a voz falada e a cantada/projetada: "desta diversidade e nesta angústia insolúvel os compositores têm vivido". Desde cerca de 1880, porém, surgira "um conflito novo, de ordem erudita, que foi o de acomodar ao canto a língua do país" (idem, p.44). Para avaliar o grau de consideração que os compositores tiveram pelo vernáculo, Mário de Andrade observou 221 partituras brasileiras de diversos autores e épocas. Verificou, em primeiro lugar, que algumas poesias, em sua opinião, teriam sido muito mal escolhidas. Mas alertou para

---

12 Para maior comodidade do leitor, utilizou-se como referência, neste item e no próximo, a versão integral publicada nas obras completas de Mário de Andrade.

que futuras escolhas não se dessem apenas em termos da qualidade evidente dos textos:

> Conta-se por centenas as melodias lindíssimas sobre textos boçais. A própria afirmativa de que um texto muitas vezes é inadequado pra ser posto em música, é muito precária. Ninguém podia imaginar que dum texto dialogado, tão dramaticamente oral como o *Erlkönig* de Goethe, Schubert fizesse a jóia incomparável do seu *Lied*. (idem, p.45)

Acrescentou que havia certo desequilíbrio nas canções observadas, muitas delas não mais encaradas como canto acompanhado por instrumento, seu entendimento de canção perfeita. Em seguida, indicou o processo que considerava o mais lógico para a composição:

> [Se] a música tem sua base exclusiva de desenvolvimento na associação de imagens, a poesia tem a sua na associação de idéias. Ora estes são dois processos de criação psíquica profundamente diversos um do outro: a associação de imagens exclusivamente subconsciente, e associação de idéias essencialmente consciente.
> [...] O sistema ideal de compor canções eruditas será portanto o compositor escolhido um texto, aprendê-lo de-cór e repeti-lo muitas e muitas vezes, até que esse texto se dilua [...] num esqueleto rítmico-sonoro. (idem, p.47 e 48)

Apesar de criticar os cantores pelas suas opções de repertório, preferindo quase sempre composições estrangeiras, partiu também em sua defesa: "[se] hesitam em cantar com maior freqüência nossos compositores é também porque as canções estão mal escritas pra voz [...]. Os nossos cantores sabem cantar. [...] A culpa é dos compositores. E o problema [...] está na deficiência fonética das suas canções" (idem, p.50).

Seguiu apontando os erros e dificuldades nos itens *Hiatos e ditongos*, *Ligação das palavras* e *Ritmos das frases*. No item *Dificuldades vocais*, Mário de Andrade encontrou nas canções estudadas diversos exemplos de sílabas nasais e encontros consonantais na região aguda da voz, e de vogais em região contrária à sua natureza: "as vogais se sucedem numa gradação sonora ascendente na ordem *u-o-a-e-i*, sendo o *u* a mais grave delas e o *i* a mais aguda. Por outro lado, já fiz notar o perigo de dar ao *i* sons muito agudos, porque o brilho próprio dessa vogal se transformava em estridência" (idem, p.54).

Mário de Andrade reforçou nesse texto uma de suas idéias já aludida no estudo do *Ensaio*, posteriormente atestada pelos estudos fonéticos: afirmou que as síncopas européias – acentos rítmicos, alongamento do contratempo – eram diversas das da canção brasileira por estas serem características da transposição da língua falada à canção, principalmente das cadeias de paroxítonas: "Entre nós a síncopa não é um efeito, como na Europa, mas uma constância" (idem, p.113, nota 12).

Baseado nos seus estudos psicofísicos, Mário de Andrade discorreu sobre o coração (aspectos psicológicos) e o aparelho fonador (aspectos físicos) do povo brasileiro (p.115-116). A música brasileira sofreria assim de um tipo de predestinação devido às suas raízes étnicas, culturais, psicológicas e ambientais. Constatou que os compositores tinham pouca afinidade com a fonética, a poesia e a declamação, e também com os ritmos nacionais, criando frases musicais que apresentavam muitas dificuldades para os cantores. Ao finalizar a análise das obras, Mário afirmou que percebera algumas melhoras nas canções nacionalistas: "[com] a nacionalização do *Lied* brasileiro, Villa-Lobos, seus pares e sucessores se tornaram [...] muito mais plásticos ritmicamente, na língua de suas canções. A dicção botou corpo, unida, cheia, ao mesmo tempo que se enriqueceu muito de sutilezas e carícias de ritmo" (idem, p.114). Contudo, viu-se obrigado a testemunhar, na *Conclusão*: "[se] é certo que a canção contemporânea apresenta de qualquer forma um progresso quanto a ritmo, movimento e naturalidade geral de dicção, sob o ponto-de-vista fonético vimos sobejamente que a incúria permanece a mesma. E é indefensável" (idem, p.117).

Nesse ponto do trabalho, Mário de Andrade apresentou uma moção para ser votada no Congresso. Ao justificá-la, Mário afirmou que a ele "*jamais* o problema se impusera, antes que o Departamento de Cultura tomasse a iniciativa deste Congresso" (idem, p.117, grifo nosso).¹³ Os textos analisados neste livro desmentem essa afirmação. Essa moção,¹⁴ de quatro pontos, orientava os compositores a estudarem métrica dos textos poéticos escolhidos para ser musicados, declamação, fisiologia da voz e fonética da língua nacional.¹⁵

A pronúncia cantada e o problema do nasal brasileiro através dos discos

É necessário lançar um olhar sobre a grande transformação vivenciada pelos intérpretes na primeira metade do século XX. Desde o fonógrafo, o público apreciava a música em momentos e locais bem distantes de sua confecção. Ter em mãos um disco de Carmen Miranda,¹⁶ por exemplo, significava possuir o registro de uma *performance* sua. Com a mediação técnica, transmitida inicialmente pelo rádio e pelos discos e depois pelo cinema, a presença física dos intérpretes passou a não mais ser imprescindível.

O início da implantação da indústria cultural no Brasil não afetou apenas os ouvintes, que podiam folgar, aprender e informar-se. Ao enfrentarem as novas tecnologias ligadas ao microfone elétrico, os artistas populares deram início à modificação da sua projeção vocal, anteriormente muito semelhante à dos cantores eruditos (emissão "de teatro"), aproximando-a paulatinamente à da fala cotidiana. Vozes

---

13 Sabe-se que isso não corresponde à realidade, pois foi demonstrado que Mário de Andrade se preocupou com o tema do canto nacional pelo menos desde 1928. E mesmo o Congresso aconteceu sob sua inspiração.

14 No Congresso não houve tempo para a leitura do texto nem para o estudo dessa moção.

15 Essas orientações dadas aos compositores foram adotadas posteriormente também pelos intérpretes, pois se transformaram em conteúdos das disciplinas dos cursos superiores de Canto.

16 O cineasta Woody Allen, no seu filme *Radio Days*, fez delicado tributo à canção *South American Way*, colocando seus parentes em frente ao rádio dublando a cantora, como em um *radiokê*. Sobre os cantores da *Era do rádio* no Brasil, ver Valente (1999, p.148-149).

como a de Caruso conferiam credibilidade e respeito às gravadoras, voltadas prioritariamente para as massas. Esses artistas, que até então eram percebidos integralmente no palco, passaram a ser uma voz sem corpo, já que apenas o seu canto adentrava nos lares. A crescente qualidade final das gravações (fruto da edição de várias gravações) fez com que, por um lado, os ouvintes aumentassem sua exigência por perfeição nos recitais ao vivo e, por outro, apreendessem o gesto musical dos intérpretes – amalgamação de técnica, intenção e expressão – cada vez mais pelo sentido da audição.[17]

Bernadete Zagonel (1992) apresentou diversas possibilidades de compreensão da questão do gesto, indo de seus fatores físicos, emocionais, intelectuais, comunicativos, até aqueles referentes aos sujeitos (compositores, regentes, instrumentistas e cantores) ou aos suportes eletrônicos. Há, porém, outra dimensão do gesto além das da fisiologia, psicologia ou da musicalidade: a postura do intérprete pode revelar sua visão de mundo e sua relação com a sociedade.

O *gesto musical* dos cantores desejado por Mário de Andrade, e que aparecera disperso nos textos anteriores, revela-se em grande parte na comunicação *A pronúncia cantada e o problema do nasal brasileiro através dos discos,*[18] baseada nas suas impressões da audição de diversos discos de canto nacional feitas entre 1935 e 1938. Para Fernando Duarte, nessa audição, "[os] fonogramas são utilizados para detectar traços da 'genuína voz brasileira' e apontar inúmeros 'desvios' desse modelo ideal, modelo identificável pelos fatores de dicção, entoação e timbre característicos do Brasil" (Duarte, F., 1994,

---

17 Ver Valente (1999, p.56; 120-121; 143-149). Sobre a indústria fonográfica brasileira, ver Dias (2000). O artigo *O fetichismo na música e a regressão da audição* (Adorno, 1996, p.65-108) abordou, entre outros tópicos, o caráter da interpretação no mercado fonográfico: "[a] interpretação perfeita e sem defeito [...] conserva a obra a expensas do preço de sua coisificação definitiva" (p.86). No que tange à regressão da audição, Adorno não se referiu a um sentido humano menos apurado, mas ao aspecto infantilizado e opressivo da falta de liberdade de escolha dos ouvintes.
18 Consta nos anais do Congresso como trabalho da Discoteca Pública, mas é de autoria de Mário de Andrade, fazendo parte das suas obras completas.

p.88). Mário utilizou o acervo pertencente então à Discoteca Pública, hoje ao Centro Cultural São Paulo.

A questão da interpretação da canção foi o assunto central dessa comunicação. À guisa de introdução, Mário reafirmou suas idéias sobre a importância da língua nacional e de suas especificidades "raciais":

> A fala dum povo é [...] a mais íntima realidade [...] da sua maneira de expressão verbal. É a luta perene entre o [...] "erro de gramática" e a verdade. [...] A língua realmente viva, a que vive pela boca [...] é o que dá sentido expressional duma nacionalidade. [...A] entoação geral do idioma, a acentuação e o modo de pronunciar os vocábulos, o timbre das vozes é que representam os elementos específicos da língua de cada povo. Essa música racial da linguagem corresponde [...] aos outros caracteres da raça. (Andrade, 1965, p.121-122)

Citando a obra do professor Hornbostel, *African negro music*, Mário de Andrade afirmou que a notação fonética não substituiria a audição de gravações, que permitiriam a captação do timbre e demais características fisiológicas:

> O pressuposto [...] de que a substância de uma canção pode ser notada em pauta com os auxílios [...] de sinais diacríticos e texto explicativo, é mera superstição européia, ocasionada pela evolução da música [...]. Os próprios cantores dão tanta importância ao timbre da voz e à dicção como qualquer outra coisa. [...] De fato, dicção e timbre demonstram ser caracteres raciais profundamente predeterminados por funções fisiológicas [.... Os] povos e suas músicas, não se distinguem tanto pelo que cantam como pela maneira por que cantam. (idem, p.122-123)

Analisando dessa vez os intérpretes dos discos, Mário de Andrade realizou uma crítica semelhante à feita no texto *Os compositores e a língua nacional*: admirando a inteligibilidade dos fonogramas populares, ele revelou ter captado "uma distância amarga e ilegítima entre os cantores eruditos e os cantores... naturais" (idem, 1965, p.124).

Mesmo assim, a respeito de alguns intérpretes, disse que suas vozes fugiam da fala real, como a de "Chico Alves, típico cantor de rádio, de voz expressiva e impostada" (Duarte, F., 1994, p.88). Outras vozes soavam "familiares" em excesso, como a de "Mário Reis, posteriormente apontado como um dos pioneiros do canto de emissão próxima à da fala" (idem, p.88).

Sobre o risco da artificialidade vocal dos chamados cantores eruditos, Mário de Andrade afirmou a utilidade de seus estudos técnicos, mas diferenciou *voz* de *canto*, afirmando que os exercícios do *bel canto* "encorpam, afirmam e desenvolvem a voz [...]; mas o canto] deriva muito mais do timbre, da dicção e de certas constâncias de entoação, que lhes dá o caráter e a beleza verdadeira" (Andrade, 1965, p.124). Acreditava que a "timbração européia do bel canto descaracteriza a voz brasileira, como também as timbrações de qualquer outra maneira racial de cantar" (idem, p.126). Para Mário, boa dicção implicava em cantar tal e qual se falava no Brasil, revelando o que chamava de *timbre racial* da *fala brasileira*, não escondendo ou falsificando os fonemas nasais. Porém, discordava das vozes que se caracterizariam "por um acentuado e constante nasal [..., sendo] mais um caráter individualista de voz, tendendo mais para o nasal francês, tão profundamente distinto do nosso" (idem, p.125).

O autor teceu elogios a Elsie Houston,[19] cuja dicção considerava quase perfeita, tanto nas gravações eruditas quanto nas folclóricas e populares. Porém, nem ela o satisfazia totalmente na realização dos fonemas nasais, "embora ainda seja ela o que temos de mais brasileiro como voz erudita" (idem, p.126).

Ao caracterizar o barítono como representante da voz brasileira tipicamente masculina, Mário de Andrade considerou outros timbres e articulações, que escutara na música cubana, norte-americana e principalmente no tango argentino, "timbrações, entoações e amaneirados vocais tão desagradavelmente afeminados" (idem,

---

19 Elsie Houston Péret (1902-1943), cantora e pesquisadora carioca. Ver capítulo 4, p.178.

p.127). Seguiu afirmando que havia melhores exemplos nacionais nas vozes femininas:

> ao passo que em todas essas vozes há uma carícia, uma tenuidade, uma sensualidade perfeitamente femininas, os nossos cantores homens de voz mais essencialmente brasileira se caracterizam pela masculinidade vocal. Si é certa e penosa a grande ausência de vozes de baixo (como de contralto) no Brasil, não menos certa é a forte cor abaritonada das nossas vozes mais caracteristicamente nacionais. [... Não são] barítonos de belcanto. Mas uma voz ao mesmo tempo tenorizante e serenamente forte, duma carícia musculosa, sem falsetes nem outras falsificações sexuais. (idem, p.127)

Seria necessário um estudo específico para averiguar todas as causas da carência de vozes graves no Brasil, mas, em geral, as canções do período contemplavam as vozes médias (barítonos, meiosopranos), mais próximas da região da voz falada e do seu timbre. Nas regiões agudas da voz cantada a emissão tende a prevalecer sobre a dicção, e os sons harmônicos, responsáveis pelo timbre, são mais dificilmente ouvidos. Apesar de Mário de Andrade enfatizar aqui a questão "racial" do canto, a compreensão do conteúdo das letras das canções nacionalistas também era importante para ele.

Argumentou que o cantor erudito nacional deveria procurar "no timbre, na dicção, nas maneiras de entoar e especialmente na nasalação dos nossos cantores naturais uma maior legitimidade nacional" (idem, p.129). Mário de Andrade apurou existirem diversos sons nasais (o próprio da língua portuguesa, o nordestino, o carioca, o caipira), e que no sotaque caipira (de influência ameríndia) ele se expressaria mais no canto do que na fala coloquial, nasalando todas as palavras da canção (idem, p.135). Já o timbre da cidade do Rio de Janeiro soava-lhe, na voz de Antonio Moreira da Silva, como uma "timbração deliciosa, profundamente nossa, carioca, um nasal quente, sensual, bem 'de morro'" (idem, p.138). Propôs ao fim que, mesmo sem repudiar o *bel canto* europeu, também fosse criada uma escola de canto brasileira, como já referira no *Ensaio*, sugerindo que os intérpretes de canto erudito deveriam moldar-se mais fielmente ao timbre, à dicção e aos acentos em que se fez a nossa música popular e a que já se afizeram com tanto lustre os nossos compositores eruditos. Só então a canção erudita nacional encontrará seus intérpretes verdadeiros. Só então, em toda a sua magnitude, há de se realizar a beleza verdadeira. (idem, p.141)

O *gesto musical* dos cantores esperado por Mário de Andrade passava pela união entre a atitude de interpretação passiva, reveladora do compositor; o uso da técnica a serviço da música, e não do músico virtuose; a escolha de um repertório brasileiro; o comprometimento dos artistas na proposta nacionalista e no *artefazer*; o emprego da articulação e do timbre brasileiro – este último, elemento tão ou mais importante do que a pronúncia e a dicção, ligado às considerações psicofísicas defendidas pelo autor. O coroamento dessas teses firmar-se-ia nas *Normas*.

Essas foram algumas das comunicações do Congresso. Percebe-se, pelo número e pela diversidade dos artigos levados a esse evento, quanto a questão da língua era estudada e debatida. No entanto, toda essa riqueza causada pela diversidade do linguajar brasileiro também causava, segundo os congressistas, problemas que só as *Normas* poderiam resolver.

Normas para a boa pronúncia da língua nacional no canto erudito

O texto completo das *Normas* é composto de três partes: *Introdução*, exposição breve das votações das plenárias do Congresso e das decisões que a comissão de redação final e de sistematização tomou nos casos considerados necessários;[20] I – A *língua-padrão*, com considera-

---

[20] Após todas as discussões dos congressistas, foi designada uma comissão de sistematização e elaboração do texto definitivo, que se reuniu em agosto de 1937, no Rio de Janeiro, composta por Mário de Andrade, o filólogo Antenor Nascentes

ções sobre sua necessidade e relatos sobre a aprovação da pronúncia carioca pelos congressistas; e II – *Normas para a boa pronúncia da língua nacional no canto erudito*, discriminação dos aspectos fonéticos almejados para o canto brasileiro. Mário de Andrade entendia o intérprete ideal como um ser sempre subalterno e revelador do autor, executante de uma obra acabada. O conflito existente entre exibicionismo e serviço, revelado pelo seu jogo de palavras virtuose/virtuoso, encontraria uma síntese possível nas *Normas*: às orientações técnicas e estéticas, que forneceriam o *como* fazer, somar-se-iam as ideológicas, que explicariam, exortando, o *porquê*.

As considerações técnicas e estéticas

Idealizadas por Mário de Andrade, as *Normas* foram trazidas ao Congresso onde foram discutidas, votadas e aprovadas, tornando-se de autoria coletiva. Para Fernando Duarte, elas buscaram "sensibilizar intérpretes e compositores quanto à sonoridade natural da fala brasileira, para que a emissão da voz não se tornasse 'perfeitamente encasacada'" (Duarte, F., 1994, p.87), ou seja, não seguisse fielmente a ortografia.

As *Normas* pregavam uma naturalidade ao cantar ou, caso preciso, uma "naturalidade falsa", obtida por "vogais de compromisso": um tipo de amalgamação entre a grafia, o timbre e o som da vogal, bem como entre a intensidade, o valor e a posição relativa da nota (Mariz, 1959, p.275-276).[21] Segundo a comissão de sistematização, "[é] cos-

---

e o musicólogo Luiz Heitor Correia de Azevedo (Congresso da Língua..., 1938, p.52). Por tratar-se oficialmente de texto de autoria coletiva, as *Normas* não constam das *Obras completas de Mário de Andrade*.

21 Para maior comodidade do leitor, utilizou-se como referência a versão das *Normas* publicada em *A canção brasileira: erudita, folclórica e popular*, de Mariz (1959). Neste livro, no intuito de tornar a leitura acessível a um número maior de pessoas, minimizaram-se os exemplos fonéticos. Mesmo quando imprescindíveis, não utilizou-se o IPA (alfabeto fonético internacional), mas uma grafia

tume [...] estatuir-se uma acomodação entre a prolação fonética e a emissão musical da voz, de forma a conservar a clareza das palavras sem prejudicar muito a pureza do som cantado" (idem, p.265).

As *Normas* tentaram fixar como cantar o som de cada vogal e consoante, levando-se em consideração as dificuldades do canto lírico e as soluções que foram julgadas melhores à época.[22] Seu princípio geral foi o de cantar sem o uso de regras exóticas de dicção, como nas consoantes dobradas italianas. Mas não houve uma regularidade nas soluções para os problemas entre as falas brasileiras. Por exemplo, quando a vogal /o/ estivesse em uma sílaba átona, deveria soar como quase um /u/: (*modo* = /modu/); mas o /l/ em posição final não poderia ser trocado pelo mesmo /u/, devendo manter-se linguodental.

A comissão firmou a urgência em organizar a linguagem artística, porém em um "critério culto que fosse ao mesmo tempo nacional e estético [...]. A fala nacional, perturbada por fortes diferenciações fonéticas regionais, ainda não se definiu em suas manifestações artísticas, nem no teatro, nem na declamação, nem no canto" (idem, p.263). Esse "critério culto" seria baseado em experiências internacionais: "O que não se pode deixar à tonta e sem nenhum critério civilizador são as manifestações eruditas da arte de falar, que em todos os países civilizados são fixados por consenso duma tradição feliz ou pela determinação de quaisquer organismos competentes" (idem, p.263).

Em verdade, alguns países possuem diretrizes técnicas utilizadas no canto erudito, que procuram solucionar o problema de unir-se uma boa inteligibilidade do texto ao que se considera cantar bem, e que em geral são bem aceitas pela comunidade artística. Porém, essas regras, mesmo que tenham passado por encontros de especialistas, são, em grande parte dos casos, resultantes de uma tradição no can-

---

aproximada.
22 O texto das *Normas* não contemplou todas as dificuldades dos cantores, mas foi a primeira tentativa de compor um texto para fins de dicção artística, seguida das normas do Terceiro Congresso Brasileiro de Teatro, em 1956, quando muitos atores ainda usavam no palco o PP.

to em vernáculo; mas o Brasil, prenhe de falas regionais, sujeito às influências internacionais tanto pelo repertório europeu quanto pelo contato com os imigrantes, praticamente dava seus primeiros passos nessa prática em 1937. Os congressistas alertavam para o "perigo" da contaminação da *fala brasileira* pelos sotaques estrangeiros ou pela coexistência de diferentes pronúncias brasileiras:

> Quem quer que freqüente o teatro nacional ficará desagradavelmente ferido ante a diversidade de pronúncias que se entrechocam no ar. Esta diversidade deriva em parte de atores estaduanos [sic] que, trazendo consigo suas pronúncias regionais e não fazendo nenhum esforço para [...unificá-las] tornam a obra-de-arte um mistifório malsoante [...]. E que dizer-se então da quantidade de artistas [...estrangeiros...] que carreiam para a nossa língua sons espúrios, sotaques estrambóticos, desnorteando a naturalidade e a pureza da língua! (idem, p.263-264)

Mesmo assim, a comissão fixou suas idéias a propósito da prevalência do timbre sobre a pronúncia e a dicção, como também a respeito do caráter "racial" do canto:

> Mas a arte de dizer, a dicção, não consiste apenas na emissão clara dos fonemas. [...Não] existe fonema sem timbre nem palavra sem sonoridade racial. Carece não esquecer principalmente que uma palavra com seus fonemas claramente batidos, muitas vezes se torna mais incompreensível que outra de prolação mais descuidada, porém dotada do *timbre racial* que a afeiçoou. (idem, p.264, grifo nosso)

Essa preocupação com o *timbre racial*, já assinalada no texto *A pronúncia cantada e o problema do nasal brasileiro através dos discos*, está extremamente ligada às considerações psicofísicas brasileiras defendidas por Mário de Andrade. Mas trata-se de um fenômeno sonoro de aferição complexa quando da leitura de um texto sobre dicção para o canto, por melhor que seja a explicação escrita; se para os conterrâneos a compreensão for difícil, para o artista estrangeiro será uma barreira quase intransponível.

Pouco antes do encontro da comissão de sistematização reunir-se, em um texto publicado em *Dom Casmurro*, n°15, de 19 de agosto de 1937, eis como Mário de Andrade apresentou um balanço dos resultados do evento:

> Nas secções de lingüística e musicologia os resultados me parecem falhos. [...Mas se] houve fraqueza foi de não ter conseguido o Congresso reunir contribuições filológicas de todos os Estados, e apenas. Vários trabalhos destes que o Congresso aprovou são os primeiros do gênero que se realizaram no Brasil. [...] Mas o Congresso tinha por finalidade dois destinos principais: expor aos brasileiros dentre as suas pronúncias regionais, qual a preferível para ser usada no teatro, no canto e na declamação eruditos do país e quais as normas dessa língua padrão quando cantada. [...] Resta uma pergunta: *a coisa pegará?* [...] Ninguém teve a intenção boba e vaidosa de impor uma língua e fixar uma pronúncia cantada [, ...mas] pôr em marcha um problema de importância máxima para o país. (Andrade apud Pinto, 1990, p.346 – 349, grifo nosso)

Respondendo à pergunta de Mário: a "coisa" pegou, mas não totalmente e nem perenemente. As *Normas* não foram muito difundidas à sua época nem totalmente aceitas pelos que as conheceram. Talvez uma minoria dos cantores e regentes de coro saiba de sua existência e as tenha efetivamente estudado. Mas por que essas normas não obtiveram a ressonância esperada? Aqui vão algumas hipóteses.

A primeira baseia-se na dificuldade de impressão e distribuição do texto das *Normas*, nos últimos anos da década de trinta, para todo o território nacional. Além de fazerem parte dos anais e de terem sido reproduzidas na *Revista Brasileira de Música* (dois suportes de pequena circulação), elas apareceram posteriormente, e de maneira parcial, em dicionários e enciclopédias musicais. Deve-se, porém, a Vasco Mariz a sua mais expressiva divulgação, pois incluiu as *Normas*, dez anos após o Congresso, como apêndice das edições de *A canção brasileira*, em uma versão quase completa do texto original.

A segunda diz respeito à compreensão e ao formato do texto. O modelo de apresentação do conteúdo não instruía com facilidade o leitor, pois muitas vezes a comissão confundiu *grafia* com *som*. A ausência de uma transcrição fonética obrigou-a a uma série de aproximações; escrevendo para as pessoas brasileiras de seu tempo, a comissão talvez acreditasse que todas, a princípio, deveriam saber como soariam os exemplos grafados, mas isso não era verdade à época, como continua não sendo hoje. No Brasil, poucos artistas dominam o alfabeto fonético internacional (IPA), o que faz o problema continuar.

Existe nas *Normas* um detalhamento excessivo, tratando, às vezes emotivamente, de assuntos que não transparecem tanto no canto, mas principalmente na fala cotidiana. Os textos técnicos internacionais usados como guias do canto erudito costumam ser mais enxutos e precisos. Há também, hoje em dia, além do IPA, documentos legais como a *Nomenclatura gramatical brasileira*, o *Vocabulário* e o *Formulário ortográfico da língua portuguesa*. Aparentemente, o texto das *Normas* tentou, à sua época, preencher todas essas lacunas.

A terceira hipótese refere-se à instituição, como língua-padrão, da pronúncia carioca da então Capital Federal. Essa forma, naquele tempo e hoje em dia, é considerada pelos cantores como possuidora de particularidades consideradas prejudiciais ao canto lírico. No texto das *Normas* foram explicitadas e adotadas as restrições, entre outras, às emissões *chiadas* ou *guturais* (aspiradas) do Rio de Janeiro. A pronúncia carioca, expurgada de suas particularidades, deixava assim de ser regional, e passava a ser, mesmo sem Mário de Andrade querer, técnica. Mesmo assim, prevaleceu o conceito reinante a respeito dela. As razões expostas para sua adoção como língua-padrão consideravam que ela seria:

> a mais evolucionada [...], rápida [...], incisiva [...], a que mais apresenta "tonalidades próprias de bastante relevo" [...], a de maior musicalidade na pronúncia oral [...], a mais elegante, a mais essencialmente urbana dentre as nossas pronúncias regionais; considerando ser ela provavelmente, por ter se fixado na capital do país, um produto inconsciente, uma síntese oriunda de todos os Brasileiros, e por isso mesmo a mais adaptável a todos eles, [...] por ser a da capital a que todos os Brasileiros afluem, a mais fácil de ser ouvida e propagada e a que mais probabilidades tem para se generalizar. (idem, p.266-267)

Não há como saber. As *Normas* não vieram acompanhadas por um registro sonoro, destacado pelo próprio Mário de Andrade como essencial para a captação do timbre no seu trabalho *A pronúncia cantada e o problema do nasal brasileiro através dos discos*. O aspecto mais relevante para Mário era o da "cor" das vogais do Rio de Janeiro, o *timbre racial brasileiro* que ele tanto buscava para a canção nacional. Porém, por mais que Mário tenha descrito esse timbre, só quem o ouviu poderia reconhecê-lo.

Uma quarta possibilidade aponta para certo pragmatismo dos intérpretes. Preocupados em realizar bem seu ofício, empenharam-se mais com o *como* (as regras das *Normas*) do que com o *porquê* (os embasamentos teóricos e ideológicos). Os cantores que, porventura, procuraram seguir as *Normas*, não o teriam feito enquanto uma ação política, aspecto básico para Mário, mas enquanto uma realização estética.

Em último lugar, mas não menos importante: nesse evento foi aprovada uma moção para que houvesse uma segunda reunião em 1942, tendo em vista um balanço dos resultados alcançados, mas isso não pôde acontecer. O Congresso e suas *Normas* eram uma lembrança muito recente da oposição paulista ao governo getulista, que logo após o Estado Novo esvaziou todas as iniciativas do Departamento de Cultura. Alguns dos políticos que apoiaram esse órgão foram presos, ou exilados, ou tiveram impedimentos em suas carreiras.

Mário de Andrade empenhara-se totalmente nesse Congresso, seja pela oportunidade do estudo das relações entre texto e música, seja por focalizar a atuação do cantor na realização de seu projeto nacionalista. A partir de então, por diversos motivos, as pronúncias brasileiras pouco a pouco se alteraram e as *Normas* passaram a pertencer ao passado. O nacionalismo musical deixou de ser a tendência principal e passou a ser uma das possibilidades de fazer música no Brasil. Mário de Andrade, sempre identificado com o *Ensaio sobre a música brasileira* e com suas teses, passou a representar não mais o descobridor do Brasil e de sua "verdadeira" música, mas o defensor de um tempo que acabara. E com ele, as suas *Normas*.

As considerações ideológicas

Viu-se até agora que o Congresso funcionou seja como meio de divulgação do DC, de suas realizações e de seus programas, seja como forma de conhecer melhor o Brasil mediante as comunicações e o intercâmbio entre os participantes. Apontou-se também para as razões explícitas desse evento, a escolha de uma língua-padrão e a fixação de normas de pronúncia para o canto, a declamação e o teatro nacional. Mário de Andrade, por meio dos textos que enviou e das *Normas* nele aprovadas, propôs para a língua o mesmo que para a música em geral. Visando à união do nacional com o popular, pregou a utilização de uma dicção e de um timbre baseados nos falares populares que, transpostos e reelaborados pela via erudita, se transformariam em uma norma culta.

Ao final do estudo realizado sobre o texto *A pronúncia cantada e o problema do nasal brasileiro através dos discos* assinalou-se qual o tipo de gesto musical que Mário de Andrade desejava dos cantores. Sobre o engajamento artístico, o *artefazer*, o gesto implícito esperado do cantor ao adotar as *Normas* estava muito além das sutilezas da dicção e da interpretação, e encontra-se claramente mencionado na introdução que as apresentou:

> No caso do Brasil, a todas estas considerações de ordem estética, ainda outra, grave, se ajunta de ordem *social*. País cuja unidade se conserva por efeitos quase de milagre pois que as razões de religião e língua são insuficientes para explicá-la [...]: o Brasil encontrará [...] nessa língua-padrão escolhida, que de norte a sul se normalizará no seu teatro e no seu verso declamado, um orgulho de consentimento nacional, um treino de disciplina, [...] *um fator verdadeiro de unidade*. (idem, p.264-265, grifos nossos)

Esse texto evidencia a característica ideológica dessas regras. Seus autores esperavam que o canto nacional, mediante seu timbre racial, contribuísse para a identidade da nação brasileira, e que a língua culta colaborasse para a coesão do país. Assim, reação tornar-se-ia ação, pois a unidade lingüística é apenas uma das facetas exteriores, não necessariamente existente, da unidade nacional. As orientações técnicas das *Normas* demonstram-se imanentes a outras idéias, reveladoras do objetivo maior de Mário de Andrade: sua crença na força de uma estética transformadora, o nacionalismo na sua fase social, bem como na eficácia dos artistas e intelectuais para efetuarem essa ação. No seu *Ensaio*, o canto coral aparecera como unificador dos sentimentos (Andrade, 1965, p.65), e a música recebera qualidades dinamogênicas (idem, p.40-41). Para Mário, a arte, em seu estágio *interessado* (funcional), colaboraria para a unificação dos brasileiros e do Brasil.[23]

As festas

Aproveitando a ocasião – reunião de políticos, artistas e intelectuais de todo o Brasil –, os responsáveis pelo Congresso promoveram como que uma vitrine das realizações do DC e de sua rede de colaboradores. Os registros dessas *festas*, como foram chamadas as atrações que complementaram as conferências, oferecem uma síntese da ação e da filosofia desse órgão governamental. Foram exibidos no Teatro Municipal mais de dois mil documentos, na Exposição de Iconografia Musical Brasileira: livros antigos, obras raras, coleções inteiras de casas editoras, acervos de bibliotecas públicas e particulares.

O Coral Paulistano apresentou-se na abertura do Congresso. No programa, além do Hino Nacional, arranjos de melodias populares feitas por Luciano Gallet, Artur Pereira, Camargo Guarnieri, Martin Braunwieser e Villa-Lobos. João de Souza Lima solou um concerto para piano de Camargo Guarnieri, junto à Orquestra Sinfônica do DC. A Cantata nº 106 de J. S. Bach, *Actus tragicus*, para coral e orquestra (Congresso da Língua..., 1938, p.744), traduzida para o

---

23 Ver dois interessantes artigos sobre a unidade nacional e a fragilidade do federalismo no Brasil à época em Ianni (1995) e Fernandes (1995).

português, foi apresentada em primeira audição nacional.[24] Mário de Andrade considerava-a a mais perfeita cantata de J. S. Bach, na qual o coro polifônico canta um texto bíblico a respeito da morte, adaptado à perspectiva mística do compositor (idem, p.714). Segundo Murici "[a] cantata foi cantada de cor, e em língua nacional, dois fatos de alto interesse cultural, o primeiro, porque favoreceu a independência dos movimentos, o segundo porque demonstrou, mais uma vez, a riqueza sonora do nosso idioma" (apud Silva, 2001, p.231).[25]

O mesmo crítico, encantado com o bailado da *Marujada* representado no Parque Infantil Pedro II, espetáculo regido por Martin Braunwieser e encenado por crianças freqüentadoras dos Parques Infantis do DC, disse em outro artigo:

> Só havia, ali, crianças dos bairros pobres: uma prodigiosa mistura de raças. [...] Sentia-se, naquela variedade de traços étnicos o trabalho unificador das reações psicológicas de inteira autenticidade brasileira. Foi essa hora de comunhão bem brasileira, [...] que Mário de Andrade suscitou a revivescência [...] de uma das nossas origens sentimentais: a [...] quase apagada tradição ibérica [...] da legenda do Mar. (apud Carlini, 2000, p.418)

Murici condensou nesse trecho diversos elementos da ideologia do nacionalismo: "mistura de raças"; "trabalho unificador das reações psicológicas"; "autenticidade brasileira/comunhão bem brasileira"; "revivescência de origens". Mário de Andrade, como se antevisse as críticas a essa "retradicionalização", explicou nos anais do Congresso que a adaptação infantil do fandango *Chegança de marujos* consistiu em organizar uma suíte de 17 peças, entre elas o romance da *Nau catarineta*:

---

24 Também conhecida como *Gottes zeit*; sobre essa apresentação, ver depoimento do regente e notas 75 a 77 em Silva (2001, p.231).
25 "Andrade Murici (João Cândido de Andrade Murici, 1895-1984), escritor, jornalista e crítico de música, um dos fundadores da revista *Festa* [...]" (Silva, 2001, p.267).

Foi necessário também diminuir enormemente o bailado [...] de forma a evitar a fadiga das crianças e dar ao todo uma feição mais artisticamente concisa [, ...pois] além de não ter o Departamento como objetivo a retradicionalização *folclórica* do bailado – coisa contrariada, tida como artificial ou impossível por vários tratadistas do assunto – tratava-se exatamente de lhe dar um fundo de recreação educativa (Congresso da Língua..., 1938, p.724)

No dia nove de julho a Companhia de Arte Dramática de Álvaro Moreyra apresentou *O rei do câmbio*, a primeira peça de teatro do escritor e professor de literatura mineiro José Carlos Lisboa. Os cenários foram criados por Oswald de Andrade Filho. Segundo o resumo da peça publicado nos anais (idem, p.719) o público presenciou, nessa data tão significativa para os paulistas, uma comédia de costumes, sem muita ligação com as questões da língua ou da política. Na manhã desse mesmo dia, "a Sra. D. Maria Plastina em nome do Coral Paulistano, [...solicitara] um minuto de silêncio em respeito aos mortos de todo o Brasil, na revolução de 32, no que foi obedecida por toda a assistência" (idem, p.15).

No dia 12, no Municipal, 25 alunos de canto de Vera Janocópulos, entre eles Celina Sampaio e Julieta Andrade, apresentaram peças-solo ou obras corais de Carlos Gomes, Francisco Braga, Camargo Guarnieri, Lorenzo Fernandez, Francisco Mignone, Ernani Braga e Luciano Gallet, além de trabalhos de Mozart, Brahms, Mussorgski e Bach (idem, p.745-746).

No dia 14, João de Souza Lima regeu seu poema sinfônico de O Rei mameluco, executado pela Orquestra Sinfônica do Departamento de Cultura, cujo tema possui singulares paralelismos com a situação de 1932: a revolta separatista que, em 1641, aclamava Amador Bueno como rei dos paulistas. Seguiu-se a apresentação de Sombras do Império, espetáculo que representava ocorrências musicais do século XIX: no ambiente familiar, modinhas cantadas em vernáculo, mas ainda com forte influência da música européia (idem, p.750-752); também se cantou uma chiba paulista e lundus de salão. Estes últimos, retornando ao povo, teriam fornecido material para alguns sambas:

> É o lundu "As moças da época", composto pela cantora Éleonore Dorgeau. Graças às pesquisas de Luiz Heitor Corrêa de Azevedo, conseguiu-se

descobrir quem foi esta mulher [...]. Era brasileira já, nascida em 1841 e foi aluna de canto nos cursos da Academia de Ópera Nacional. [...] O povo escutando-o [...] coado pelas janelas entreabertas, decorou-o, converteu-o numa canção popular, [...] ajuntou-lhe um refrão e transformou-o no samba do *"Puxa o Melão"*. (idem, p.751-752)

Nesse dia, para encerrar o Congresso, foi escolhido o bailado de Francisco Mignone *Maracatu de Chico Rei*, obra baseada em elementos afro-brasileiros, pela primeira vez em audição integral. O próprio compositor regeu a Orquestra Sinfônica e o Coral Paulistano.

Os resumos dessas atividades oferecem exemplos das ações complementares que, no entender dos administradores do DC, ajudariam a construir o ideal nacionalista pela via cultural: programas eruditos apresentando peças brasileiras, principalmente nacionalistas, ou peças traduzidas para o português; programas populares que inserissem o folclore brasileiro na vida dos cidadãos, especialmente na dos filhos de migrantes e imigrantes. Os elementos culturais, ensinados e transmitidos nos Parques Infantis, eram escolhidos antecipadamente por especialistas enviados a diversos locais do Brasil. O grupo gerenciador do DC realizava eventos no anseio de trazer partes do passado de volta. No caso da *Nau catarineta*, inexistente em São Paulo, "ficava clara a tentativa de construção de uma determinada identidade cultural de matriz luso-brasileira" (Raffaini, op. cit., p.93), preservando, revivendo e introduzindo dados do passado rural na capital paulista, industrializada e influenciada pelos meios de comunicação e por novas culturas estrangeiras.

Mudanças no Rabecão[26]

Dia 10 de novembro de 1937. Apoiando-se em um fantasioso plano comunista para tomar o poder, o Plano Cohen, começou a

---

26 O Departamento de Cultura foi alcunhado de *Rabecão*, instrumento musical, mas que também significava popularmente "carro que transporta cadáveres" (Duarte, P., 1977, p.131).

ditadura getulista. Com o Estado Novo, Getúlio Vargas conservou-se no governo derrubando as candidaturas de José Américo de Almeida e de Armando Salles de Oliveira, o qual, por sua vez, partiu para o exílio, juntamente com Júlio de Mesquita Filho. Iniciou-se a troca de toda a articulação oposicionista paulista e de seu aparato burocrático por pessoas de confiança da ditadura. Mário de Andrade foi demitido da chefia do DC, e em 1938 partiu para Rio de Janeiro, onde permaneceu, mesmo contra sua vontade, até 1941.[27]

A saída forçada de São Paulo equivaleu a uma expatriação para Mário de Andrade. A situação política brasileira e a Segunda Guerra Mundial que se seguiu teriam pesado sobre ele a ponto de lhe causar um declínio da atividade pessoal. Em uma carta de Mário de Andrade a Paulo Duarte, enviada do Rio de Janeiro a 3 de abril de 1938, Mário falou sobre sua experiência com o Congresso, sobre seu estado físico e emocional, sobre seus conflitos particulares e sobre a certeza da sua responsabilidade pessoal pelo DC:

> [Eu] disfarçava o total esgotamento nervoso e intelectual em que me achava [...], coisa que vem desde esse vulcão de inquietações que foi o Congresso da Língua Nacional Cantada que me chupou os restos de prazer da vida. [...] Sacrifiquei por completo três anos de minha vida começada tarde, dirigindo o D. C. [..., e] não vale a pena enumerar todos os casos grandes em que falhei. Por que falhei? [...] porque sou um fraco, que não sei fazer prevalecer minhas razões, quando elas não são ouvidas [...]. Não sei se é sarcástico orgulho ou irrespirável, bolorento espírito democrático: acredito na possibilidade da razão dos outros contra as minhas razões; estúpida feminilidade, cedo, me calo, aceito. [...] Ficar definitivamente no Rio (o que seria ideal) não posso. As razões contra são mais fortes do que o meu violento desejo de me carioquizar. Há sobretudo uma voz de sangue, meu pai que foi operário, e depois de subido, continuando numa cotidianização operária

---

27 Mário de Andrade manteve por alguns meses o cargo de Chefe da Divisão de Expansão Cultural, mas completamente desautorizado.

de ser [...]. O que existe de aristocrático em mim, principalmente este safado gozo de viver e a atração de todos os vícios, sei que não me dá paz – e essa parte é obrigada a ceder diante da voz de meu pai. (Duarte, P., 1977, p.157-160).

4
CRÍTICA E AUTOCRÍTICA DO PENSAMENTO E DA AÇÃO

O Estado Novo e a Segunda Guerra Mundial

Com o endurecimento do Estado Novo instalado pelo golpe militar de novembro de 1937, as garantias pessoais e os direitos democráticos foram suspensos, alguns oficialmente, outros oficiosamente. Segundo Florestan Fernandes, à classe dominante não interessavam nem o federalismo nem a democracia, já que "substituiu a autocracia dissimulada pela ditadura ostensiva. Como o federalismo, a democracia sequer foi examinada [...] como pressuposto ou premissa das reformas e revoluções dentro da ordem, essenciais para o desenvolvimento capitalista" (Fernandes, 1995, p.34-35).

Seja abafando os movimentos estaduais, seja contendo as oposições políticas, a unidade do Brasil foi garantida por Getúlio Vargas. O Estado Novo também reforçou iniciativas no campo educacional-cultural, como as do Canto Orfeônico e dos programas populares de rádio, ao mesmo tempo em que convidava conceituados artistas e intelectuais a participar do governo federal, principalmente no gabinete de Gustavo Capanema.¹ Alguns aceitaram a oferta por acreditarem na necessidade da formação de uma burguesia nacional como caminho para o socialismo ou para tentarem ajudar companheiros perseguidos; outros talvez por falta de opção ou por adesismo. Pouco após a realização do Congresso da Língua Nacional Cantada e das *Normas para a boa pronúncia da língua nacional no canto erudito*, o Estado Novo desmantelaria a estrutura política na qual Mário de Andrade se apoiava. Mário estava completamente desautorizado em sua função, e as *Normas* não possuíam mais quem as divulgasse corretamente. Antes de se desligar definitivamente do Departamento de Cultura, afastou-se, também, do Conservatório Dramático e Musical de São Paulo. Foi então que Rodrigo Mello Franco de Andrade, diretor do SPHAN (Serviço do Patrimônio Histórico e Artístico Nacional), contratou-o como assistente técnico para a região de São Paulo e Mato Grosso. Em junho de 1938, em decorrência de todos esses fatos, Mário de Andrade partiu para a capital federal, onde encontrou outras oportunidades de trabalho. Uma delas foi na Universidade do Rio de Janeiro, pertencente ao Distrito Federal, na qual foi Diretor do Instituto de Artes e catedrático de Filosofia e História da Arte. Sua aula inaugural foi *O artista e o artesão*. É desse ano também a publicação de *O samba rural paulista*.

O movimento ascendente que Mário de Andrade vivera entre 1922 e 1937 sofreu uma brusca queda. Essa situação fez com que repensasse o seu papel na história brasileira e revisse o seu passado, em meio às suas atribulações cotidianas e à preocupação com o fu-

---

1   "Gustavo Capanema (1900-1985) [...]. Ministro da Educação e saúde entre 1934 e 1945 [... , reestruturou a] Universidade do Rio de Janeiro [... , criou o] Instituto Nacional do livro [e o] Serviço do Patrimônio Histórico e Artístico Nacional [...]" (Silva, 2001, p.237), locais onde Mário de Andrade pôde trabalhar. Capanema cercou-se de intelectuais, em uma assimilação dos modernistas e de representantes de vários matizes da intelectualidade brasileira, como Manuel Bandeira, Carlos Drummond de Andrade, Cândido Portinari, Lúcio Costa e Oscar Nyemeyer, Burle Marx, Cassiano Ricardo e Menotti del Picchia, entre outros.

turo. Desencanto com os rumos nacionais, frustração da negação da sua proposta de formação da nação e constatação de que o Getulismo era muito popular: diferentes testemunhos de seus contemporâneos afirmam que Mário entrou numa fase depressiva, e que os acontecimentos de então teriam colaborado para que se entregasse ainda mais à bebida, abreviando a sua vida.

O nacionalismo passou a ser a ideologia do Estado no governo de Getúlio Vargas, impregnando todas as suas ações, fortalecendo o poder central e enfraquecendo as políticas locais. Instalou-se no Brasil, ao mesmo tempo, certo liberalismo econômico, independente das oligarquias estaduais. O Estado brasileiro tornou-se empresário, atuando diretamente na economia. A criação, em 1942, da Companhia Siderúrgica Nacional (CSN) propiciaria a base para a instalação de parques industriais, visando à independência econômica brasileira; porém, o desenvolvimento do Brasil continuaria dependente das novas metrópoles enquanto os modelos e as relações econômicas internacionais se mantivessem.

Com Getúlio Vargas instaurou-se também o populismo e o trabalhismo. Centrado na figura do ditador como um "pai dos pobres", iniciou-se uma forte campanha no sentido de valorizar a nação e os trabalhadores do Brasil. O processo acelerado de urbanização exigia e justificava medidas de planejamento mais abrangentes. A Consolidação das Leis Trabalhistas (CLT), de 1943, unificou as diferentes possibilidades de contratos dos trabalhadores urbanos, oferecendo uma série de seguranças, como aposentadoria e assistência social. Isso fez com que o apoio operário às propostas oposicionistas diminuísse consideravelmente. No entanto, à época, a maioria dos trabalhadores brasileiros ainda vivia no campo, portanto fora dessas garantias.

Nesse meio-tempo, Mário de Andrade continuava suas atividades como conferencista. Em 1939 proferiu, na Escola Nacional de Música, a palestra *Evolução social da música brasileira*. Passou a escrever regularmente para *O Estado de S. Paulo*, para a *Revista do Brasil* e para o *Diário de Notícias* (RJ). Nesse período carioca, Mário relacionava-se com alguns de seus velhos amigos músicos e literatos, e "com a intelectualidade jovem que, através de revistas e movimentação política, procura aplicar convicções marxistas. Conviveu com Carlos Lacerda e seu grupo, até [...seu regresso a] São Paulo" (Lopez, 1972, p.65). Em meio às publicações de diversos livros e artigos, foi também consultor técnico do Instituto Nacional do Livro, dirigido por Augusto Meyer, que lhe pediu a redação do anteprojeto do *Dicionário da língua nacional* e, segundo Flávia Toni, "da *Enciclopédia brasileira*, trabalho finalizado no início de dezembro de 1939" (Silva, 2001, p.250).[2]

Em 1939 começou a Segunda Guerra Mundial. De um lado, o Eixo, que reuniu Alemanha, Itália e Japão. Do outro, os Aliados, primeiramente França e Inglaterra e, após 1941, também a Rússia e os Estados Unidos. Contra o Eixo, o grande inimigo nazi-fascista, uniram-se os conflitantes interesses do capitalismo e do comunismo. Os brasileiros viram-se numa situação inesperada. A quem apoiar? Internamente, sua política assemelhava-se à dos países do Eixo. Externamente, suas ligações econômicas mais fortes se davam, desde o início do conflito, com os Aliados. No princípio da guerra o Brasil proclamara neutralidade. Mas o ataque alemão aos navios brasileiros bem como o financiamento da CSN pelos Estados Unidos – entre outras vantagens obtidas – colaboraram para que o Brasil declarasse guerra ao Eixo em 1942. A aproximação Brasil–Estados Unidos dava-se também no campo cultural, como conseqüência da política da boa vizinhança. Hollywood dominava as telas e a imaginação brasileira; o paradigma civilizatório, aos poucos, deixava de ser buscado no velho mundo e passava a ser o norte-americano (Tota, 2000). Carlos Guilherme Mota, estudando a transformação sofrida pela ideologia da cultura brasileira, assinalou que a Segunda Guerra Mundial e "o risco corrido colocando o país à beira do nazi-fascismo, [...] como que anestesiaram a intelectualidade que, com raras exceções, não registrou a entrada decisiva do Brasil para os quadros da dependência norte-americana" (Mota, 1978, p.82-83).

---

2   Sobre esse anteprojeto, ver Amaral (1999) e Andrade (1993b).

Mário de Andrade retornou a São Paulo em março de 1941, colaborando com o artigo *Elegia de abril* para o primeiro número da revista *Clima*. Em 1942, proferiu a conferência *O movimento modernista*, além de terminar o libreto *Café*. Reempossado no Conservatório Dramático e Musical de São Paulo, sua aula inaugural foi *Atualidade de Chopin*. Entre 1943 e 1945 contribuiu com a coluna *Mundo musical* para o jornal *Folha de S.Paulo*, na qual criou a série *O banquete*. Seus últimos trabalhos foram o poema *Meditação sobre o Tietê* e o prefácio *Chostacovich*, escrito para a versão brasileira de um livro sobre o compositor russo.

Na opinião de Telê Lopez (1972, p.69-71; 195), Mário de Andrade viveu uma conflituosa trajetória filosófica, que continha elementos do cristianismo, da psicologia e do materialismo histórico. Buscava a realização pessoal do homem em meio a sua contribuição social, sem perder de vista a vida eterna. Nessa última fase da sua vida, conheceu e apreciou o pensamento filosófico renovador do católico Jacques Maritain, mas optou por não segui-lo integralmente. Para Telê Lopez, por mais que Mário tenha transformado sua concepção sobre "povo", não deixou de manter constante a idéia de que os intelectuais devessem guiá-lo:

> Mário de Andrade como artista ou como teórico do papel a ser desempenhado pelo artista, em toda a sua trajetória literária, nunca mistura atribuições de povo com atribuições de intelectual. A este compete analisar, dar ao povo uma consciência crítica, para que ele posa chegar a soluções capazes de eliminar as contradições que o atingem. (idem, p.249)

Entre 1944 e 1945 brasileiros lutaram na Itália, entre eles um afilhado de Mário de Andrade, colaborando para a vitória dos Aliados. Com o fim da guerra, em agosto de 1945, cresceu no Brasil o reclamo pela redemocratização, culminando com a renúncia de Getúlio Vargas em outubro. Mário não pôde celebrar essas duas grandes vitórias. Falecera a 25 de fevereiro, de infarto do miocárdio.

O artista e o artesão

Os estudantes da Escola de Belas-Artes de Paris organizavam todos os anos um baile à fantasia. Sara Brown, cuja alegoria consistia em um simples arco de Diana, foi a grande atração de 1893, ano em que nascia Mário de Andrade. A nudez exibida nessa festa ganhou notoriedade, e a reação conservadora não se fez esperar. Em breve, estudantes e cidadãos amotinados enfrentavam em praça pública uma polícia desorientada, gerando mortos e feridos. Desse episódio restou mais a lembrança da manequim do *Baile das quatro artes*, inspiração para artistas desde então, do que de seus desmembramentos sociais imediatos.

Mário de Andrade reuniu uma coletânea de ensaios seus sobre artes plásticas, literatura, música e cinema sob o título *O baile das quatro artes*, editado em março de 1943. Nesse livro encontra-se a conferência *O artista e o artesão*, aula inaugural do curso de "história filosófica da arte" que marcou o início da sua vida profissional no Rio de Janeiro.[3] Mário sentia-se humilhado pela dispensa paulistana, desenraizado e transladado para a capital federal e em vias de começar novos trabalhos justamente para representantes do governo getulista, responsáveis, em última análise, por toda aquela situação.

Em sua correspondência com Paulo Duarte, Mário de Andrade afirmou que trabalhara para o Serviço de Patrimônio Histórico e Artístico Nacional (SPHAN) e para o Serviço Nacional do Livro (SNL) a contragosto, pela renda fixa que proporcionavam e para ocupar sua cabeça em assuntos que o fizessem esquecer o DC e tudo o que ele significou. Outra opção foi trabalhar na Universidade do Distrito Federal (UDF, 1935-1939), criada por Pedro Ernesto,[4] como

---

3   À época, "Rio de Janeiro" designava uma região do Brasil composta por dois estados distintos: o do Rio de Janeiro, com capital em Niterói; e o Distrito Federal, a capital do Brasil, na cidade do Rio de Janeiro.
4   Pedro Ernesto Batista (1884-1942), ex-prefeito do antigo Distrito Federal, preso em 1936 por supostas implicações com o levante comunista de 1935.

diretor do Instituto de Artes e também como catedrático de Filosofia e História da Arte. Mas essa academia teve vida curta, fechada por ordem de Gustavo Capanema. Com o encerramento das aulas mais uma vez perdeu seus postos. Enquanto o curso ainda funcionava normalmente, Mário assim relatou seus afazeres:

> A vida que estou levando é assim. Estudo, aulas, direção do Instituto de Artes. [...Tive] a má idéia de fundir os dois cursos que faço [...] num só curso. O de uma, que chamaríamos, Filosofia da Arte, através da sua História, ou melhor por síntese, uma História filosófica da arte. O resultado é que estou fazendo um curso, quase uma matéria, uma disciplina nova. (Duarte, P., 1977, p.162)

O artista e o artesão, de 1938, tratou de questões sempre presentes nos textos de Mário de Andrade dirigidos aos interessados em música, mas com uma abordagem diferente, por direcionar-se inicialmente aos artistas plásticos.[5] Para o autor, "todo o artista teria de ser ao mesmo tempo artesão" (Andrade, 1943, p.11), pois o artesanato não seria diferente da arte, mas faria parte dela, sendo "a parte da técnica que se pode ensinar" (idem, p.13). Além do artesanato, os outros aspectos da técnica de fazer obras de arte seriam a virtuosidade, entendida nesse texto como conhecimento e prática da sua arte, e a solução pessoal encontrada pelo artista para realizar seu trabalho.

Mário de Andrade apresentou nessa aula sua síntese para a evolução da arte. Teria, em seus primórdios, função religiosa/utilitária, requerendo de seus artífices o anonimato e a indiferenciação, a fim de não deixarem marcas próprias (do eu) nas obras da coletividade. A partir do Renascimento, a "verdade interior do artista", sua "solução

---

5 Mário de Andrade envolveu-se em uma polêmica com Sérgio Milliet, a respeito de *O artista e o artesão*, que pode ser acompanhada a partir do artigo *Esquerzo* (Coli, 1998, p.46-49; 233-264). Para os músicos, Mário de Andrade sintetizaria suas idéias sobre liberdade artística *versus* responsabilidade social, ou sobre técnica *versus* mensagem, no artigo de 1943 *O pontapé de Mozart* (idem, p.55-59; 269-271).

e técnica pessoal" começaram a prevalecer, dando origem também aos individualismos e à vaidade: "[hoje] o objeto da arte não é mais a obra de arte, mas o artista" (idem, p.32).

Para Mário de Andrade a arte e o artesanato, temperados pelo talento individual, teriam de estar sempre a serviço do social. As soluções pessoais, levadas ao extremo pelos artistas experimentalistas, seriam desagregadoras da sociedade. O artista deveria ter uma atitude ética e estética diante da vida, adquirida na prática constante do seu lado artesão. A consonância entre a função social do artista e sua busca pela beleza da obra de arte expressou-se no neologismo *artefazer*, derivado de suas idéias sobre uma "arte que faz", a arte-ação dos artistas engajados: "o ser a obra de arte a finalidade mesma da arte, não exclui os caracteres e exigências humanos, individuais e sociais, do artefazer" (idem, p.12). Refletiu sobre as condições artistísticas em ditaduras, como na Rússia e na Alemanha, onde

> as restrições até agora impostas à liberdade do artista [...] não derivam [...] das necessidades da obra de arte [..., mas] da necessidade de se defender, que têm as instituições novas. De forma que o artista [... deixa] de ser um artista livre e não retorna a artesão. Transformou-se essencialmente num orador de comício, [...] disfarçado sob a máscara da arte. [...Ao] invés de uma atitude estética, ele assume uma atitude social. O equilíbrio ainda não se conseguiu, como o prova até a própria obra trágica e maravilhosa desse genial Chostacovitz. (idem, p.29-30)[6]

---

6 Dimitri Dimitrievitch Shostakovich (1906-1975), compositor russo. Ver p.175 e p.192 deste capítulo. A grafia desse nome é controversa, em virtude da adaptação do alfabeto russo para o latino. Encontra-se também como Shostacovitchi, Shostakowitch ou Shostakovitch, sendo que Mário de Andrade grafava Chostacovich, Chostacovitch, Chostacovitz e até Chostacovsqui. Considerado o compositor-símbolo da união oriente/ocidente contra o nazismo, inicialmente de vanguarda, após críticas governamentais comunistas retomou os favores dos dirigentes soviéticos com a *Sinfonia nº 5* (1937) e mais ainda com a *Sinfonia nº 7*, chamada *Leningrado*, (1941). Misto de rebelde e músico oficial, possui trabalhos que vão de um estilo livre até o nacionalista eivado de realismo socialista. Certas obras que levam seu nome foram provavelmente atribuídas a ele pelo governo da época.

Nesse transporte, da música para as artes plásticas, das constâncias defendidas desde o *Ensaio* – arte interessada; artista tendo que abrir mão de sua individualidade –, houve alguns ajustes. Mário de Andrade sabia que o artista plástico do século XX era senhor de seu trabalho, da concepção à exposição, não dependendo necessariamente de outros artistas nem de intérpretes. No entanto, exaltando esse lado artesão, o autor esperava que o artista se mesclasse melhor ao conjunto da sociedade e às suas necessidades.

Evolução social da música no Brasil

Luiz Heitor Corrêa de Azevedo participou do primeiro concurso para provimento da cadeira de Folclore, da Escola Nacional de Música (Andrade, 1963b, p.288-292), em 26 de março de 1939.[7] Mário de Andrade fez parte da banca examinadora como diretor do Instituto de Artes da Universidade do Distrito Federal, tendo descrito o acontecimento no artigo *Quarto de tom*, publicado no jornal *O Estado de S. Paulo* a 16 de abril desse ano.

O Brasil fora convidado a expor seus produtos nacionais e sua música em um pavilhão projetado por Lúcio Costa e Oscar Niemeyer para a New York Worlds' Fair, a partir de setembro (Tota, op. cit., p.96). Segundo Flávia Toni, baseada em um panfleto da época, Mário de Andrade apresentou na Escola Nacional de Música, a 26 de maio, "a conferência *Evolução social da música brasileira*, na Escola

---

7 O Imperial Conservatório de Música (1848) foi criado e dirigido por Francisco Manuel da Silva; com a República, teve o nome mudado para Instituto Nacional de Música, depois Escola Nacional de Música (1930, sob Luciano Gallet), na qual Mário tentou implantar, sem sucesso, uma reforma em 1931, com ênfase na formação total dos alunos. No período da *Evolução*, estava sob direção de Sá Pereira, e incorporada à unidade universitária da Universidade Federal do Rio de Janeiro. Sobre esses assuntos e sobre uma nova proposta de reforma enviada por Magdalena Tagliaferro, ver carta de Mário a Guarnieri, de 12 de outubro de 1940 (Silva, 2001, p.274-282). Sobre Luiz Heitor, ver capítulo 3, nota 8.

Nacional de Música, 'Ilustrada com a audição dos discos gravados sob a regência [...de] Villa-Lobos e Francisco Mignone para a Feira Mundial de Nova York'" (Silva, op. cit., p.249, nota 119). Em carta a Sergio Milliet de 4 de junho, pediu ao amigo, funcionário de *O Estado de S. Paulo*, a publicação dessa aula em quatro partes, para fazê-la render: "A visão histórica aplicada à nossa música [...] é inteiramente nova. O que ganhei com isso? Apenas 600$000, quando a qualquer pianisteco se paga conto de reis" (Duarte, P., 1977, p.321).

Mário de Andrade procurou demonstrar como os alicerces social e material influenciariam a criação musical, no item I de *Evolução social da música no Brasil*, tomando como situação exemplar o caso do Conservatório Dramático e Musical de São Paulo, fruto da economia cafeeira paulista e do "culto" ao piano. Este, "tão necessário à família como o leito nupcial e a mesa de jantar", subiu também aos palcos paulistas. Guiomar Novaes e Antonieta Rudge seriam conseqüências da "importação natural desse grande professor[8] para a sociedade italianizada de São Paulo, [o qual] produziu a floração magnífica com que a escola da Cafelândia ganhou várias maratonas na América". O Conservatório, mesmo "justificado por essa pianolatria, [...mais tarde também] teve de readaptar-se às exigências técnicas e econômicas do Estado, e adquirir uma função cultural mais pedagógica", publicando obras próprias e traduzidas. Compelido pelas circunstâncias, teria fomentado o folclore nacional, a musicologia e a composição (Andrade, 1965, p.16-18). Segundo Mário de Andrade, o que aconteceu nesse episódio seria exemplo de uma regra geral: "a música sendo a mais coletivista de todas as artes, exigindo a coletividade pra se realizar, está muito mais [...] sujeita às condições da coletividade", sendo sempre necessária uma sintonia entre as habilidades dos compositores, dos intérpretes e dos ouvintes (idem, p.18-19).

Após essa grande introdução Mário de Andrade discorreu sobre a música sacra do tempo do Brasil colonial; no item III, sobre a mú-

---

8 Luigi Chiaffarelli, pai de Liddy Chiaffarelli, esposa de Mignone. Ver capítulo 3, nota 7.

sica brasileira do Império, de caráter profano; no item IV, sobre as raízes do nacionalismo musical brasileiro. Essa seqüência obedeceria à "evolução musical de qualquer outra civilização: primeiro Deus, depois o amor, depois a nacionalidade" (idem, p.19). Essa evolução processar-se-ia "por estados-de-consciência sucessivos, esse primeiro estado-de-consciência foi de internacionalismo" (idem, p.27). Uma consciência inconsciente, já que, até o nacionalismo modernista pós-Primeira Guerra Mundial, essas fases estéticas internacionalistas foram, segundo o autor, "movidas pelas forças desumanas e fatais da vida, ao passo que a atual [...fase nacionalista...] tem a sua necessidade dirigida e torcida pela vontade, pelo raciocínio e pelas decisões humanas" (idem, p.33).

Mário de Andrade dera à música características dinamogênicas em obras anteriores. Nesta *Evolução*, apesar de seu aparente materialismo histórico, inseriu uma "defesa" da religião: "[a] crença em Deus [...,] tanto do ponto de vista espiritualista como etnográfico, não é uma superstição [...] imposta pelas camadas dominantes da sociedade, não. Parte de baixo para cima" (idem, p.20). Para o autor, na primeira metade do século XVI, a música litúrgica jesuítica abrigaria dominantes e dominados na necessidade da religião. No contato entre civilizações diferentes, o *canto* fora de fundamental importância, por ser o elemento "*sine qua non* da entrada em contato místico com o deus desmaterializado. [...O] canto é ainda um fluído vital, que pela boca se escapa daquela parte imaterial de nós mesmos [...], a nos comunicar com o fluído imaterial dos [...] espíritos" (idem, p.21).

Apesar de européia, essa música seria "ao mesmo tempo nacional e brasílica pela absorção das realidades da terra e dos naturais que a possuíam, utilizando cantos e palavras ameríndias" (idem, p.22). Segundo o autor, essa época de "comunidade sem classes" foi substituída pela escravocrata e latifundiária, na qual a música se despiu de seus componentes nacionais e adquiriu uma feição totalmente européia. Mesmo na música popular, não haveria possibilidade de intercâmbio entre as culturas.

Segundo o autor, o Primeiro Império, com sua nobreza importada, encontrou no Brasil uma "burguesia" adepta da modinha e da ópera, mas que já começara a conviver com os lundus. Em seguida, com o professor Francisco Manuel da Silva,[9] "a maior figura musical que o Brasil produziu até agora" (idem, p.26), incrementou-se na capital imperial a formação dos músicos e da música brasileira, tendo sido Carlos Gomes[10] a "síntese profana de toda a primeira fase estética da nossa música, que chamarei de 'Internacionalismo Musical'" (idem, p.27). Esse internacionalismo brasileiro revelar-se-ia no trânsito pelas estruturas musicais de outros países. Mário opôs-se, entretanto, ao termo "música universal", por não ter raiz social, por ser um "esperanto hipotético". O que haveria, segundo ele, seriam compositores imitando estilos nacionais diversos (idem, p.28).

Neste ponto, Mário de Andrade reuniu o folclore rural e a música popular urbana em um único termo, música popular brasileira, que teria surgido às vésperas da Independência e se fortalecido no Império; o bumba-meu-boi, as cheganças e os reisados se teriam fixado juntamente com a modinha, o lundu e a sincopação. Nos primeiros anos da República,

> com a modinha já então passada do piano dos salões para o violão das esquinas, com o maxixe, com o samba, com a formação e fixação dos conjuntos seresteiros dos choros e a evolução da toada e das danças rurais, a música popular [...tornou-se] a criação mais forte e a caracterização

---

9 Aluno de José Maurício Nunes Garcia (1767-1830), o "Padre Mestre" Francisco Manuel da Silva (1795-1865) criou, em 1833, a Sociedade Beneficente Musical; em 1848, o Imperial Conservatório de Música; criou também a Imperial Academia de Música e Ópera Nacional (1857-1863), que objetivou "'propagar e desenvolver o gosto pelo canto em língua pátria'" (Congresso da Língua..., 1938, p.590). Havia intenso intercâmbio entre o Conservatório e a Academia, como demonstrou o estudo de Luiz Heitor C. de Azevedo, apresentado no Congresso da Língua Nacional Cantada.

10 Antonio Carlos Gomes (1836-1896), conhecido internacionalmente pelas óperas ao estilo de Verdi, foi aluno do Imperial Conservatório e estreou na Imperial Academia dois trabalhos em português, *A noite no castelo* (1861) e *Joana de Flandres* (1863). Seu sucesso internacional viria com *Il guarany*, de 1857.

mais bela da nossa raça. (idem, p.31)

Para Mário de Andrade, a Primeira República proporcionou ainda frutos internacionais, como Henrique Oswald, Leopoldo Miguez, Glauco Velásquez, João Gomes de Araújo, Francisco Braga e Joaquim Antonio Barroso Neto, estes dois últimos posteriormente também participantes do nacionalismo. Mas derivaria de dois compositores, Alexandre Levy e Alberto Nepomuceno, "o tronco tradicional da árvore genealógica da nacionalidade musical brasileira" (idem, p.31-32), a exemplo do Grupo dos Cinco na Rússia. Segundo o autor, a Primeira Guerra Mundial colaborou para a instalação do nacionalismo musical no Brasil, dessa vez sob o domínio consciente dos artistas. A "sanha nacional das nações imperialistas [...] contribuiu [...] para que esse novo estado-de-consciência musical nacionalista se firmasse, não mais como experiência individual, [...] mas como tendência coletiva" (idem, p.32). Mário afirmou que a Semana de Arte Moderna também impulsionou alguns compositores a voltarem-se para o Brasil, a começar por Villa-Lobos.

Nesse ponto do trabalho, no qual economia, sociedade política e arte caminharam juntas, Mário de Andrade introduziu também sua ética:

> É certo que esta fase Nacionalista não será a última da evolução social da nossa música. Nós estamos percorrendo um período voluntarioso, conscientemente pesquisador. Mais pesquisador que criador. O compositor brasileiro da atualidade é um sacrificado, [...] ainda não é um ser livre, ainda não é um ser "estético", esquecido em consciência de seus deveres e obrigações. Ele tem uma tarefa a realizar, um destino prefixado a cumprir. (idem, p.33)

É uma ética do presente baseada em uma estética do passado em função de um devir. Telê Ancona Lopez sinalizou nesse texto diversos pontos de contato com o livro *Teoria do materialismo histórico*, de Bukharin (1888-1938), que Mário de Andrade estudara detalhadamente, e que tratava da organização das forças de produção. Para o autor moscovita, as mesmas forças produtivas gerariam as mesmas soluções econômicas em locais e/ou períodos diferentes (Lopez, op. cit., p.242). A autora já apontara para os expedientes pseudodialéticos de Mário, bem como o uso da terminologia do materialismo histórico fora do seu contexto, em textos anteriores a esse de 1939. Ainda segundo Lopez, Mário adotara

> os valores do stalinismo imperantes na União Soviética de então [...]. Acredita que esteja se manifestando dialeticamente, sem ferir os princípios do nacionalismo que esposa. Acredita ser dialético e possível o sufocamento do individualismo e seu renascimento [...], passada a ditadura necessária. [...A] época não oferecia ainda ao escritor a crítica da prática do marxismo na União Soviética, no sentido de analisar suas contradições dentro da própria doutrina de Marx e Lênin. A crítica que podia encontrar era [...] burguesa, [...] não merecedora de sua atenção. (idem, p.244)

A oposição à política soviética não era, mesmo à época, de origem apenas burguesa, como afirmou a autora. Leon Trotsky foi talvez seu crítico mais agudo. Inúmeros soviéticos, à semelhança do próprio Bukharin, foram executados ou mandados para a Sibéria. Mário de Andrade conhecera trotskistas e anarquistas paulistas, alguns de seu convívio pessoal, e lera alguns dos textos principais dessas tendências. Mas o Eixo simbolizava um perigo maior, que praticamente impôs à boa parte da intelectualidade um apoio ao stalinismo. Mário considerava que "o intelectual não poderia ainda existir como um ser livre, apenas com vinculações estéticas, pois sua consciência teria que lhe apontar os deveres para com seu tempo" (idem, p.245). De posse da sua ética/estética (sua ideologia), apoiado no que assegurou ter acontecido, Mário antecipou o que deveria acontecer (sua utopia):

> Se de primeiro foi universal, dissolvida em religião; se foi internacionalista um tempo [...]; se agora está na fase nacionalista pela aquisição de uma consciência de si mesma: ela terá que se elevar um dia à fase [...] Cultural, livremente estética, [...pois] não pode haver cultura que não reflita as rea-

lidades profundas da terra em que se realiza. (Andrade, 1965, p.34)

Elegia de abril

No primeiro semestre de 1941 começou a materializar-se a revista *Clima*, unindo escritores de várias áreas. Como crítico literário colaborava o então estudante de Ciências Sociais da USP Antonio Candido; lê-se, em seu depoimento, que Alfredo Mesquita, um dos fomentadores da "revista dos novos", ou dos "chato-boys", como eram chamados por Oswald de Andrade, convidou Mário de Andrade para ser o "fiador" da empreitada:

> *Clima* começou a circular em maio de 1941 com data de abril, porque houve atraso no lançamento. [...] Mário estava [...] preocupado com a consolidação da vida intelectual no Brasil e relativamente crítico em relação aos aspectos lúdicos da Semana de Arte Moderna. Creio que a presença dele talvez tenha confirmado a nossa atitude de admiração por todo o movimento que representava e que abrangera os dois decênios anteriores. [...] Ele foi generosíssimo e nos apoiou integralmente, escrevendo para o primeiro número um documento importante na história intelectual do Brasil contemporâneo, a "Elegia de Abril". (Candido, 1978)

Elegia, entendida aqui como lamentação sobre coisas passadas, foi endereçada primeiramente aos intelectuais da nova universidade. Mário de Andrade repetiu nesse texto (Andrade, [196-?], p.185-195) idéias defendidas em trabalhos anteriores, mas adiantou alguns temas e termos que incluiria em *O movimento modernista*. Fez uma crítica ao desrespeito e ao desleixo com os elementos técnicos da atividade artística, que geravam, a seu ver, obras de qualidade suspeita. Manifestou desconfiança quanto à sinceridade dos experimentos artísticos, nos quais via uma desmesurada valorização do artista. Partiu em defesa da função social do artista, arquiteto do futuro. Repudiou a freqüente abstenção dos intelectuais de sua geração no tocante aos assuntos candentes e, ao mesmo tempo, a atitude politicamente ativa dos daquele momento.

No seu entendimento, os intelectuais tinham passado de uma posição "amoral", de simpatizantes dos governos, para uma "imoral", de colaboradores explícitos. Mário de Andrade escreveu esse artigo quando voltou para São Paulo. Sobrevivera no Rio de Janeiro prestando alguns serviços públicos apesar de ser "da oposição", e voltara para São Paulo ainda como técnico do SPHAN. Trabalhava para o governo, mas não se sentia "do governo". Percebendo que os tempos tinham mudado, expressou sua indignação com as atitudes dos seus colegas intelectuais modernistas, "de espírito formado antes de 1914" (idem, p.186), porém acrescentou que não sentia grande esperança nos "novos":

> A minha pífia geração era afinal o quinto ato conclusivo de um mundo, e representava bastante bem a sua época dissolvida nas garoas de um impressionismo que alargava as morais como as políticas. Uma geração de degeneração aristocrática, amoral, gozada, [...] não muito distante das gerações de que ela era o "sorriso" final. [...A geração atual] continua a devassidão genérica do meu tempo. Nós, enfim, éramos bem dignos da nossa época. Ao passo que vai nos substituindo uma geração bem inferior ao momento que ela está vivendo. (idem, p.192-193)

Embora considerasse todo artista como um tipo de intelectual, Mário de Andrade via-se mais como um artesão da palavra do que como artista dela. Perguntava-se nesse momento como conciliar tradição e modernidade, ser intelectual e não ser um agente da classe dominante: para Mário, na tarefa de condução do povo, esses profissionais teriam que *artefazer*, sem abrir mão da técnica apurada.

Meses depois, Antonio Candido resenharia, no número oito de *Clima*, o livro que Mário de Andrade lançara em 1941, *Poesias*. Chamou a atenção à complexidade da sua obra, que descortinaria não apenas o descobrimento e o conhecimento que se dão intelectualmente, mas também àqueles interiores, fundamentais e indizíveis:

Rito do irmão pequeno

VII
[...] Ouça. Por sobre o mato, encrespado nas curvas da terra,
Por aí tudo, o calor anda em largado silêncio,
Ruminando o murmulho do rio, como um frouxo cujubim.

Na vossa leve boca o suspiro gerou uma abelha.
É o momento, surrupiando mel pras colméias na noite incerta [...]
(Andrade, 1966, p.266)

O movimento modernista

Mário de Andrade, em entrevista concedida ao jornal paulista *Diário da Noite* do dia 28 de abril de 1942, confessando-se intimamente perturbado pelos últimos acontecimentos e pela guerra mundial, adiantou parte do conteúdo de sua próxima conferência:

– A minha palestra não será um processo sobre o movimento modernista.
[...O] movimento modernista teve um caráter [...] destruidor. [...Ao] lado dos que tudo quiseram destruir [...] existiram grupos fortemente construtores [.... No] grupo dos destruidores, é que se encontrava nítido, o sentido nacional. [...] Julgo que nós, rapazes daquela época, deveríamos ter participado mais da vida pública do país [...]. Fomos uns contemplativos, uns abstencionistas [... ;] parece que não tínhamos esse direito. É esse um direito que os moços jamais têm. (Andrade, 1983, p.85-87)

As mudanças ocorridas no que Mário de Andrade entendia por *intelligentsia* brasileira (que ele firmava como *Inteligência*) não eram ainda claramente compreendidas em 1942. Alguns textos buscavam elucidar esses assuntos, como *Elegia de abril*. Luiz Antonio Giron, citando Sergio Milliet, escreveu sobre essa transformação: "[...a] geração de 22 falou francês e leu os poetas. A de 44 lê inglês e faz sociologia" (*Frutos da tempestade* ... , 2002). Mário de Andrade estava perto dos seus cinqüenta anos, e a Semana de Arte Moderna completara os seus vinte. Dez anos antes não foram possíveis grandes comemorações, por causa principalmente dos acontecimentos que cercaram a Revolução de 1932.[11]

Essa palestra foi apresentada pela primeira vez no dia 30 de abril, no Salão de Conferências da Biblioteca do Ministério das Relações Exteriores do Brasil, Itamaraty, no Rio de Janeiro. São perceptíveis nela algumas constâncias dos textos de Mário de Andrade, como a acusação de despreparo técnico e desleixo ético por parte dos intelectuais; utilização de termos da psicologia e da ciência social de maneira pouco ortodoxa; emprego de expressões como *agüentar o tranco, passadismo, abstencionismo*; uso de reticências internas, criando suspensões, muitas vezes finalizadas com blagues, como se vê na frase: "embora aqueles primeiros modernistas... das cavernas" (Andrade, [196-?], p.231).

Mário de Andrade iniciou sua conferência dando ao modernismo a paternidade do "espírito nacional"; segundo ele, as mudanças sociais seriam antecedidas por um espírito prenunciador. O modernismo não fora um fator de mudanças sociais (atribuídas ao PD e a 1930), mas fora "essencialmente um preparador; o criador de um estado de espírito revolucionário e de um sentimento de arrebentação" (idem, p.241). Essa argumentação, sobre um fantasma que ronda a história, é *inversa* à utilizada na *Evolução social da música no Brasil*, na qual defendeu que das bases sociais e materiais brotaria a criação artística.

Relatou, com detalhes, os primórdios (o período "heróico") e as conseqüências da Semana (o período "destruidor"), mesclando recordações pessoais e grupais. Diferentemente dos românticos,

---

11 Em um ensaio de 1932, *Luiz Aranha ou a poesia preparatoriana* (Andrade, [196 - ?], p.47-87), além de se referir à Semana de Arte Moderna, Mário de Andrade constatou o momento de crise de identidade do intelectual, que estaria ou arraigado à tradição ou "traindo" sua missão humanística, mediante seu engajamento político. Ver capítulo 1, nota 9.

nos quais Mário de Andrade buscou raízes, os modernistas não cultivaram a dor: "[nisso] talvez as teorias futuristas tivessem uma influência única e benéfica sobre nós. Ninguém pensava em sacrifício, ninguém bancava o incompreendido [...]: éramos uma arrancada de heróis convencidos" (idem, p.238).

A Primeira Guerra Mundial teria preparado nos modernistas uma alma mais do que debatedora, destruidora: "[o] espírito modernista e suas modas foram diretamente importados da Europa" (idem, p.236) – mas sua substância interna fora essencialmente nacionalista. Coisa impossível de acontecer no Rio de Janeiro, segundo Mário de Andrade, pois a situação de distrito federal e porto marítimo conferia-lhe um "internacionalismo ingênuo. São Paulo era espiritualmente muito mais moderna porém, fruto necessário da economia do café e do industrialismo conseqüente" (idem, ibid.). O Rio de Janeiro possuiria uma "aristocracia" importada, resultante da vinda de D. João VI e de sua corte para o Brasil. A "aristocracia" paulista, mais antiga e arraigada, ofertara aos modernistas o patrocínio decisivo para o movimento:

> [O] movimento modernista era nitidamente aristocrático. Pelo [...] seu espírito aventureiro ao extremo, pelo seu internacionalismo modernista, pelo seu nacionalismo embrabecido, pela sua gratuidade antipopular, pelo seu dogmatismo prepotente. (idem, ibid.)
>
> Consagrado o movimento pela aristocracia paulista, si ainda sofreríamos algum tempo ataques por vezes cruéis, a nobreza regional nos dava mão forte e... nos dissolvia nos favores da vida. (idem, p.238)

Mário de Andrade passou então à memória da discussão sobre a *língua*, sobre o uso dos vocábulos e da sintaxe, enfim, sobre os problemas enfrentados para fixar uma expressão mais naturalmente brasileira: "O espírito modernista reconheceu que si vivíamos já de nossa realidade brasileira, carecia reverificar nosso instrumento de trabalho para que nos expressássemos com identidade. Inventou-se do dia pra noite a fabulosíssima 'língua brasileira'" (idem, p.244). Mesmo percebendo a conquista dessa expressão, constatou sua dependência da gramática lusa. Mas a busca da brasilidade também teria dado margem a ignorâncias, descuidos e preguiças: "hoje, como normalidade de língua culta e escrita, estamos em situação inferior à de cem anos atrás" (idem, p 244-245). Para Mário, a colocação desse problema no campo das pesquisas modernistas "foi quase tão prematura quanto no tempo de José de Alencar" (idem, p 246).[12]

Para Mário de Andrade, a liberdade estética colhida pelos artistas de 1942 teve um preço: "[a] vaia acesa, o insulto público, a carta anônima, a perseguição financeira..." (idem, p.251), constrangimentos vividos pelos protagonistas de 1922. Apesar dessas dificuldades iniciais, o modernismo teria imposto no Brasil "a fusão de três princípios fundamentais: o direito permanente à pesquisa estética; a atualização da inteligência artística brasileira; e a estabilização de uma consciência nacional" (idem, p.242). Sobre a pesquisa estética, firmou ser essa a maior vitória do movimento. Quanto à consciência nacional coletiva, Mário considerava que os movimentos culturais anteriores ao modernismo apenas somariam atividades individuais, além de serem baseados em esquemas formais acadêmicos: "[Os] artistas brasileiros jogaram sempre colonialmente no certo. Repetindo e aperfeiçoando estéticas já consagradas, se eliminava assim o direito da pesquisa, e conseqüentemente de atualidade". Os modernistas, porém, possuiriam "um espírito atualizado, que pesquisava já irrestritamente radicado à sua entidade coletiva nacional". Todavia, também existiria "num grupo numeroso de gente modernista [...] uma assustadora adaptabilidade política [...e] um conformismo legítimo" (idem, p.243).

Explicando, por fim, a questão da atualização da *intelligentsia*, afirmou que "não se deve confundir isso com a liberdade de pesquisa estética, pois esta lida com formas, [...] ao passo que a arte [...] tem uma funcionabilidade imediata social, é uma profissão e uma força interessada da vida" (idem, p.251-252). Ou seja, se a estética trata

---

12 Sobre José de Alencar e a *fala brasileira*, ver capítulo 2, no texto a que se refere a nota 11.

das formas, a *intelligentsia* artística brasileira deveria ter se preocupado mais com os conteúdos, as mensagens e a ação. Revelou, então, o que no seu entender teria sido o calcanhar-de-Aquiles dos modernistas: "Ora, como atualização da inteligência artística é que o movimento modernista representou papel contraditório e muitas vezes gravemente precário" (idem, p.252).[13] Iniciou então, como ele mesmo chamou, a sua confissão:

> Atuais, atualíssimos, universais, [...fomos] vitimas [...] da festança em que nos desvirilizamos [; ...] uma coisa nos esquecemos de mudar: a atitude interessada diante da vida contemporânea [...]. *Meu aristocracismo me puniu. Minhas intenções me enganaram.* [...Percebo] em quase toda a minha obra a insuficiência do abstencionismo. [...] Deveríamos ter inundado a caducidade utilitária do nosso discurso, [...] de maior revolta contra a vida como está. [...] Não me imagino político de ação. Mas nós estamos vivendo uma idade política do homem, e a isso eu tinha de servir. [...] Nós éramos os filhos finais de uma civilização que se acabou [...]. Mas eis que chego a este paradoxo [...]: Tendo deformado toda a minha obra por um anti-individualismo [...] voluntarioso, [... ela] não é mais que um hiperindividualismo implacável! [...] *O meu passado não é mais meu companheiro. Eu desconfio do meu passado.* Eu creio que os modernistas da Semana de Arte Moderna não devemos servir de exemplo a ninguém. Mas podemos servir de lição. [...] Façam ou se recusem a fazer arte, ciências, ofícios. Mas não fiquem apenas nisto [...]. Marchem com as multidões. (idem, p.252-255, grifos nossos)

---

13 Em fevereiro de 1942, *O Estado de S. Paulo* já publicara *O movimento modernista* em uma série de quatro artigos, mas somente até este ponto. A Casa do Estudante do Brasil, que solicitara a conferência, publicou-a na versão integral (com algumas mudanças em relação à do jornal) que consta das obras completas de Mário de Andrade. Nessa palestra, Mário não se limitou à memória e às questões estéticas, mas embrenhou-se pela política. O livro *Portinari, amico mio* traz alguns detalhes sobre as diferentes ocasiões em que Mário a proferiu (Andrade, 1995b, p.97-99), bem como sobre a crítica do Modernismo feita por Portinari (p.37).

Testemunho, memória, autocrítica: esse texto pode ser analisado de diversas formas. Faz parte do conjunto de narrativas fixadas pelos participantes do movimento, que escreveram e reescreveram sua história, a maior parte das vezes apologeticamente. No caso de *O movimento modernista*, Mário de Andrade uniu suas lembranças ao exame e ao convite à luta.

O historiador Carlos Guilherme Mota afirmou que esse texto contém um exame dos "registros aristocratizantes de sua atividade [...; um] caráter político [...e uma] marca ideológica nacionalista" (Mota, 1978, p.105). A ideologia da *cultura brasileira*, defendida por diversas correntes nacionalistas, seria sustentada nesse texto mediante expressões como "estado de espírito nacional" ou "consciência criadora nacional". Criticando a produção cultural, sob os ângulos social, político e ideológico, Mário de Andrade fez também uma análise de si mesmo, de seu grupo, e de toda a intelectualidade (idem, p.105-106). Mário percebeu-se "homem-de-estudo" e lamentou não ter sido, como sempre acreditou ser, um "homem-de-ação". Modernista/nacionalista nos anos de 1920 e responsável por uma tentativa de mudança social pela via cultural nos anos 1930, Mário entrou nos anos 1940 com a sensação pessoal de não ter cumprido seu dever e com a certeza de que fez parte de um grupo artístico apenas prenunciador, que se enganara ao pensar que estava fazendo história.

Alfredo Bosi encontrou nesse texto algumas oposições freqüentes: aristocracia/burguesia; brasileiros/imigrantes; "nobreza" paulista/classe alta carioca (Bosi, 1992). Percebeu também três tipos de discurso: o narrativo, que conta fatos do movimento; o histórico-genético, que os interpreta e os coloca à luz do primeiro pós-guerra; e o crítico e estético, que fala sobre a linguagem, a pesquisa, a vinculação arte-sociedade-política. Há, porém, uma quarta possibilidade caminhando com essas, sobre a função do intelectual. Apesar de assemelhar-se ao discurso de autocrítica pública, característico dos palanques políticos de esquerda, Mário de Andrade o construiu à maneira idealista – sua tese principal é a de que os acontecimentos históricos seriam precedidos pelos artísticos, criadores de "estados de espírito revolucionários". Assim, os intelectuais seriam capitais na transformação da sociedade.

Mário de Andrade sabia que esse texto ia dar o que falar, mas desejava que também desse o que fazer. Em carta de 7 de julho, escreveu ao amigo Paulo Duarte:

> [Enviei] hoje o meu "curioso" ensaio sobre o "Movimento Modernista" [...]. Me falaram que no Rio, o pessoal está assanhado pra atacar a coisa, primeiro pelo antipaulistismo tradicional e... natural dos brasileiros e [...] por causa do final. O final bole [...] com a própria mocidade e esta não está querendo se incomodar. Então já inventaram um mito novo: "O Mário foi muito injusto consigo mesmo" [...]. Mais uma vez fracassei nas minhas intenções. (Duarte, P., 1977, p.241)

Atualidade de Chopin

Em uma carta de 7 de julho de 1942, Mário de Andrade contou a Paulo Duarte sobre sua inesperada reintegração, após dificuldades jurídicas e policiais, no posto de catedrático de História da Música no Conservatório Dramático e Musical de São Paulo, bem como sobre sua primeira incumbência:

> [A] reabertura das aulas, dia 11 próximo, vai ser arqui-plus-ultra-soleníssima e fui designado pra fazer a aula inaugural [...] sobre "Atualidade de Chopin", de que provavelmente sairá um ensaio, escrito sem pureza nem de inspiração nem de intenções. Pretendo *deformar o meu poucochinho* o gênio pra dizer uma tantas coisa minhas. (Duarte, P., 1977, p.241-242, grifo nosso)

O ensaio está em *O baile das quatro artes*. Sobre o registro dessa aula inaugural, Bosi comentou: "[É uma] espécie de medalhão no qual [...] Gilda de Mello e Souza vê [...] o rosto do próprio Mário, artista puro e homem do seu tempo" (Bosi, op. cit.). Mário de Andrade projetou-se em Chopin, fazendo com que a vida e a obra do compositor, "deformadas um poucochinho", fossem como sinais proféticos das suas idéias; revestiu-o também das qualidades essenciais, a seu ver, de um artista: "Chopin [...] aceitou a arte e o artista como necessidades brutais do quotidiano" (Andrade, 1943, p.138).

"Toda a sua biografia artística é o milhor padrão do artista íntegro, o milhor roteiro a seguir para o intelectual tão covarde, tão escravo, tão conformista dos tempos de agora" (idem, p.143).

O compositor polonês Fréderic François Chopin (1810-1849), filho de pai francês, teve que se exilar na França após uma fracassada tentativa de independência polonesa, seguida de sérias medidas repressivas do imperador russo. As semelhanças entre os dois momentos, 1830 e 1939, podiam levar a uma série de reflexões. Atacada simultaneamente por alemães e russos, a Polônia fora repartida pela quarta vez em sua história durante a Segunda Guerra Mundial. Houve enorme resistência interna e numeroso exílio voluntário ou forçado. A tomada da Polônia levou à morte cerca de seis milhões de poloneses, mais da metade judeus.

Além dessas similaridades históricas, Mário de Andrade criaria outras, artísticas e pessoais, como pano de fundo desse seu estudo. Para ele, o artista em geral, transformado em operário e servo da beleza, desejoso de fazer melhor sua obra de arte, não poderia ser político profissional, pois "ele não vive de sua própria vida, mas da vida da obra-de-arte. [...] Porém ele é um] revoltado por excelência contra os defeitos e feiúras da vida, contra as injustiças, as falsificações, contra as mentiras sociais" (idem, p.145-146). Assim, tudo o que o artista realizasse acabaria sendo político, mas não necessariamente partidário. Mário definiu Chopin como a maior expressão do romantismo, no qual a música fora

> compreendida como arte de exprimir os sentimentos e as idéias por meio dos sons, e se tornou uma linguagem. Mas como lhe era impossível ter a intelegibilidade da linguagem das palavras, a conceberam como "linguagem do inexprimível" – a linguagem que conseguia penetrar o impenetrável e nos tornar conscientes de tudo quanto, em nosso mundo interior, a palavra não podia exprimir. (idem, p.147)

Em diversos textos, o artista em geral fora definido por Mário de Andrade como "o *out-law*, o fora-da-lei, o não-conformista inato" (idem, p.151). O autor encontrou excessos no uso dessa liberdade no tempo de Chopin, já que a música, "considerada linguagem, estava profundamente desvirtuada em sua realidade essencial" (idem, p.152). Isto teria gerado um sem-número de compositores e obras, a maioria medíocres. Chopin salvou-se, pois sua obra seria "ao mesmo tempo francamente revolucionária e intrinsecamente clássica! E este dualismo antitético [...] se amaina numa comunhão fecunda" (idem, ibid.). Mesmo a virtuosidade, tantas vezes criticada por Mário em outros textos, teria características virtuosas em Chopin (idem, p.155).

Chopin deixou diversos registros de seu aristocratismo. Mas, segundo Mário de Andrade, agradou tanto à elite quanto ao povo. Usando freqüentemente temas folclóricos, compôs, além das *polonaises*, também mazurcas, cracovianas, escocesas; por tudo isso, para Mário,

> Chopin é tudo!... Chopin é romântico [...], mas trai o Romantismo pelo seu equilíbrio clássico [...], trai a sua classe de pequeno burguês, vivendo [...] entre nobres escolhidos e ricaços, assim como vive entre artistas sonhadores. [...] Ele vive o domínio exato da arte, por ligação do aristocracismo do artista erudito com o popular e até mesmo o popularesco que ele não renega. [...] E nacional, racial sofrendo com sua gente [...]. Mais uma vez [...], a Polônia se vê reduzida a um destino de escravidão [... . Os] prantos e a revolta de Chopin se universalizaram [...]. Nisto reside a atualidade *simbólica* de Chopin. (idem, p.161-165, grifo nosso)

A 31 de agosto de 1942 o Brasil declarara estado de guerra contra a Alemanha e a Itália, e em julho de 1944 começara o embarque dos brasileiros para a Europa. Reapareceu no artigo *Chopin*, de 3 de setembro de 1944 (Andrade, 1963b, 378-382), o "simbolismo" supracitado; aproveitando-se do monumento ao compositor no Rio de Janeiro, Mário de Andrade discorreu sobre pátrias e povos. O austríaco Otto Maria Carpeaux (ou Karpfen, 1900-1978), naturalizado brasileiro, chegara ao país em 1939, fugindo da guerra; ao tentar repor em seu lugar as coisas "deformadas um poucochinho" sobre o compositor polonês em seu artigo *Equívocos chopinianos*, de 29 de setembro, garantiu mais um desafeto no Brasil (cf. Coli, 1998, p.363-375). Mário não podia replicar, pois não houve uma citação explícita de seu trabalho, mas acusou, em 5 de outubro, certa crítica "fascista" de esconder-se sob "o internacionalismo da Kultur, pela liberdade da Arte Pura" e de confundir propositalmente o sentido dos escritos alheios, como ao substituir o conceito de "povo-raça pelo de povo-classe" (idem, 156).

Café[14]

Após *Pedro Malazarte*, a opinião de Mário de Andrade sobre ópera começou a mudar. Seus conceitos anteriores foram revisados quando conheceu mais profundamente algumas das chamadas óperas históricas, como *Guilherme Tell*, de Rossini, e *Boris Godunov*, de Mussorgsky. Ou quando reconheceu a importância do coro para Schiller, particularmente na ópera *A noiva de Messina*. Nas *Enfibraturas do Ipiranga* quase todos os personagens se expressavam em coro, em uma ação contínua, e em *Pedro Malazarte* o coro representava o Brasil. No *Ensaio* Mário já alertara sobre o valor social do coral (Andrade, 1972, p.64-65). Se, por um lado, o personagem/coral passa a idéia da energia do coletivo, por outro também retira a individualidade dos papéis, personificando situações, profissões, ideais.

O contato com a estética do realismo socialista fez com que a possibilidade de uma ópera "reformada" ganhasse força no espírito

---

14 Neste estudo foi utilizada a versão de *Café* do volume de *Poesias completas*, de 1955, acrescida da sua *Descrição*, incluída nas edições posteriores. Os originais foram cedidos à época por Francisco Mignone. Desde 1987 há também uma edição crítica feita por Diléa Zanotto Manfio. Flávia Camargo Toni e Marcos Antonio de Moraes têm trabalhado em seus manuscritos e rascunhos depositados no Instituto de Estudos Brasileiros.

criador de Mário de Andrade, materializando-se em *Café* (Coli, op. cit., p.324-330), um texto idealizado em 1933 para ser um romance, somente finalizado em 1942 sob a forma de libreto de ópera. Essa reforma dar-se-ia pela via dos assuntos, deslocando o foco temático do "amor" para a "sociedade", porém sem desconsiderar suas idéias estéticas, humanitárias e religiosas. Na opinião de Telê Lopez, Mário acreditava que "fazendo teatro ligado à música poderia chegar também a um maior alcance de comunicação com o público como a ópera conseguia. Revalida pois a ópera dentro da circunstância, isto é, dentro da necessidade social" (Lopez, 1972, p.248).

O café, fonte de riqueza para o estado de São Paulo e para o Brasil, foi uma das constâncias na obra de Mário de Andrade. O impacto causado pela crise mundial do fim dos anos 1920 e a sua repercussão na cultura cafeeira, bem como a queima dos estoques de café nos pátios paulistas e santistas, faziam desse fruto um excelente tema para uma ópera brasileira. Em carta a Paulo Duarte, de 18 de outubro de 1942, Mário assim resumiu os pressupostos e a estrutura de sua ópera:[15]

> [O] teatro cantado sempre existiu e com dignidade humana. Se chamou tragédia grega, [...] Chegança e Bumba-meu-Boi, teatro Nô [...]. Até que um dia perdendo validade social, [...mudou] de nome e se chamou "ópera" [...]. Então parti da força coletivizadora do coro e imaginei um melodrama [...] coral, onde [...] os personagens são massas corais. [...Obedecendo] ao princípio [...] de que a depreciação dum valor econômico fundamental traz a insatisfação pública que se revolta e muda o regime político, esbocei o meu "Café". No 1º ato, duas cenas, os colonos discutem [...] com os donos e comissários da Companhia Cafeeira S.A. pelo não pagamento e acabam se despedindo; e na 2ª cena, [...] os estivadores sem que fazer são violentamente hostilizados pelas suas mulheres [...] reclamando pão. O segundo ato é [...] um bailado coral, primeiro o "Êxodo" trágico dos colonos pela estrada e depois a

---

15 Mário de Andrade comentou mais sobre *Café* no rodapé *Mundo musical*, em dois artigos, reunidos e comentados por Jorge Coli no seu livro *Música final* (1998, p. 100-107; 316-338).

"Câmara dos Deputados", um ballet cômico [...]. E o 3º ato é a revolução e sua vitória. (Duarte, P., 1977, p.253-254)

Entusiasmado, Mário de Andrade afirmou em outra carta: "Tá bonito mesmo, companheiro. Familiar como dicção, mas de uma elevação danada" (idem, p.257). Sua estrutura é a da ópera tradicional, dividida em atos e cenas, com números específicos para cada situação, à exceção do terceiro ato, que possui um fluxo contínuo. *Café* possuía, a princípio, somente personagens/corais. No segundo ato, Mário posteriormente introduziu as personagens/solistas "Deputado da ferrugem", "Mãe" e "Homem zangado" e, no terceiro ato, "O rádio", um locutor. O "Homem zangado", líder que conduziu as massas na luta até a vitória contra o *mau* governo e seus mandantes, simbolizava as forças do *bem*.

Mário de Andrade deixou ao futuro compositor algumas indicações de inclusão de peças folclóricas nos momentos das lutas, além de especificar uma embolada para a personagem "Deputado da Ferrugem", assim como havia feito para o "Malazarte". Mas em *Café*, esses índices de construção de obra nacionalista, como temática e língua brasileira, ritmos, formas e instrumentação musicais, não são os pontos centrais. Mário preocupou-se, por um lado, com as massas corais e com a forma poética, livre e polifônica:

[Os Estivadores] [...] Que farei agora que o café não vale mais!

Essa força grave da terra era também a minha força
      |me ensinava
Ela era verde e - |desenhava   o futuro
      |me desvendava
Ela era encarnada e audaciosa
Era negra e aquentava o meu coração [...]
(Andrade, 1966, p.343)

Por outro lado, e principalmente, Mário de Andrade preocupou-se com o assunto. O enredo trata de uma revolução popular bem-sucedida, resultante da crise internacional que gerou a estagnação do comércio cafeeiro, o empobrecimento campesino, o êxodo rural e a fixação de migrantes nas cidades e em cortiços.

Mário chamou as *Enfibraturas* de oratório profano. *Café* poderia chamar-se "ópera sacra", pois, mesmo tendo como enredo a crise cafeeira e uma revolução do proletariado, alude intertextualmente ao Êxodo e ao Apocalipse – no uso constante da expressão EU SOU, em maiúsculas, lembrando o nome de Deus revelado a Moisés – e ao Evangelho de João – como nas referências à fonte da vida e à palavra que tudo gerou. Para o evangelista, "Deus é amor" (I Jo 4, 8), mas em *Café*, Deus revelou-se como uma *força* ao mesmo tempo criadora e vingadora. Amalgamada ao princípio da morte e ressurreição, apontada pelo autor como determinante para a criação de *Café*, essa força manifestar-se-ia na história da humanidade mediante os anseios populares, e teria se encarnado no líder revolucionário.

Nos evangelhos, lê-se que sementes plantadas na boa terra frutificam em abundância, e que foi necessário que o Cristo morresse e ressuscitasse para que todos tivessem vida. Paralelamente, a dialética presente no ciclo de vida do café (semente que morre dando lugar à planta, planta que gera frutos e que também morre, adubando a terra para as novas sementes) foi mesclada por Mário de Andrade à personagem renascida do "Homem Zangado":

> Mas eu entrei na cidade inimiga
> e os meus pés não queriam andar de saudade
> E a Terrível [...] me fez passar pelas sete provas da promissão.
> [...] Então a cidade insidiosa, cheia de música e festa,
> Passou a mão de bruma nos meus olhos, me convidando a esquecer.
> Mas eu com uma rosa roubada na abertura da camisa
> Gritei no eco do mundo: EU SOU!
> [*Eco fora de cena:*] – EU SOOOU!... EU SOOOOOOOOU!...
> Pois então a cidade se fez mãe e eu descansei nela uma noite e um dia [...].

E depois que descansei a noite e o dia
A cidade boa me levou para os chãos mais felizes da terra [...].
Raça culpada, raça envilecida maldita,
Os gigantes da mina com os seus anões ensinados
Traíram a cidade e os chãos felizes.
E tudo foi, tudo será desilusão constante
Enquanto não nascer do enxurro da cidade
O Homem Zangado, o herói do coração múltiplo [...].
O herói vingador já nasceu do enxurro das cidades.
Ele é todo encarnado, tem mil punhos, o olhar implacável
Todo ele comichona impaciente no desejo voluptuoso da morte [...].
O seu chapéu de aba larga é levantado na frente
Ele tem uma estrela de verdade bem na testa
Ele tem um corisco no sapato
E um coração humano no lugar do coração.
(idem, p.360-361)

Café contém também uma menção à tradição de Verônica, piedosa mulher que teria enxugado o rosto de Jesus no caminho da *via crucis*. Uma variação de um trecho do seu canto (*Dolor sicut dolor meus*), executado às sextas-feiras da Paixão, é dita e repetida pela "Mãe" (*Falai si há dor que se compare à minha*). Além do tom religioso, pelas orientações estéticas, técnicas, cenográficas e de figurino ditadas por Mário na introdução da obra, essa "Mãe" personificaria as revoluções, burguesas ou proletárias, no que elas têm de sentimento e força femininas.

Se em *Cultura musical* Mário incentivara os alunos a adiantarem a aurora, pelo menos na ficção de *Café* a utopia chegara. Em um ponto eqüidistante entre a mimese e a catarse, no último ato, *Dia novo*, um rádio transmitiu as etapas da luta, bem como a conquista final: "Vitória! VI-TÓRIAAA!... VIII-TÓÓÓÓ-RIIII-AAA-AA!" (idem, p.368).

Café fora destinado inicialmente a Francisco Mignone, conforme afirmou em entrevista de 1968, citada por Flávio Silva: "Mário deixou-me um libreto [...] denominado *Café*. Obra muito sofisticada que não tive coragem de musicar. Desisti cedendo [...] a Camargo Guarnieri, que nada fez. Soube, por Luiz Heitor, que um tal de Koellreutter havia musicado o libreto" (Silva, op. cit., p.162).[16] Koellreutter manifestou em diversos artigos seu apreço pelas obras de Mário de Andrade e pela sua visão do caráter social e funcional da música. Analisando o trecho de uma entrevista de 1975, Flávio Silva comentou:

> Koellreutter se proclama um seguidor de Mário [..., das] visões dogmático-totalitárias que deitam raízes no *Ensaio* de 1928, constituem uma das vertentes de *O banquete* e atingem seu ápice no "Prefácio" ao *Shostakovitch*. "Passei vinte anos mergulhado no *Café*", declarou Koellreutter; mas este é, como o "Prefácio", um "texto unilateral [...] uma proposição sem contradições". (idem, p.159)

Koellreutter musicou *Café*, que foi apresentado em 1996 em uma versão "parcialmente modal (faz uma ligação com a personagem da mãe), tonal e ao mesmo tempo dodecafônica *não-rigorosa*" (Koellreutter, 1999, p.265).[17] Luís Gustavo Petri regeu a Orquestra Sinfônica Municipal de Santos, solistas, coralistas e atores, no Teatro Municipal Brás Cubas. A encenação e adaptação estiveram a cargo de Fernando Peixoto, que incluiu um personagem narrador, interpretado por Serafim Gonzalez. No papel da "Mãe", Margarita Shack, esposa do compositor. A cena da Câmara dos Deputados foi realizada somente por atores, e a *Embolada da ferrugem*, prevista por Mário, foi apenas declamada.

Café é um libreto, logo não visou ser somente lido ou receber montagens apenas teatrais, mas sim montagens operísticas.[18] É po-

---

16 Hans-Joachim Koellreutter (1915-2005), compositor alemão radicado no Brasil desde 1937, criador do Grupo Música Viva, em 1939. Foi o principal divulgador, a seu tempo, da música contemporânea, disseminando o dodecafonismo em sua intensa atividade pedagógica (Neves, 1981, p.84-85). Em 1950, viu-se no centro da polêmica criada por Camargo Guarnieri na sua *Carta aberta aos músicos e críticos do Brasil*, que defendia o nacionalismo e atacava outras formas composicionais.
17 Mário de Andrade nunca viu *Café* encenado. "Cabe lembrar que, nos anos 60, a montagem teatral por estudantes universitários foi proibida pela censura" (Toni & Moraes, 1999, p.264).
18 Ângela Materno (1993), em seu estudo sobre *Café* sob o ponto de vista da história do

esia interessada destinada ao "teatro cantado", composto de poemas em verso e prosa que servirão de base a outro profissional, o compositor musical. *Café* aglutinou os princípios estético-sociais de Mário de Andrade: personagens coletivos e assunto social; versos melódicos, harmônicos e polifônicos; subconsciente liberto e aberto a qualquer assunto; o poeta inserido no seu tempo, compondo obras de arte capazes de produzir comoções.

Mário de Andrade tornou o libreto público, declamando-o e fazendo-o circular entre colegas e amigos. Na comemoração do primeiro ano do aniversário da sua morte, Antonio Candido declamou *Café* no auditório da Biblioteca Municipal. Vinicius de Moraes citou *Café* em um poema no qual se reconhecia no falecido amigo:

A manhã do morto

[...] Me acordam numa carícia...
O que foi que aconteceu?
Rodrigo telefonou:
MÁRIO DE ANDRADE MORREU.

Ergo-me com dificuldade
Sentindo a presença dele
Do morto Mário de Andrade
Que muito maior do que eu
Mal cabe na minha pele.

Escovo os dentes na saudade
Do amigo que se perdeu
Olho o espelho: não sou eu
É o morto Mário de Andrade
Me olhando naquele espelho.

Tomo o café da manhã:
Café, de Mário de Andrade.

---

teatro, fez interessante correlação entre a técnica do inacabado e sua aplicabilidade ao teatro, sobre a qual Mário discorre em *O banquete* (Andrade, 1989b, p.61-62).

[...] Mas sofri na minha carne
O grande enterro da carne
Do poeta Mário de Andrade
Que morreu de *angina pectoris*:

Vivo na imortalidade.
(Moraes, V., 1981, p.134-135)

Hino às Nações Unidas

Mário de Andrade planejou para o volume VII de suas obras completas a sua antiga coletânea de artigos, *Música, doce música* (Andrade, 1963a). A este livro, publicado originalmente em 1934, adicionou a conferência *A Expressão musical nos Estados Unidos*, de 1940. Oneyda Alvarenga acrescentou também 24 artigos jornalísticos da fase 1938-1942, entre eles o *Hino às Nações Unidas*, sem data nem indicação de proveniência.

Mário de Andrade publicou esporadicamente nesse período nos periódicos paulistas *O Estado de S. Paulo*, *Diários Associados*, *Diário de Notícias* e também no *Correio da Manhã* do Rio de Janeiro. Escrevera pouco, segundo o autor, por causa de seus cabelos brancos (Coli, op. cit., p.29-31), que refletiriam o seu cansaço dos combates intelectuais, e também por causa da Segunda Guerra Mundial, época imprópria para discussões estéticas.

No início do artigo *Hino às Nações Unidas*, Mário de Andrade discordou do provérbio que dizia que a arte abrandaria os costumes e adoçaria os corações. Mas, relativizando, afirmou que "nada porém como ela pra fazer com que os corações se sintam mais juntos. [...] A arte congraça e ajunta" (Andrade, 1963b, p.387). Este mesmo brocardo fora utilizado no *Ensaio*, ao referir-se sobre a força unificadora dos sentimentos que o coro teria (Andrade, 1972, p.65), bem como em *Terapêutica musical* (Andrade, 1956, p.39), ao propor a planificação da sociedade com o auxílio da música. No decorrer de seus escritos Mário fixou o seu entendimento da música como portadora de qualidades terapêuticas físicas e psíquicas. Ela seria também carregada de sentidos culturais, tanto específicos quanto universais, lembrando os conceitos antropológicos.[19] Pelo seu ritmo, harmonia e melodia, a música poderia organizar tanto o ouvinte quanto a sociedade (Coli, op. cit., p.19-21).

Mário de Andrade continuou seu artigo comparando os compositores de música erudita aos rouxinóis, sempre calados durante a guerra; no entanto, todo um "segundo time" [sic], os compositores populares, criara canções de incentivo, vitória ou protesto. Os artistas eruditos, não mais artesãos, retrair-se-iam diante das adversidades, à exceção de Shostakovich, que com sua música fácil, mas não banal, teria imprimido nos corações o sentido da unidade, compondo um cântico perfeito, o *Hino às Nações Unidas* (Andrade, 1963b, p.388-389).

A Organização das Nações Unidas (ONU) foi criada oficialmente em 1945, após a morte de Mário de Andrade, mas seus estudos, reuniões e discussões são anteriores, remontando a 1942, ano em que o presidente dos Estados Unidos da América do Norte (EUA), Franklin T. Roosevelt, começou a reunir nações contra o Eixo. Entre os primeiros signatários dessa organização estava a União das Repúblicas Socialistas Soviéticas (URSS). A ONU não possui um hino, mas em 1942, para demonstrar ao mundo a união entre URSS e os EUA, Shostakovich teria composto, juntamente com o letrista norte-americano Harold Rome, *United Nations On The March*, cantado em escolas e em reuniões públicas ao redor do mundo, em vários idiomas. Mário o conhecia em um arranjo com texto em inglês:

> The sun and the stars all are ringing,
> With song rising strong from the earth;
> The hope of humanity singing
> A hymn to a new world in birth.

---

19 Ver o capítulo 2, p.88 a respeito de *Música de feitiçaria e Namoros com a medicina*. Sobre a música e a antropologia, ver *Overture*, em Lévi-Strauss (1991, p.11-38). Sobre a questão da "universalidade" da música, ver Fubini (2001, p.109-118).

> CHORUS: United Nations on the march with flags unfurl'd
> Together fight for victory, a free new world,
> Together fight for victory, a free new world.
>
> Take heart all you nations swept under,
> By powers of darkness that ride,
> The wrath of the people shall thunder,
> Relentless as time and the tide.
>
> As sure as the sun meets the morning,
> And rivers go down to the sea,
> A new day for mankind is dawning,
> Our children shall live proud and free.

Em outros artigos Mário de Andrade afirmara que os artistas deveriam ter um compromisso com seu tempo mesmo à custa da própria felicidade. Aos compositores, nesse momento, caberia a feitura de uma música que não distraísse o ouvinte, mas que o carregasse de sentimentos humanitários. Liberto pelas condições da história das amarras da genialidade e da inspiração pura, o artista/artesão precisava servir:

> O compositor "puro" é um errado e um pernicioso que devia ser expulso da República. Ele tinha obrigação de saber que a arte presta serviço (e sempre também serviço político) e [...] como o sambista sentiu saudade da Amélia e serviu, ele sentirá saudade da Democracia e fará seu hino às Nações Unidas, sua Marcha para a Vitória, seu Esquerzo Anti-Nazista. (idem, p.115-116)

Para Mário de Andrade, Shostakovich, mencionado pelo menos desde *O artista e o artesão*, passou a personificar esse artista modelar, sendo apresentado em diversos textos como um protótipo a ser seguido: sempre a serviço da humanidade, utilizando as forças dinamogênicas musicais, colaborando para o estabelecimento de uma sociedade melhor.

Elsie Houston

Em 1943, Mário de Andrade aceitou redigir o rodapé *Mundo musical* para o jornal *Folha da Manhã*, entusiasmado por não mais precisar fazer crítica de espetáculos musicais, mas poder lavrar crônicas culturais, deixando registrada a sua percepção do mundo. Certos textos formaram grupos, como os da série *Cantador, Do meu diário* e *O banquete*. Este último foi organizado e editado em 1977 por Jorge Coli e Luiz Carlos da Silva Dantas (Andrade, 1989b). Faz parte da série *O banquete* a última matéria de Mário de Andrade publicada nesse jornal, *Salada*, de 22 de fevereiro de 1945, três dias antes da sua morte.

Dos artigos musicais que não pertencem às séries citadas, 35 foram selecionados por Jorge Coli e incluídos no livro *Musica final* (1998). Em seu primeiro artigo semanal para *Mundo musical*, Mário de Andrade elegeu o falecido compositor chinês Nyi Erh o maior músico do mundo, que com suas canções populares teria unificado seu povo contra os invasores: "[os] artistas não existem para ficar ricos ou célebres, mas para auxiliarem o exercício da vida, com as suas definições e condenações" (Coli, op. cit., p.31).

Determinados textos são um tanto obscuros. O Brasil estava sob ditadura e em guerra e os jornalistas viviam a censura do Departamento de Imprensa e Propaganda (DIP). Os rodapés de Mário de Andrade referiam-se também, por vezes, a assuntos e controvérsias não explicitadas, tidas com amigos, colegas ou desafetos. Mesmo assim, na grande maioria das vezes, Mário utilizou o espaço do jornal para, mediante as artes, falar sobre tudo o que lhe importava: nacionalismo; função sociopsicológica da música; o *ethos* e a ética da música; o artista artesão e político, comprometido com ser povo (idem, p.17-23). Alguns textos evidenciaram suas ambivalências teóricas; outros revelaram um Mário tão desajeitado quanto ansioso pela derrota do Eixo, ao desejar o extermínio "dos alemães, dos japoneses, dos italianos e de todos os povos totalitários, de todos os racistas, e de todos os detratores do direito dos povos e do povo" (idem, p.140).

Para Mário de Andrade, virtuosismo e imodéstia andavam juntos. Apesar de estender esse atributo a todos os músicos, sempre afirmou que a vaidade seria o mais grave defeito do intérprete. Ser musicalmente brasileiro implicaria em uma opção tanto ética quanto moral, atitude ainda mais difícil para os cantores por sua ligação direta com o público e seus aplausos:

> A consagração de si, a vaidade individual são tentações fortes diante do rigor e austeridade exigidos pela arte. [...] Ora, a vocação sacrificial que percorre a obra de Mário de Andrade o faz exasperar-se contra isso. Ele exige do artista – e do intérprete em particular – uma atitude de humildade diante de sua tarefa. [...As] atividades em favor de uma arte nacional são [...] uma exigência de base. E dentre os intérpretes, nenhum o interessou tanto quanto os cantores. (idem, p.222)

Para Mário de Andrade, Chopin, Shostakovich, Nyi Erh e a cantora brasileira Elsie Houston personificariam as boas qualidades dos artistas. Em junho de 1943, quase quatro meses após o anúncio do suicídio da amiga, Mário dedicou um artigo a Elsie Houston (idem, p.42-45).[20] Mesmo nessa ocasião, quando uma "crítica apologética" seria consentida, não o fez. Baseado nas qualidades da falecida, aproveitou a ocasião para reforçar suas teses, mostrando aos seus leitores um exemplo do que considerava ser o intérprete ideal.

Mário de Andrade reconhecera em Elsie Houston inteligência interpretativa e sentimentos nacionalistas, expressos na escolha do repertório, quase sempre camerístico e prioritariamente brasileiro. Amiga de Gallet e de outros compositores, ela sempre divulgou obras nacionalistas em recitais, como em 1927, em um concerto com peças

---

20 Elsie Houston-Péret (1902-1943), carioca de ascendência norte-americana, estudou canto com Lili Lehmann (1842-1929) e Ninon Valin (1886-1961). Em 1922 conheceu Luciano Gallet, surgindo assim intensa colaboração entre ambos e posteriormente com outros nacionalistas, como Jaime Ovalle e Heitor Villa-Lobos. Casou-se com o poeta surrealista francês Benjamin Péret. Sobre a cantora, ver dissertação de mestrado de Bertevelli (2000), o livro de Tota (2000, p.99, 101, 104, 157 e 204, nota 127), e o catálogo da exposição *Negras memórias, memórias de negros*, que reproduziu 14 gravações em um CD.

de câmara e música orquestral de Villa-Lobos regido em Paris pelo próprio compositor, no qual Elsie interpretou suas canções, acompanhada por Arthur Rubinstein.

Mário de Andrade apreciava também sua tendência para a pesquisa. No ano de 1928, na cidade de "Praga, a Sociedade das Nações promovia então o I Congresso Internacional de Artes Populares. Nele, o Brasil estava representado justamente no domínio da música, através de uma comunicação brilhante de Elsie Houston" (Silva, op. cit., p.25). Para esse Congresso, a cantora enviou o trabalho *La musique, la danse et les cérimonies populaires du Brésil*, no qual descreveu manifestações folclóricas como o bumba-meu-boi, os pastoris e a nau catarineta, entre outras, e gêneros como a modinha, o coco e o samba.[21]

Mário de Andrade considerava o conhecimento da música popular de Elsie Houston "muito abalizado, como provam os 'Chants populaires du Brésil', onde são poucos os enganos e nenhum de importância grave" (Coli, op. cit., p.42). Elsie viajara pelo Norte e Nordeste brasileiro coletando material musical. Esse trabalho foi publicado em 1930, em Paris, com prefácio de Philippe Stern, que destacou a qualidade vocal e interpretativa da cantora. Na organização do seu conteúdo, o livro reproduziu o mito das três raças: "A idéia inicial baseou-se na tentativa de situar as canções publicadas entre os três pólos da cultura brasileira. [...Os] gêneros apresentados foram divididos nesses três grupos [...]: o negro, o ibérico e o índio [...]" (Bertevelli, 2000, p.92). São 42 melodias, algumas originais, outras retiradas de obras já publicadas, como chulas, lundus, emboladas e demais gêneros populares (Andrade, 1972, p.178).

As características da dicção de Elsie Houston foram observadas por Mário de Andrade quando da análise que fez de seus discos, na qual

---

21 Essa comunicação foi publicada no livro organizado por Henri Focillon, *Travaux artistiques et scientifiques du premiére congrés international des arts populaires – Prague, 1928* (Paris: Duchartre, 1931). No Brasil, foi feita uma tradução para a revista *O homem livre*, nº 10, de 1º ago. 1933.

ressaltou também a qualidade do seu *timbre*, a principal característica do canto brasileiro, tão ou mais importante que a dicção, segundo Mário. Apreciava também a divulgação que Elsie fazia da música do Brasil no estrangeiro. Entre 16 e 20 outubro de 1940, realizou-se no Museu de Arte Moderna de Nova Iorque (MoMA) o Festival of Brasilian Music, com peças folclóricas, populares e eruditas. Elsie participou desse evento, irradiado pela BBC e retransmitido pelo DIP (Tota, op. cit., p.99). Nesse momento de aproximação Brasil – Estados Unidos, ela complementaria o conceito de sensualidade transmitido por Carmen Miranda, com uma abordagem menos popular (idem, p.101). Além de suas *performances*, a cantora manteve, aproximadamente entre 1941 e 1943, "na rádio NBC de Nova Iorque, um programa semanal apresentando obras de compositores brasileiros eruditos e da música popular brasileira" (Bertevelli, op. cit., p.74). Mas Mário admirava, especialmente, a relação que Elsie manteria com a arte, sua capacidade de relegar para segundo plano a sua vaidade de intérprete em favor do canto nacional. Essa característica se evidenciaria na escolha não de peças consideradas difíceis ou de maior impacto junto ao público, mas das que fossem mais adaptáveis às potencialidades de sua voz e que representassem o momento de criação que ela acompanhava e defendia. Esse excesso de "brasilidade" não agradava, porém, à elite brasileira, que admirava Bidu Sayão. A maior parte dos cantores consultados para esta pesquisa jamais ouviu falar em Elsie Houston.

A carta de Alba

Vez por outra Mário de Andrade usava, em seus artigos, do artifício da "resposta a uma carta recebida", principalmente ao sentir necessidade de inserir certos temas pela boca de outrem. Epístolas autênticas ou fictícias eram respondidas pelo jornal. Por exemplo, Mário escreveu um retorno desaforado a um "mau" compositor brasileiro em *Elegia* (Coli, op. cit., p.108-111). Não se sabe quem seria o remetente, nem se seria real, mas, segundo Mário, esse artista estaria demasiadamente preocupado com seus problemas pessoais, com a luta pela vida, e com a valorização da sua sensibilidade e criatividade, em detrimento da luta maior.

Para os intérpretes, Mário de Andrade reservou essa réplica, em julho de 1943. Alba Figueiredo Lobo fora uma boa pianista nos tempos de solteira. Teria causado certo mal-estar ao recusar-se a tocar em uma reunião íntima. Alegou não gostar de tocar uma partitura à primeira vista, ou preferir tocar peças já decoradas. Embora Mário tenha aparentemente aceito as suas justificativas, não as acolheu verdadeiramente, e passou a contestá-las.

Para ele era vaidade apenas, e mais nada, o que fazia os pianistas só apresentarem músicas muito difíceis, ou as que conhecessem de cor. Essa vaidade teria afastado o grupo composto por Mário de Andrade, Alba e seu esposo, o escritor Guilherme de Figueiredo,[22] da alegria de cantarolarem árias juntos ou de descobrirem como soava o *Hino das Nações Unidas*. Para Mário, ao representar o papel de "estrela" mesmo dentro de casa, Alba enfatizara o culto ao gênio e à virtuosidade, reflexo do romantismo, e retirara da música sua característica de servir. Aproveitando-se desse episódio de sua vida privada, Mário direcionou suas críticas aos conservatórios, formadores de alunos como Alba, que preservariam essa tradição romântica, criando concursos que premiam não o melhor *músico*, mas o melhor "'pianista', 'violinista', primadona" (idem, p.63). Diplomariam virtuoses aos milhares, destinados aos palcos e ao seu repertório complexo. Criariam músicos que se acreditavam maiores que a música.

A originalidade de *A carta de Alba*, entretanto, encontra-se na preocupação de Mário de Andrade com a música doméstica, aquela destinada a alegrar, festejar, comemorar, e que estaria sendo banida de casa pela vaidade dos artistas e pela programação irradiada pelos meios de comunicação em massa. Mário fixou nesse artigo sua revolta contra

---

22 Guilherme de Oliveira Figueiredo (1915-1997), dramaturgo, romancista, ensaísta, jornalista e educador. Filho do General Euclides, tenentista, e irmão do General João Batista Figueiredo, futuro presidente da ditadura militar. Mário de Andrade dedicou um poema ao seu filho, Luiz Carlos (Andrade, 1966, p.315). Ver p.193 neste capítulo.

os músicos, do lar ou do palco, que se deixam vencer pelos que chamava de "os donos da vida" – os que, pelo seu poder econômico, impunham à sociedade tanto um repertório quanto uma atitude perante a arte. Convém ressaltar que Mário nunca pregou a independência dos intérpretes, mas o seu compromisso com as exigências de seu tempo.

Após seu casamento Alba estaria "desfuncionalizada" [sic], retirada do seu cargo de intérprete profissional, transformada em público doméstico do rádio e da vitrola. Segundo Mário de Andrade, Alba poderia e deveria fazer não mais a música de palco, mas a música cotidiana, que ajuda os homens a viver: "[com] ela é que você agüenta milhor seu lar, guarda milhor o seu marido, aprofunda milhor a nossa amizade feliz" (idem, ibid.).

O banquete

O banquete é uma das séries inseridas no todo do *Mundo musical*. Intercalando-se aos demais assuntos apresentados por Mário de Andrade nesse rodapé, pode ser compreendido como se fora um livro publicado em forma de folhetim, cujo primeiro "capítulo" foi apresentado a 4 de maio de 1944, sendo interrompido após 22 de fevereiro de 1945 em virtude da morte prematura do autor.

A forma dialogada, utilizada por Mário de Andrade em *O banquete*, tem inúmeros pontos de contato com os textos teatrais e com os recitativos de ópera;[23] mais que estes, porém, ela tem a função de ensinar ou doutrinar, e sua construção propicia esse fim. Reunindo cinco personagens em um almoço, ligados de alguma maneira à vida musical, Mário apresentou e discutiu temas constantes da sua ética/estética. Porém, outro competente "dialogador" contemporâneo a Mário de Andrade, Monteiro Lobato, seguiu mais fielmente o estilo, colocando na boca

---

23 Sobre as semelhanças com o *Banquete* de Platão, ver Andrade (1989b, p.12-15). A afinidade entre *A república* e o nacionalismo está explicitada no capítulo *Nacionalismo musical*, de Wisnik (1982, p.131-152).

de "Dona Benta" as palavras de sabedoria, e nos demais personagens primeiramente as dúvidas e, em seguida, a satisfação do aprendizado. O que se viu nas páginas do jornal foi o inverso: no ambiente de uma recepção, ocorreu a disseminação das falas de Mário pela boca das personagens, disputando entre si, cada qual defensora intransigente de suas convicções, sem debate nem aprendizado entre elas.

Essa série de artigos foi reunida no volume *O banquete*, em 1977, organizado por Jorge Coli e Luis Carlos da Silva Dantas. Na organização deixada visando a uma futura publicação em livro, Mário de Andrade deu os nomes de comidas e bebidas típicas brasileiras a alguns capítulos de *O banquete*: *Vatapá*, *Doce de coco*, *Café pequeno*, *O aperitivo* – a caipirinha. Contrapôs a esses elementos "nacionais" uma *Salada*, último episódio publicado: um vale-tudo gastronômico, mistura de muitos países e sabores, que a todos enfeitiçou.

No estudo dessa obra feita por Gilda de Mello e Souza, publicado nas orelhas de *O banquete*, a autora detectou níveis diferentes de compreensão para esses artigos. No *primeiro patamar*, o mais superficial, pode ser vista uma crítica ao meio musical brasileiro da época, que Mário de Andrade transferiu para uma cidade fictícia chamada Mentira, situada no país Alta Paulista, fronteiriço ao Brasil. Os personagens dessa cidade representariam tipos muito conhecidos de Mário de Andrade. Além do narrador, o autor apresentou uma representante da plutocracia internacional, "Sarah Light"[24], judia norte-americana, divorciada, que se dizia católica e tinha seus investimentos em Mentira. "Felix de Cima", político, descendente de italianos, não escondia sua vasta ignorância; mesmo assim, tinha a fama de apoiar as artes, o que fazia sempre por detrás de algum interesse, seu ou da elite. "Siomara Ponga", cantora descendente de espanhóis, a grande virtuose de Mentira, repleta de arte, sabedoria e vaidade. Segundo a terminologia do autor, esses três personagens pertenceriam à classe dominante,

---

24 *Light* era o nome da principal companhia estrangeira de força e luz atuante no Brasil; esse termo remetia à pressão das empresas multinacionais, e não somente a luz e leveza.

aos quais se juntaram outros dois, os não-conformistas. "Janjão", um compositor nacionalista inseguro quanto ao seu futuro pessoal, ao futuro da arte, e cheio de contradições próprias de sua personalidade burguesa, como a conciliação entre seu aristocracismo intelectual e seu proletarismo vivencial. A ele uniu-se "Pastor Fido", estudante de direito/vendedor de seguros/jovem e ardente, manifestando-se ora como "Sancho Pança", ora como o "Grilo Falante", pois, se às vezes secundou as falas de Janjão na defesa da nacionalidade, também não deixou de chamar-lhe a atenção quando preciso.

Gilda de Mello e Souza observou também que os assuntos abordados revelavam o pensamento do autor, de maneira difusa, "em lascas", como relatou ter ouvido o próprio Mário de Andrade explicar-se com humor, sendo uma tarefa às vezes irrealizável tentar conseguir uma coesão entre as partes. Em meio às questões políticas e à censura do GELO (Grupo Escolar da Liberdade de Opinião) – equivalente mentirense do DIP, órgão getulista –, o narrador revelou as carências de Mentira, como a má-formação musical, a instabilidade e precariedade dos corpos orquestrais e corais, a valorização do virtuosismo e a desvalorização do compositor nacional, bem como as mazelas pessoais das personagens: sensibilidades, neuroses, carências, fraquezas.

Em um *segundo patamar*, mais profundo, Gilda de Mello e Souza afirmou, dizendo-se baseada na distinção metodológica de Pareyson exemplificada a seguir, que os temas/assuntos abordados bifurcariam-se em uma Poética e em uma Estética. A Poética de Mário de Andrade (ou seja, a normatização de um programa artístico) apresentaria

> uma doutrina "programática e operativa", ligada a um momento determinado da história, que tenta traduzir em normas um programa definido de arte [...], marcada pelo que Mário de Andrade chamou a sua atitude "pragmática e utilitária" e [...que] incluiria a pregação em favor de uma arte nacional e de uma arte de combate; a reflexão sobre arte popular e arte erudita, arte individualista e arte empenhada.

Quanto à sua Estética, Mário de Andrade teria desenvolvido "uma reflexão desinteressada, de caráter filosófico e especulativo [... , analisando os] elementos permanentes da arte", como quando distinguiu inovação de academismo; estética (reflexão filosófica sobre a arte) de estesia (sensibilidade à beleza); ou quando classificou os gênios ou estabeleceu o conceito do *inacabado* (Andrade, 1989b, p.61-62) para as artes não conclusivas. Para Gilda de Mello e Souza, os terrenos da Poética e da Estética seriam, geralmente, relativamente estanques. Contudo, nos textos de Mário analisados neste livro, percebeu-se que pouca coisa foi neutra, "desinteressada" ou "intemporal"; Poética e Estética estariam, principalmente nessa última fase produtiva, profundamente interligadas.

Hans-Joachim Koellreutter escreveu uma série de artigos a respeito de *O banquete*, chamados *Nos domínios da música*. Neles, o compositor afirmou que "Os conceitos emitidos por Mário de Andrade [...] significam um apelo e uma advertência aos artistas [...] e, em especial, ao músico no Brasil" (Koellreutter, 1997, p.113). Colhendo e ampliando citações e conceitos de Mário, Koellreutter inseriu neles seu próprio pensamento, naquilo que se referia a arte interessada, educação musical, princípio de utilidade da música, artesanato e arte, nacionalismo e internacionalismo, crítica musical, e outros. Fundamentalmente, esses dois expoentes da música brasileira pouco teriam em comum. Mário até lhe deu algumas alfinetadas indiretas, ao criticar as técnicas dodecafônicas e o germanismo na música, em artigos do mesmo *Mundo musical*, preparando assim a *Carta aberta aos músicos e críticos do Brasil*, cuja autoria se atribui a Camargo Guarnieri. Indiferente a tudo isto, Koellreuter salientou as idéias que teria em comum à época com Mário, e que seriam a de uma visão organizada e planificada de educação musical e do artista como operário da humanidade. Essa ligação consumar-se-ia em um outro contexto, quando Koellreutter compôs a música para *Café*.

Siomara Ponga

No verbete *canto* do seu *Dicionário musical brasileiro*, Mário de Andrade registrou: "[ato] de emitir sons com o órgão vocal; inflexão da voz" (Andrade, 1989a, p.105), passando a explicar expressões derivadas. Já no verbete *cantor*, após informar que é "[aquele] que canta; poeta", o autor incluiu o trecho de um artigo de jornal de 1930, sobre superstições populares:

> [...] Quem quiser ter boa voz, mate uma araponga, coma cru seu coração e laringe, jogue o seu corpo num rio e cante [...] as seguintes trovas:
>
> Araponga, minha amiga,
> Para ter voz te matei,
> Busca em paz teu jazigo,
> De ti não me esquecerei.
>
> Dói-me n'alma o sacrifício,
> Que te impus com tanta dor,
> Choro assim o malefício,
> Treinando pr'a trovador.
>
> Vai em paz ó boa amiga,
> Deixa a mim a tua voz,
> Que embala, cresce e mitiga,
> Té do rio a sua foz.
>
> Adeus, amiga que vai,
> Louvarei com esta canção,
> Junto às noites estivais,
> De meu bem, o coração. [...]
> (idem, p.107)

Com tanto material possível de ser incluído, Mário de Andrade selecionou justamente esse, que indicava que das arapongas (dos cantores?) aproveitar-se-iam o coração e a laringe. Na ave da crendice apenas o sentimento e a fisiologia eram importantes. Porém, a personagem hispano-mentirense "Siomara Ponga", de *O banquete*, foi apresentada como possuidora de um cérebro privilegiado, o que lhe aumentaria a culpa: viajara por muitos países, conhecera os escritos de Mário, estudara estética, línguas e outras humanidades. Mesmo assim, engolfada pelo círculo vicioso da vaidade, preferira ser "virtuose" a ser "virtuosa".

Com as letras e os sons do nome de "Siomara Ponga" é possível encontrar outras palavras, como a *araponga* cantada acima, ave conhecida por seu canto metálico e penetrante; já o verbo *pongar* significa pegar um veículo em movimento, e aplicado à cantora revela que ela "ia para onde os ventos sopravam, desde que os ventos fossem públicos. Não que ela aderisse, [...mas] se ela não aderia, ela concedia" (Andrade, 1989b, p.160). Ao fazer suas escolhas, apostava no certo, e pongava: cantava apenas o repertório tradicional, exibindo suas habilidades de virtuose. Com a desculpa de estar "servindo o seu público", como dizia, amansara-se, academisara-se, vítima de sua vaidade de artista.

Sendo o inverso da real Elsie Houston, "Siomara abdica de uma carreira que expressasse a música nacional em plena construção e que daria um sentido de utilidade profunda à sua arte" (idem, p.26). Mas, apesar de ser uma excelente intérprete e de encantar o público, Siomara não cantava as obras dos compositores nacionalistas com a desculpa de que suas músicas "podiam ser lindas, mas vocalmente não 'rendiam', não ficavam bem pra voz. Podiam estragar a voz dela" (idem, p.51). Seus recitais seguiam sempre o mesmo padrão:

> uma primeira parte com alguns classiquinhos pra bancar cultura; uma segunda parte dedicada ao lied romântico ou feita de franceses; e uma terceira parte de variedades, em que glissava pra chamuscar patriotismos, uma peçazinha ou duas de compositor da terra em que estava e [...], no final, uma peça malabarística, indecente como valor artístico, mas que fazia a casa vir abaixo. (idem, p.52)

Mário de Andrade identificou cantores com arapongas. Na tradição literária, a vaidade já fora personificada por outra ave, como firmou La Fontaine[25] na fábula do corvo e da raposa. Sabia que a

---

25 "O senhor corvo numa árvore empoleirado / Segurava no seu bico um queijo. / A

vaidade não era privilégio dos cantores, mas em *O banquete*, ao personificar essa qualidade em Siomara, demonstrou seu grau de importância para ele, pois seria no canto, ao unir-se ao idioma, que a música nacional teria sua expressão mais perfeita.

Biblicamente, vaidade é o apego às coisas materiais e às honrarias mundanas, com prejuízo do progresso espiritual, refletindo um estado de vida caótico. O livro de Eclesiastes, capítulo primeiro, versículo dois, anuncia: "Vaidade das vaidades – diz Coélet – vaidade das vaidades, tudo é vaidade". Vaidade dos prazeres, das riquezas, do poder e até da sabedoria: de tudo isto o pregador alertou que só restará o pó. Nessa visão, absorvendo todos os tipos de desordens humanas, a vaidade seria o vício que mais afastaria o homem de Deus. Para Mário de Andrade, ela também afastava o artista da arte. No projeto artístico-musical-apostolar defendido por ele não havia lugar, naquele momento, para alguém cuja primeira preocupação não fosse voltada para o serviço à humanidade.

Entrevista – *Acusa Mário de Andrade: "Todos são responsáveis!"*

Durante toda a sua vida Mário de Andrade concedeu algumas entrevistas, grande parte delas incluídas no livro *Entrevistas e depoimentos*, organizado por Telê Ancona Lopez (Andrade, 1983). Em um encontro com Francisco de Assis Barbosa, da revista carioca *Diretrizes*, a 6 de janeiro de 1944, Mário enveredou por temas como a importância do modernismo e as transformações no Brasil decorrentes

---

senhora raposa, pelo odor atraída, / Disse-lhe aproximadamente estas palavras: / <<Bom-dia, senhor corvo, / Como sois bonito! Como me pareceis belo! / Sem mentir, se o vosso gorjeio / For semelhante à vossa plumagem, / Vós sois a fênix dos habitantes destes bosques.>> / Com estas palavras o corvo não cabe em si de contente; / E para mostrar a sua bela voz, / Ele abre o grande bico e deixa cair a sua presa." Disponível em: <<http://www.lafontaine.net/fables/afficheFable.php?id=2>>. Acesso em 14 jul. 2003.

desse movimento; a função do artista; democracia, guerra e nazismo. Começou por uma das suas constâncias, a controvérsia entre arte pura e arte interessada:

> Acho que o artista [...] jamais deverá fazer uma arte desinteressada. O artista pode pensar que não serve a ninguém, que só serve à Arte, [...] está servindo de instrumento [...] para coisas terríveis. É o caso dos escritores apolíticos, que são servos inconscientes do fascismo, do capitalismo, do quinta-colunismo. (Andrade, 1983, p.103)

Assim como em *Elegia de abril* e *O movimento modernista*, Mário de Andrade fundiu o trabalho artístico com o intelectual. De maneira contundente, não desculpou os "escritores, prosadores e poetas, ficcionistas [...,] pintores, escultores, arquitetos [e] músicos" (idem, p.103-104) que, libertos dos mecenas dos quais dependiam até meados do século XIX, teriam passado a ser, na sua opinião, irresponsáveis. Já que a sociedade passara a lhes dar tudo, esses profissionais teriam obrigação de defendê-la: "não são muitos os que entre nós se capacitaram disso. Uns por não possuírem consciência profissional. Outros por não possuírem consciência de espécie alguma" (idem, p.104).

Explicou também sua obra. Disse que sempre se exercitou fazendo poesia e prosa tradicional, mas que somente publicara obras que dessem o que pensar, seja pela forma, seja pelo conteúdo. Em *Amar, verbo intransitivo*, afirmou que o assunto lhe interessara menos do que as questões da língua. E em *Macunaíma*, Mário de Andrade desejou "escrever um livro em todos os linguajares regionais do Brasil. O resultado foi que [...] me fiz incompreensível até para os brasileiros" (idem, p.105).

Ao falar sobre a sua *Gramatiquinha*, Mário revelou uma alteração no seu discurso. Se antes dera importância à *fala brasileira* como fator cultural e de unidade nacional, naquele momento percebia que não cometer o "erro de português" poderia ajudar nessa unidade:

> Não tinha a pretensão de criar uma língua brasileira. Nenhum escritor criou língua nenhuma. [...] É ainda muito cedo para escrever-se uma

Gramática da língua brasileira. Eu queria prevenir contra os abusos do escrever errado. Estávamos caindo no excesso contrário, [...] criando o "erro de brasileiro". [...Eu] estendo a questão até o problema ortográfico. Considero um problema de ordem moral. [...] Acredito que a questão ortográfica tem contribuído muitíssimo para a desordem mental no Brasil. E de certa forma tem impedido a muito escritor de formar uma verdadeira consciência profissional. (idem, p.106)

Sobre arte interessada, liberdade artística e *artefazer*, afirmou:

toda obra de arte é [...] nascida duma circunstância ocasional, social ou individualista, a que o artista atribui o seu interesse. Nesse sentido, não é a arte que se modifica, mas a qualidade do interesse que leva o artista a artefazer. [...] *Elegia de abril* e *O movimento modernista* provam que não sou nenhum místico da liberdade do pensamento, mas [...não] é possível [...] imaginar democracia sem opinião pública, [...nem] liberdade de pensamento sem aquisição de uma técnica de pensar, coisa muito menos freqüente do que se pode supor. (idem, 107)

Criticou o intelectual que apenas reagia aos acontecimentos, porque o "não-conformismo do intelectual não está apenas em gritar e assinar: 'Sou antinazista!', 'Sou pela democracia!' [... . Na ação] está a responsabilidade pública do intelectual" (idem, p.108). Sentindo, naquele momento, "que é a essência mesma duma civilização que periclita", afirmou que "[o] artista não só deve, mas tem que desistir de si mesmo. Diante duma situação universal de humanidade como a que atravessamos, os problemas profissionais dos indivíduos se tornam tão reles que causam nojo" (idem, p.109).

Na ocasião dessa entrevista, Mário relatou ao repórter que passara também a colaborar no jornal carioca *Correio da Manhã*, mostrando-lhe o seu primeiro artigo, sobre Shostakovich, no qual retomava a questão da arte interessada. Esse compositor, tantas vezes referido, seria o objeto de seu último ensaio musical.

Chostacovich e Meditação sobre o Tietê

Em 1945, além de continuar a escrever para o *Mundo Musical*, Mário de Andrade terminou de compor, a 12 de fevereiro, o poema *A meditação sobre o Tietê*. As referências a esse rio e à cidade de São Paulo estão entre as constâncias dos seus textos.[26] Transfigurando-se em Tietê, símbolo da marcha para o interior, Mário repassou sua vida e obra a limpo. Inseriu no poema uma de suas últimas constâncias, encontrada em diversos artigos e cartas, o termo *demagogia*:

A meditação sobre o Tietê

> Água do meu Tietê,
> Onde me queres levar?
> – Rio que entras pela terra
> E que me afastas do mar...
> É noite. E tudo é noite. Debaixo do arco admirável
> Da Ponte das Bandeiras o rio
> Murmura num banzeiro de água pesada e oliosa. [...]
> Eu vejo, não é por mim, o meu verso tomando
> As cordas oscilantes da serpente, rio.
> Toda a graça, todo o prazer da vida se acabou.
> Nas tuas águas eu contemplo o Boi Paciência
> Se afogando, que o peito das águas tudo soverteu.[...]
> Onde estão os amigos? Onde estão os inimigos? [...]
> E os Prados e os crespos e os pratos e os barbas e os gatos e os
> línguas [...]
> Calípedes flogísticos e a Confraria Brasiliense e Clima
> E os jornalistas e os trustkistas e a Light [...]
> Tu és Demagogia. A própria vida abstrata tem vergonha
> De ti em tua ambição fumarenta.
> És demagogia em teu coração insubmisso.
> És demagogia em teu equilíbrio anticéptico

---

26 Em 1922, em seu livro *Paulicéia desvairada*, Mário de Andrade já publicara seus primeiros poemas sobre São Paulo e sobre o rio Tietê. Ver capítulo 1, p.33.

E antiuniversitário [...]
(Andrade, 1966, p.305-308)

Esse longo poema desliza como o Rio Tietê, da metrópole para o campo, começando com versos rimados, para seguir em versos livres. A deturpação das palavras e as aliterações e trocadilhos lembram o Mário de Andrade da primeira fase do modernismo, enquanto os personagens/locais aludidos rememoram sua trajetória, de "Prados" (os patrocinadores dos modernistas) a "Clima" (representantes da nova intelectualidade). A palavra "trustkistas" revelou-se ao mesmo tempo antiimperialista e pró-soviética, ao unir em um só conceito *truste*, estrutura empresarial monopolista, a *trotskistas*, os seguidores das idéias de Leon Trotski, tidos por contra-revolucionários pelos membros do Partido Comunista.

Guilherme de Figueiredo,[27] na apresentação do livro *Dimitri Shostakovich*, de autoria de Victor Seroff, relatou que ao ser convidado para traduzi-lo lembrara de uma reunião na qual, além dele, estavam presentes Mário de Andrade e Carlos Lacerda. Após longa discussão sobre a função social da música, os três amigos ouviram as *Três danças fantásticas* e a *Quinta Sinfonia* de Shostakovich. Essa lembrança o fez aceitar a encomenda de Frederico Chateaubriand, na condição de que Mário pudesse prefaciá-la:

> O prefácio aí está. É talvez uma das páginas mais importantes de Mário de Andrade. Foi o último trabalho desse admirável escritor, o mais completo e complexo de quantos tenham aparecido no Brasil. Dias depois de o terminar, Mário de Andrade morria em São Paulo. É necessário considerar este estudo como a sua última mensagem, densa de preocupações pelo drama que o mundo atravessa, [... e] pelo destino democrático do Brasil. (Seroff, 1945, p.7)

---

27 Ver p.175 e 182 deste capítulo. Ver também notas 6 e 22.

Mário de Andrade marcara 1922 com o *Prefácio interessantíssimo*. Marcou também 1945, ano da sua morte, com o prefácio *Chostacovich*, ou simplesmente *Prefácio*, como ficou conhecido. O *Prefácio* foi entregue ao editor em janeiro, mas o livro só foi lançado no mês da deposição de Getúlio Vargas, outubro. O compositor Shostakovich vinha sendo estudado e analisado por Mário fazia algum tempo, em diversos artigos, sempre significando o artista que se colocava a serviço do seu povo e de seu tempo. Em janeiro de 1943, Camargo Guarnieri reclamou da "moda" Shostakovich nos Estados Unidos, em uma carta a Mário. Para o compositor, a celebridade do colega russo fora forjada pelas circunstâncias e pelos sentimentos antinazistas, pois considerava-o banal e populista. Mário discordou:

> a minha opinião [...] não é bem a sua e admiro mais a ele do que V. parece admirar. [...Me] parece que V. não situou o homem [...] pra compreendê-lo melhor e apreciá-lo nas suas lutas e a lealdade com que ele procura solucioná-las [...]. Ora, o problema [...] com que ele tem a lutar é justamente esse, *fazer música "erudita" mas que seja tão "fácil" que seja popularmente compreensível pelas massas, porém "fácil" e não "banal"*. (Silva, 2001, p.295, grifos nossos)

De acordo com Flávia Toni (Silva, op. cit., p.295-296) e Jorge Coli (op. cit., p.405), Mário de Andrade conhecia diversas obras de Shostakovich. Em todas essas obras, criticava as soluções musicais por vezes oportunistas, elogiava o emprego de elementos dos *ethos* musicais gregos e o sentido de organização social atribuído à música.

O texto do *Prefácio* caminha ambiguamente. De tom laudatório e apologético, a sua preocupação maior foi conscientizar os leitores brasileiros da necessidade de uma arte empenhada na construção de sua nação, e de um artista servidor da sociedade mesmo à custa de sua criatividade e originalidade. Mário de Andrade ora criticou as particularidades estéticas das composições que lhe eram desagradáveis, ora valorizou o aspecto funcional das obras. O *Prefácio* evidenciou também a relação de Mário com o comunismo. Explicando a censura à *Lady Macbeth de Minsk*, afirmou:[28]

> não foi atôa [sic] que por um tempo ela caiu no desfavor dos teóricos e dirigentes da Rússia soviética. Caso histórico aliás admirável – um bonito exemplo de humanidade dentre os que o Comunismo já deu ao mundo. É certo que entre músicos, críticos, teóricos de arte houve muita sujeira, muita imoralidade de traição [...]. Mas isto só serve para provar que na sociedade mais ideal desse mundo, o indivíduo se conservará sempre o mesmo bicho irregular que é. Em compensação foram admiráveis [...] os dirigentes dos sovietes, na sua repressão compreensiva e expectante, o compositor em seu mutismo e esforço posterior de readaptação, e o povo russo, conservando o músico na sua simpatia. (idem, p.399)

Utilizando a análise do texto por camadas, proposta por Gilda de Mello e Souza para *O banquete*, verifica-se que, em um primeiro nível de compreensão, Mário de Andrade abordou, difusamente, os seguintes assuntos no *Prefácio*: o compositor e a sua obra; análise da vinculação do artista com o regime comunista; apresentação dos aspectos formais da sua composição; valorização dos elementos da música ocidental nela encontrados, em especial dos *ethos*. Em um segundo patamar, a bifurcação em Poética e Estética sugerida evidencia-se impossível, pois no *Prefácio* o plano da Poética, de caráter utilitário e pragmático (o *como compor*), é indissolúvel do plano da Estética, de caráter filosófico e especulativo. Os chamados *conceitos gerais/universais da arte* encontram-se totalmente a serviço de uma ideologia, podendo ser virados do avesso, se preciso:

> Ora, o princípio de euforia, [...] de apoteose, nos finais das obras longas, é elemento psicológico, terapêutico até, universalmente reconhecido e estatuído, que a gente rastreia com facilidade mesmo dentro do

---

28 Junto aos artigos analisados do *Mundo musical*, Jorge Coli reproduziu o texto *Chostacovich*, aqui utilizado como referência pela sua maior disponibilidade atual.

mais setíneo Debussy. A solução formal de Chostacovich, de acentuar popularisticamente os finais, é didático. É uma demagogia. [...] O que carece verificar é que desses elementos demagógicos utilizados por ele, uns são legítimos, muito bem inventados, outros são menos legítimos e menos felizes, e outro aborrecíveis e repudiáveis. (idem, p.400)

Segundo Jorge Coli, para Mário de Andrade, a demagogia "não é ruim 'em si'. Ela não é forçosamente 'enganadora' dos povos; ela é a 'condutora'" (idem, p.308). Mário parecia usar o termo *demagogia* de várias formas, poética e convenientemente. Aplicada às soluções musicais encontradas por Shostakovich, a boa demagogia refere-se ao uso "saudável" da tradição musical tonal; a má liga-se tanto à banalização de fórmulas consagradas desse sistema quanto à introdução de elementos exógenos desagregadores:

> na urgência de criar uma música que fosse política, comunista e proletária, porém que conservasse o nível da música erudita, de base fatalmente burgues-europeia [sic], nem todas as soluções adotadas por Chostacovich são satisfatórias. Si ele aceitou com lealdade os elementos musicais demagógicos, nem sempre as suas demagogias sonoras levam o povo à virtude, mas ao vício. Si aceitou com franqueza a liderança melódica e suas conseqüências estratégicas de espírito, de estilo e de técnica, nem sempre ele soube se conservar dentro da pureza melódica e da necessária facilidade do accessível. Não só se impurificou por demais nos cromatismos, não sabendo como, ou não podendo ultrapassar a deliqüescência burgues-capitalista [sic] do ultratonalismo, como, por outro lado, confundiu por vezes o vulgar e o simples, com o simplório e o banal. (idem, p.402)

Mário de Andrade terminou o *Prefácio* com um parágrafo aberto, no qual se pode vê-lo, sem maiores dificuldades, onde se veria o compositor russo:

> Não há dúvida que a obra do grande compositor comunista é de uma complexidade enorme. É bastante confusa mesmo, e não devemos lhe querer mal por alguma contradição. [...] E que mais exigir dela, si além

disso ela nos vulnera a sensibilidade e nos engrandece, nos oferecendo algumas das mais esplêndidas comoções da beleza, do drama e do triunfo do homem? (idem, p.406-407)

No dia 22 de janeiro de 1945, Mário de Andrade participara, no Teatro Municipal de São Paulo, do I Congresso Brasileiro de Escritores (cf. Mota, 1978, p.137-153). Mais que um encontro de intelectuais discutindo aspectos da cultura brasileira, essa reunião manifestou abertamente a oposição ao governo de GetúlioVargas; nesse Congresso falou-se, de maneira mais explícita, em redemocratização e em eleições. Antonio Candido, em um artigo da *Revista do Arquivo Municipal*, de 1946, dedicada à comemoração do primeiro ano da morte de Mário, afirmou que seriam necessários pelo menos quarenta anos para uma compreensão satisfatória das atitudes, das obras e da ressonância da correspondência do poeta:

> Se um jovem dos confins do Piauí lhe escrevesse, contando esperanças literárias, [...] Mário de Andrade se absorvia totalmente no problema desse moço desconhecido [...]. Tinha o culto da solidariedade humana, e quem não partir deste ponto não lhe entenderá a obra nem a vida. Pode-se dizer que o esforço dominante da sua última fase constituiu em descobrir a maneira por que os seus escritores poderiam mais fácil e eficientemente servir. [...] O 1º Congresso Brasileiro de Escritores mostrou a importância dessa orientação na tomada de atitude por parte dos intelectuais no processo de liquidação do Estado Novo. Mário [...] teve um papel discreto e quase nulo nessa reunião político literária. Ela representava, porém, a culminação de um trabalho em que se empenhara mais do que ninguém com a arma penetrante de sua correspondência. (Candido, 1990, p.70)

Antonio Candido e sua esposa relataram em um artigo detalhes da convivência com Mário de Andrade, bem como de um encontro pouco antes de sua morte:

> [Mário] declarou que estava cansado de sofrer injustiças e incompreensões, e que decidira de uma vez por todas se abster de qualquer

atitude política, pois chegara à conclusão que o lugar do intelectual é a torre de marfim [...,] expressão [...] corajosa num tempo em que só se falava de "engajamento", "participação", "intelectual empenhado" etc. [...Creio] que foi uma reação [...ao] Congresso de Escritores [...]. Ele deve ter encarado com certo constrangimento a tensão das facções, as birras ideológicas, as concessões táticas, [...] e sentiu [...] que não se ajustaria na era de engajamento partidário que estava se anunciando. [...] Ele vinha, fazia anos, pregando a necessidade do intelectual e do artista participarem dos problemas da sociedade, mas talvez sentisse [...] que não cabia na ordem unida. [...] Cinco dias depois, morreu [...;] depois Luís Saia me chamou ao escritório do SPHAN, [...] e me deu um envelope grande, que achara na mesa de Mário, com o sobrescrito em letra dele: "Antonio Candido". Abri bastante emocionado e encontrei [...] alguns poemas do livro que estava preparando [*Lira paulistana* e *O carro da miséria*], inclusive a versão final de "Meditação do Tietê". (Candido & Souza, 1994, p.15)

Harmonizando-se às suas críticas (cf. Coli, op. cit., p.309), o artista rematou o longo e complexo poema *A meditação sobre o Tietê* de uma maneira demagogicamente simples, mas não banal:

[...] E tudo é noite. Rio, o que eu posso fazer!...
Rio, meu rio... mas porém há de haver com certeza
Outra vida melhor do outro lado de lá
Da serra! E hei de guardar silêncio! [...]
Estou pequeno, inútil, bicho da terra, derrotado.
No entanto eu sou maior... Eu sinto uma grandeza infatigável! [...]
Sou homem! vencedor das mortes, bem-nascido além dos dias,
Transfigurado além das profecias! [...]
...e tudo é noite. Sob o arco admirável
Da Ponte das Bandeiras, morta, dissoluta, fraca,
Uma lágrima apenas, uma lágrima,
Eu sigo alga escusa nas águas do meu Tietê [...]
(Andrade, 1966, p.313-314)

Conclusões

Lundu do escritor difícil
[...] Não carece vestir tanga
Pra penetrar meu caçanje!
Você sabe o francês "singe"
Mas não sabe o que é guariba?
– Pois é macaco, seu mano,
Que só sabe o que é da estranja [...]
(Andrade, 1966, p.242-243)

No entender de Mário de Andrade, para que ele deixasse de ser um autor que a muita gente aborrecia bastaria que seus compatriotas olhassem para o próprio país, e que os artistas, especialmente os cantores, fizessem como que uma peregrinação, indo do prestígio à humildade, do poder ao serviço, da práxis burguesa à socialista; que de virtuoses se tornassem virtuosos. Para que essas transformações ocorressem, Mário talvez acreditasse na força das suas "pregações" faladas e escritas. Mas as convicções pessoais não se dão ou se modificam apenas por aprendizados intelectivos, têm de ser acompanhadas por experiências sensíveis. Estas, quando ocorreram, foram pouco eficazes.

Após a Segunda Guerra Mundial as questões culturais passaram por tal ordem de modificações no Brasil que os discursos em favor do nacional à maneira de Mário de Andrade pouco a pouco caíram em desuso. Carlos Guilherme Mota considerou esse autor como a *consciência-limite* de sua época, pessoa com capacidade de refletir sobre os momentos finais do seu grupo vivendo a crise da sua substituição por outros homens e por outras estruturas de pensamento: "O radicalismo de Mário está na verificação das raízes ideológicas de sua produção intelectual: nessa medida, parece estar situado no limite da consciência possível. Ou mesmo um pouco além, o que dá o sentido de ruptura" (1978, p.109). Mário continuou a sustentar, à sua maneira, a ideologia da cultura brasileira, mas tentou romper com a configuração sociocultural da qual participou. Porém, nos anos anteriores a esse rompimento, Mário também se marcara como a consciência-limite de um tempo pretérito – principalmente naquilo que se refere à música, com toda a implicação social que lhe atribuía – fazendo, mesmo sem o querer, o papel do carro de boi em uma estrada de rodagem.

A Grande Guerra (1914-1918) apresentara-se como a solução definitiva para acabar com todos os conflitos. Mas não somente houve uma segunda, como se pressente uma terceira. As afirmações de Mário de Andrade, desejando o extermínio "de todos os povos totalitários, de todos os racistas" (Coli, 1998, p.140), criticando o internacionalismo da *Kultur* e duvidando que "o homem já pudesse ser humano e universal neste mundo imundo de capitalismos e colônias" (idem, p.156-157), reflete a agitação reinante em seu meio. Apesar de não ser esse o foco desta pesquisa, há ainda muito que se estudar sobre os anos 1939-1945, sobre os intelectuais e o povo brasileiro, sem reservas ou apologias.

Este livro teve seu ponto de partida em um estranhamento presente. O primeiro congresso musical do Brasil, o Congresso da Língua Nacional Cantada, não gerou continuidade – outros encontros só aconteceriam cerca de trinta anos depois. A existência de um evento dessa natureza no Brasil de 1937, para tratar de canto lírico, soava estranha aos ouvidos desmemoriados do século XXI. Por que houve esse Congresso? Em que, de sólido, se apoiou? Que problemas tentava solucionar? Que soluções apresentou?

A princípio, pretendia-se estudar apenas o Congresso, a partir da análise dos textos e das informações constantes dos seus anais, verificando-se também as condições que o propiciaram e os seus desdobramentos. Logo se percebeu que esse evento não fora tão inusitado assim. Questões conjunturais ligavam-se à emergência do grupo ligado ao PD; relacionavam-se também à relevância dada por esse partido tanto à educação e à cultura como ferramentas reformadoras da sociedade quanto ao papel da elite instruída nesse processo.

Fez-se um exame das comunicações feitas no Congresso, das atividades paralelas ao evento, bem como das considerações técnicas, estéticas e ideológicas do documento aprovado e votado nesse encontro, as *Normas para a boa pronúncia da língua nacional no canto erudito*. Em seu texto introdutório notaram-se algumas indicações principais. Uma delas ressaltava o papel da língua, transportada pelo canto, como fator de unidade nacional – o que inverteria a ordem das coisas, pois a língua é feita por uma comunidade, e não o oposto. Derivava dessa assertiva o valor dado, dentre todos os itens em jogo no momento da interpretação do canto, às características da *fala brasileira* e do *timbre racial brasileiro*.

Para Mário de Andrade os artistas e os homens de letras deveriam estar sempre a serviço da sociedade, *artefazendo,* e as artes, especialmente o canto pela sua inter-relação com a língua, seriam mais fortes que qualquer outro tipo de ação para configurar a integração nacional. Colocando suas esperanças na superestrutura social, Mário fomentou – com as políticas do DC e os debates do Congresso e das suas *Normas* – a idéia de que a nação se construiria mediante a ação de uma elite política bem-pensante, de intelectuais/artistas encarregados de bem direcionar o povo, e de uma língua culta acima de todas as pronúncias.

Do Congresso partiu-se para o estudo das principais características do canto brasileiro e da relação apontada entre identidade/unidade e canto/cantor na visão de Mário de Andrade. A análise realizou-se em textos de sua autoria sobre as mesmas matérias apresentadas em 1937: a língua, o canto, o cantor, a interpretação ou assuntos correlatos. O grande número de trabalhos que escreveu nesse sentido, bem como o seu teor muitas vezes arrebatado, demonstrou o alto grau de interesse despertado por esses temas.

No caminho pelos caminhos do autor, afloraram os fundamentos psicológicos e biológicos das teorias de Mário de Andrade a respeito de nação, cultura e música, bem como suas bases filosóficas e ideológicas. Em seus textos encontraram-se os sinais precursores das idéias desenvolvidas no Congresso que acabaram por manifestar-se, de alguma maneira, nas *Normas*: nacionalismo, folclore, raça, psicofisiologia, dinamogenia do ritmo e do som, dicção, canção, a modinha e o lundu, interpretação, *fala brasileira*, *timbre racial brasileiro*, *artefazer*. Após o Congresso, muitos desses assuntos voltaram a ser tratados em seus escritos.

Para esse autor, Elsie Houston, além de pesquisar e divulgar a música brasileira, tipificou a "boa" intérprete: virtuosa, colocara sua virtuosidade a serviço do repertório nacionalista, no Brasil e no exterior. Dona de excelente dicção, expressara seus dons "raciais" característicos, não buscando escondê-los sob uma erudição européia, que também possuía. A isso Mário de Andrade chamaria de interpretação interessada. No terreno da estética, essa totalidade pode ser traduzida por *gesto musical*. Essa amalgamação entre intenção, expressão e técnica seria perceptível na somatória de repertório, articulação e timbre brasileiros; na interpretação não-virtuosística e reveladora do compositor e da obra de arte; e na *arteação*.

Mário de Andrade percebia-se como parte de uma camada social não muito definida, que falaria, apoiada na "boa" demagogia, em nome do povo: os intelectuais e artistas, responsáveis, como afirmara em *O movimento modernista*, pelo prenúncio dos acontecimentos históricos. Assim como Mário conjugou em seus trabalhos a música e a literatura, também enleou, em seus escritos e projetos mais evidentemente políticos, o artista e o intelectual de sua época, cuja mais alta missão seria participar da construção da cultura, identidade e unidade nacional orientando as massas. Muitos desses profissionais não pertenciam à elite brasileira, embora, muitas vezes, convivessem com ela e expressassem a sua visão de mundo. Mas Mário não se preocupava muito com as origens dessa *Inteligência*, nem com seus anseios de classe; por isso, caso seus desejos particulares conflitassem com as aspirações que Mário identificava como sendo as do país, atribuía-lhes desvios de caráter, de moral ou de psique. À medida que se achegava ao comunismo, esse padrão de julgamento intensificou-se. Em sua opinião, o povo – principal construtor da nação – precisaria de "bons" guias. Um exemplo seria Shostakovich, compositor conhecido por estar a serviço da ditadura do proletariado em seu país e, ao mesmo tempo, a serviço dos povos unidos contra o Eixo.

O trabalho de verificação das sínteses resultantes das contradições existentes entre as *constâncias pessoais* de Mário de Andrade, as *transformações* de um intelectual tão ligado à música brasileira e as *mudanças* ocorridas na sociedade durante o período 1922/1945 foi deveras revelador. As *constâncias* que mais importaram a este estudo foram aquelas que contribuíram para um melhor conhecimento dos problemas que envolvem o canto nacional. Embasado em concepções humanistas e étnicas para nação e cultura, e enfrentando um momento de crise nesses parâmetros, os binômios antagônicos de Mário de Andrade presentes em suas obras foram transparecendo – forma/conteúdo, popular/erudito, primitivo/moderno, idealismo/materialismo, local/cosmopolita, individual/social, entre outros.

Sem pretender esgotar as possibilidades, seguem algumas indicações de como caminham as discussões sobre as duas vertentes do Congresso, a da língua e a do canto. Quanto ao repertório nacional, de todos os estilos, não se pode dizer que tenha angariado uma adesão incondicional dos intérpretes brasileiros, mas a resistência é bem menor que nos tempos modernistas. Existe também certo interesse por parte de cantores internacionais; algumas gravações, porém, soam como o Português de Portugal.

No que tange às regras de dicção, durante o XIV Congresso da Associação Nacional dos Professores e Pesquisadores de Música (ANPPOM), em 2003, formou-se um Grupo de Trabalho (GT): "A língua portuguesa no repertório vocal erudito brasileiro". Suas sugestões foram levadas ao IV Encontro Brasileiro de Canto, promovido pela Associação Brasileira de Canto (ABC) em 2005. Nesse evento foi votada uma proposta de tabela fonética do Português Brasileiro (PB) adaptada ao canto e baseada no IPA (alfabeto fonético internacional). Em 2006 houve nova reunião da ANPPOM, com a participação do GT "O PB cantado: novas estratégias de investigação", sem chegar à redação final do guia para os cantores.

O Museu da Língua Portuguesa[1] foi inaugurado em 2006 pela Secretaria de Cultura do Governo do Estado de São Paulo, associada a empresas públicas e privadas. Seu *slogan* é: *A língua é o que nos une*, o mesmo lema de Mário de Andrade. O museu procura reavivar as questões que envolvem a língua portuguesa em diversos países; também integra o esforço da cidade de São Paulo na revitalização do centro velho e na recuperação dos espaços ocupados pela marginalidade. Quanto à fundamentação teórica, lê-se, na *Justificativa* do projeto:

> O tema central do museu é a língua portuguesa – a base da cultura brasileira. [...] O museu organiza um vasto conjunto de informações a partir de alguns eixos centrais. O primeiro deles é a *antiguidade* da língua portuguesa [...]. O segundo eixo é a *universalidade* [...]. O terceiro [...] é a *mestiçagem* da língua. O idioma falado no Brasil é tão misturado quanto a cor da pele das pessoas e a cultura do país. (www.estacaodaluz.org.br)

Acoplado ao tema do idioma como *Kultur* está outro, recente, o da língua como *monumento* e *patrimônio imaterial*. Inovador, o museu – que proporciona exposições temporárias, a primeira sobre Guimarães Rosa – não possui acervos físicos, mas espaços interativos como o *Mapa dos falares* ou o *Beco das palavras*. Disponibiliza também textos e *links* no Portal *Estação da Luz da nossa língua*[2].

---

1 www.museudalinguaportuguesa.org.br/museu
2 www.estacaodaluz.org.br

Nem virtuosa nem virtuosística: essa resposta ao problema das "falas portuguesas" é virtual, solução inimaginável em 1937.

Entre tantas questões envolvendo o PB merecem atenção as permanências do poder da escrita, da discrepância entre os diversos discursos e seus respectivos registros, e da multiplicidade das falas. Apesar de a televisão favorecer a pronúncia carioca, e de ela ter se embrenhado nos acentos regionais daquém e dalém mar, estes não desapareceram; surgiram, outrossim, linguajares ligados a grupos sociais ou adaptados aos novos meios de comunicação. Se, por um lado, a internet propiciou uma forma de expressão que une escrita fonética e ideográfica na velocidade da fala digitalizada, por outro se rendeu às gramáticas após a informática sofisticar seus recursos ortográficos. Os trabalhos da comunidade intelectual são tão apreciados pelo seu conteúdo quanto pelo seu nexo formal (graciosidade de estilo, correção gramatical, referências bem citadas). Parte dessa informação circula livremente pela internet, porém sujeita à barreira implícita da chamada "linguagem do saber".

Mais brasileiros têm acesso à leitura que nos tempos de Mário de Andrade; infelizmente, muitos não compreendem o que lêem. *Macunaíma* identificara uma distinção entre fala e escrita, atribuída ao esnobismo; a que se deveria a conservação dessa dissociação?

REFERÊNCIAS BIBLIOGRÁFICAS

ABDANUR, Elisabeth França. *Os "ilustrados" e a política cultural em São Paulo: o Departamento de Cultura na gestão Mário de Andrade (1935-1938)*. Campinas, 1992. Dissertação (Mestrado em História) – Instituto de Filosofia e Ciências Humanas (IFCH) da Universidade Estadual de Campinas (Unicamp).

_____. Parques infantis de Mário de Andrade. *Revista do Instituto de Estudos Brasileiros* (IEB). São Paulo: Universidade de São Paulo (USP). v.36, p.263-270, 1994.

ADORNO, Theodor Wiesengrund. O fetichismo na música e a regressão da audição. In: _____. *Adorno*. São Paulo: Nova cultural, 1999, p.79-105 (Os pensadores).

ADORNO, Theodor W., HORKHEIMER, Max. Sociologia del arte y de la música. In: *La sociedad*: lecciones de sociologia. Buenos Aires: Proteo, 1969, p.103-117.

ALAMBERT, Francisco. *A semana de 22: a aventura modernista no Brasil*. São Paulo: Scipione, 1992 (História em Aberto).

ALVARENGA, Oneyda. Sonora política. *Revista do Arquivo Municipal*: 45 anos da morte de Mário de Andrade. São Paulo, Departamento do Patrimônio Histórico da Secretaria Municipal de Cultura, n.198, p.7-44, 1990 (Edição fac-similar do n.106, de 1946).

ANDERSON, Benedict. *Nação e consciência nacional*. São Paulo: Ática, 1989.

ANDRADE, Mário de. *Amar, verbo intransitivo*. Belo Horizonte: Itatiaia, 1992.

_____. *Aspectos da literatura brasileira*. São Paulo: Martins, [196-?].

_____. *Aspectos da música brasileira*. São Paulo: Martins, 1965.

_____. *Aspectos das artes plásticas no Brasil*. Belo Horizonte: Itatiaia, 1984a.

_____. Cândido Inácio da Silva e o lundu. *Latin American Music Review*. Austin: University of Texas Press, v.20, n.2, p.215-233, 1999.

_____. *Cartas a Manuel Bandeira*. Rio de Janeiro: Tecnoprint, s.d.

_____. Chostacovich. In: SEROFF, Victor Illich. *Dmitri Shostakovich*. Tradução: Guilherme Figueiredo. Rio de Janeiro: *O Cruzeiro*, 1945, p.11–33 (Grandes Vidas, n.05). Obs: Este texto foi republicado em *Música Final* (COLI, 1998), p.396-407.

_____. *Dicionário musical brasileiro*. ALVARENGA, Oneyda (1982-1984), TONI, Flávia Camargo (1984-1989) (Coord.). Brasília: Ministério da Cultura; São Paulo: IEB – USP, Edusp; Belo Horizonte: Itatiaia, 1989a (Reconquista do Brasil, 162).

_____. *Ensaio sobre a música brasileira*. São Paulo: Martins, 1972.

_____. *Entrevistas e depoimentos / Mário de Andrade*. Therezinha (Telê) Apparecida Porto Ancona Lopez (Org.). São Paulo: T.A. Queiroz, 1983.

_____. *Introdução à estética musical*. Estabelecimento do texto, introdução e notas de Flávia Camargo Toni. São Paulo: Hucitec, 1995.

_____. *Macunaíma, o herói sem nenhum caráter*. São Paulo: Círculo do Livro, [197-?].

_____. *Mário de Andrade*. Seleção de textos, notas, estudos biográfico, histórico e crítico exercidos por João Luiz Lafetá. São Paulo: Abril Educação, 1982 (Literatura Comentada).

_____. *Modinhas imperiais*. Belo Horizonte: Itatiaia, 1980.

_____. *Música de feitiçaria no Brasil*. São Paulo: Martins, 1963a.

_____. *Música, doce música*. São Paulo: Martins, 1963b.

_____. *Música e jornalismo / Diário de São Paulo*. Pesquisa, estabelecimento do texto, introdução e notas de Paulo Castanha. São Paulo: Hucitec / Edusp, 1993a.

_____. *Namoros com a medicina*. São Paulo: Martins, 1956.

_____. *O baile das quatro artes*. São Paulo: Martins, 1943.

_____. *O banquete*. Prefácio de Jorge Coli e Luiz Carlos S. Dantas. São Paulo: Duas Cidades, 1989b.
_____. *Obra imatura*. São Paulo: Martins, 1960.
_____. *O turista aprendiz*. Therezinha (Telê) Porto Ancona Lopez (Org.). São Paulo: Duas cidades; Secretaria de Cultura, Ciência e tecnologia, 1976a.
_____. *Pequena história da música*. Belo Horizonte: Itatiaia, 2003.
_____. *Poesias completas*. São Paulo: Martins, 1966.
_____. *Portinari, amico mio*. Organização, introdução e notas de Annateresa Fabris. Campinas: Mercado de Letras / Autores Associados/Projeto Portinari, 1995b.
_____. *Táxi e crônicas no Diário Nacional*. Introdução e notas de Telê Porto Ancona Lopez. São Paulo: Duas cidades, 1976b.
_____. *Vida de cantador*. Brasília: Duas Cidades, 1983.
ARNASON, Johann P. Nacionalismo, globalização e modernidade. In: FEATHERSTONE, Mike (Org.) *Cultura global*. Petrópolis (RJ): Vozes, 1999, p.221-250.
AZEVEDO, Luiz Heitor Correia de. *150 anos de música no Brasil*. Rio de Janeiro: José Olympio, 1956.
_____. *A canção brasileira*. Porto (Portugal): Brasil Cultural, 1948.
_____. *Música e músicos do Brasil*. Rio de Janeiro: Casa do Estudante do Brasil, 1950.
BANDEIRA, Manuel. *Manuel Bandeira*. Seleção de textos, notas e estudos por Salete de Almeida Cara. São Paulo: Abril Educação, 1981 (Literatura Comentada).
BARBATO JUNIOR, Roberto. *Missionários de uma utopia nacional-popular: os intelectuais e o Departamento de Cultura de São Paulo*. São Paulo: Annablume; Fapesp, 2004.
BATISTA, Marta Rossetti, et al. *Brasil: 1º tempo modernista – 1917/1929 – documentação*. São Paulo, Instituto de Estudos Brasileiros da USP, 1972.
BARROS, Liliane Schrank Lehmann de; MOIZO, Rosana Pires Azanha. Formação Administrativa da cidade de São Paulo. *Revista do Arquivo Municipal*. São Paulo: Departamento do Patrimônio Histórico da Secretaria Municipal de Cultura, n.199, p.9-112, 1991.
BERTEVELLI, Isabel C. D. *Elsie Houston (1902-1943): cantora e pesquisadora brasileira*. São Paulo, 2000. Dissertação (Mestrado em

Artes – Área de concentração em Música) – Instituto de Artes (IA) da Universidade Estadual Paulista (Unesp).

BOSI, Alfredo. Cultura brasileira e culturas brasileiras. In: _____. *Dialética da colonização*. São Paulo: Companhia das Letras, 1992, p.308-375.

_____. História concisa da literatura brasileira. São Paulo: Cultrix, 2001.

_____. O modernismo de Mário de Andrade. *Folha de S.Paulo*, São Paulo, sábado, 8 fev.1992. Disponível em: <http://www1.folha.uol. com.br/folha/almanaque/bosi3.htm >. Acesso: 1°. jul. 2003.

BRADBURY, Malcolm; McFARLANE, James. O nome e a natureza do modernismo. In:_____. (Org.). *Modernismo: guia geral 1890-1930*. São Paulo: Companhia das Letras, 1989, p.13-42.

BRANDÃO, José Maurício Valle. Pedro Malazarte – *ópera cômica em um ato de Mozart Camargo Guarnieri, sobre libreto de Mário de Andrade:* uma abordagem interpretativa em ópera brasileira no século XX. Salvador, 1999. Dissertação (Mestrado em Música) – Escola de Música (EM) da Universidade Federal da Bahia (UFBA).

CANDIDO, Antonio (Antonio Candido de Mello e Souza); SOUZA, Gilda de Mello e. A lembrança que guardo de Mário. *Revista do IEB* – USP, São Paulo, v.36, p.9-25, 1994.

_____. Depoimento sobre *Clima*. *Discurso* – USP, São Paulo, v.8, p.183-193, 1978. Disponível em: <http://acd.ufrj.br/pacc/literaria/index. html>. Acesso em: 1°. set. 2003.

_____. *Formação da literatura brasileira*: momentos decisivos. São Paulo: Edusp, 1975.

_____. *Literatura e sociedade*. (8ª ed.) São Paulo: T.A. Queiroz/Publifolha, 2000.

_____. Mário de Andrade. *Revista do Arquivo Municipal*: 45 anos da morte de Mário de Andrade. São Paulo, Departamento do Patrimônio Histórico da Secretaria Municipal de Cultura, n.198, p.69-73, 1990 (Edição fac-similar do n.106, de 1946).

_____. *O romantismo no Brasil*. São Paulo: Humanitas; Faculdade de Filosofia, Letras e Ciências Humanas da USP, 2002.

CARLINI, Álvaro L. R. S. *A viagem na viagem: Maestro Martin Braunwieser na Missão de Pesquisas Folclóricas do Departamento de Cultura de São Paulo (1938) – diário e correspondências à família*. São Paulo, 2000. Tese (Doutorado em História) – Faculdade de

Filosofia, Letras e Ciências Humanas (FFLCH) da Universidade de São Paulo (USP).

_____. *Cante lá que gravam cá: Mário de Andrade e a Missão de Pesquisas Folclóricas de 1938*. São Paulo, 1994. Dissertação (Mestrado em História) – Faculdade de Filosofia, Letras e Ciências Humanas (FFLCH) da Universidade de São Paulo (USP).

CASCUDO, Luís da C.. *Dicionário do folclore brasileiro*. Rio de Janeiro: Inst. Nac. do Livro, 1962.

CHIAROMONTE, José Carlos. Metamorfoses do conceito de nação durante os séculos XVII e XVIII. In: JANCSÓ, István (Org.). *Brasil: formação do estado e da nação*. São Paulo: Hucitec; Unijuí; Fapesp, 2003 (Estudos Históricos, 50), p.61–91.

COLI, Jorge. *Música final: Mário de Andrade e sua coluna jornalística Mundo Musical*. Campinas (SP): Unicamp, 1998 (Viagens da Voz).

COMBARIEU, Jules. *La musique et la magie – étude sur les origines populaires de l'árt musical, son influence et sa fonction dans les societés*. Genéve: Minkoff Reprint, 1978.

CONGRESSO DA LÍNGUA NACIONAL CANTADA, 1., 1937, São Paulo. *Anais...* São Paulo: Departamento de Cultura do Município de São Paulo, 1938.

CONTIER, Arnaldo D. Chico Bororó Mignone. *Revista do IEB*, USP. São Paulo, n.42, p.11-29, 1997.

_____. Mário de Andrade e a música brasileira. *Revista Música*: revista da ECA – USP, São Paulo, v.5, n.1, p.33-47, mai. 1994a.

_____. Memória, história e poder: a sacralização do nacional e do popular na música (1920-1950). *Revista Música*: revista da ECA – USP, São Paulo, v.2, n.1, p.5-36, nov.1991.

_____. Música brasileira e interdisciplinaridade. Algumas reflexões. In: ENCONTRO NACIONAL DA ANPPOM, 7., 1994, São Paulo. *Anais...* São Paulo, Escola de Comunicações e Artes da Universidade de São Paulo, 1994b, p.148-158.

_____. *Música e ideologia no Brasil*. São Paulo: Novas Metas, 1985.

_____. Música e história. *Revista de História*: FFLCH da USP, São Paulo, v.119, p.69-89, 1988.

_____. O ensaio sobre a música brasileira: estudos dos matizes ideológicos do vocabulário social e técnico-estético (Mário de Andrade, 1928). *Revista Música*: revista da ECA – USP, São Paulo, v.6, n.1/2, p.75-121, mai./nov.1995.

_____. *Passarinhada do Brasil: canto orfeônico, educação e getulismo*. Bauru (SP): Editora da Universidade do Sagrado Coração (Edusc), 1998.

DIAS, Márcia Tosta. *Os donos da voz: indústria fonográfica brasileira e mundialização da cultura*. São Paulo: Boitempo, 2000.

DUARTE, Fernando José Carvalhaes. A fala e o canto no Brasil: dois modelos de emissão vocal. *ARTEunesp*, Unesp, São Paulo, v.10, p.87-97, 1994.

_____. A sílaba (tonta de tanto tom) na boca das eras: notação prosódica da música brasileira. In: MATOS, Claudia Neiva de; MEDEIROS, Fernanda Teixeira de; TRAVASSOS, Elisabeth (Org.). *Ao encontro da palavra cantada – poesia, música e voz*. Rio de Janeiro: Sete Letras, 2001, p.141-152.

DUARTE, Paulo. *Mário de Andrade por ele mesmo*. São Paulo: Hucitec – Secretaria da Cultura, Ciência e Tecnologia, 1977.

FERNANDES, Florestan. A crise da cultura e o liberalismo. *Folha de S. Paulo*, quinta-feira, 16 mar. 1944. Disponível em: <http://www1.folha.uol.com.br/folha/almanaque/brasil>. Acesso: 1º. jul. 2003.

_____. Nem federação nem democracia. In: FUNDAÇÃO SISTEMA ESTADUAL DE ANÁLISE DE DADOS – SEADE: *Brasil em artigos* – coletânea de textos publicados na revista *São Paulo em perspectiva*. São Paulo: Imesp/Seade, 1995, p.29-36.

_____. Mário de Andrade e o folclore brasileiro. *Revista do Arquivo Municipal*: 45 anos da morte de Mário de Andrade. São Paulo, n.198, p.135-158, 1990 (Edição fac-similar do n.106, de 1946).

FISCHER, Ernest. *A necessidade da arte*. Rio de Janeiro: Zahar, 1973.

FRANÇA, Ângela. A diversidade "fonético fonológica" e as normas da pronúncia padrão em 1937. In: ENCONTRO DOS ALUNOS DE PÓS-GRADUAÇÃO EM LINGÜÍSTICA GERAL E SEMIÓTICA, 3., 2001, São Paulo. *As Línguas do Brasil – tipos, variedades regionais e modalidades discursivas*. São Paulo: Departamento de Lingüística, FFLCH – USP, 2002. p.73-83. MAGUIRE, Lígia Maria Campos (Org.). Disponível: <http://www.fflch.usp.br/dl/download/franca.doc>. Acesso: 21 jul. 2003.

FREUD, Sigmund. Conferência XXIII: Os caminhos da formação dos sintomas. In: _____. *Conferências introdutórias sobre a psicanálise (parte III)*. Rio de Janeiro: Imago, 1976, (edição *standard* brasileira das obras psicológicas completas de Sigmund Freud), volume XVI (1916-1917), p.419-439.

FRUTOS DA TEMPESTADE. *Revista Época*. Especial 80 anos da Revolução da Semana de Arte Moderna de 1922. São Paulo: Globo, 28 jan.2002. Disponível em <http://epoca.globo.com/especiais_online/2002/02/especial22/balanço.htm>. Acesso em 21.out.2003.

FUBINI, Enrico. Individualidade ou universalidade da linguagem musical? *Novos Estudos Cebrap*, São Paulo, n.60, p.109-118, jul. 2001.

_____. *La estética musical del siglo XVIII a nuestros días*. Barcelona: Barral, 1971.

GUERIOS, Paulo Renato. Heitor Villa-Lobos e o ambiente artístico parisiense: convertendo-se em um músico brasileiro. *Mana*, Rio de Janeiro, v.9, n.1, 2003. Disponível em: <http://www.scielo.br>. Acesso em: 2 mar. 2004.

_____. *Heitor Villa-Lobos*: o caminho sinuoso da predestinação. Rio de Janeiro: FGV, 2003.

HANSLICK, Eduard. *Do belo musical – uma contribuição para a revisão da estética musical*. Campinas (SP): Editora da Unicamp, 1992.

HORTA, Luiz Paulo. Lembrando Luiz Heitor. *Brasiliana*: Revista da Academia Brasileira de Música, Rio de Janeiro, n.31, jan.2003. Disponível em: <http://www.abmusica.org.br/brasili13.htm#31>. Acesso em: 8 set. 2003.

IANNI, Octavio. O Brasil nação. In: FUNDAÇÃO SISTEMA ESTADUAL DE ANÁLISE DE DADOS – SEADE. *Brasil em artigos* – coletânea de textos publicados na revista *São Paulo em Perspectiva*. São Paulo: Imprensa Oficial do Estado/Seade, 1995, p.9-28.

JANCSÓ, István.Este livro. In: _____. (Org.) *Brasil: formação do estado e da nação*. São Paulo: Hucitec; Unijuí; Fapesp, 2003 (Estudos Históricos, 50), p.15-28.

KANTOR, Iris. A Academia Brasílica dos Renascidos e o governo político da América portuguesa (1759): contradições do cosmopolitismo acadêmico luso-americano. In: JANCSÓ, István (Org.). *Brasil: formação do estado e da nação*. São Paulo: Hucitec; Unijuí; Fapesp, 2003 (Estudos Históricos, 50), p.321–343.

KOCH-GRÜNBERG, Theodor (1872-1924): *Von Roraima zum Orinoco*: Ergebnisse einer Reise in der Nord-brasilien und Venezuela ender

Jahren 1911-1913. (5v). Berlin: Dietrich Reimer, 1917, v.1 – Stuttgart: Ströcker end Schröder, 1923, v.3 e 5; 1924, v.2.

KOELLREUTTER, H. J. Koellreutter fala sobre "Café". *Instituto de Estudos Avançados*, USP, São Paulo, v.13, n.37, p.265-272, dezembro de 1999.

_____. Nos domínios da música – a propósito de *O banquete*, de Mário de Andrade [*I, II, III, IV* e *Conclusão*]. *Cadernos de estudo: educação musical*. Carlos Kater (Org.), Atravez/Escola de Música da U. F. de Minas Gerais, Belo Horizonte, n.6, p.113-130, 1997.

LAHUERTA, Milton. Os intelectuais e os anos 20: moderno, modernista, modernização. In: LORENZO, Helena Carvalho de; COSTA, Wilma Peres da (Org.). *A década de 1920 e as origens do Brasil moderno*. São Paulo: Fundação Editora da Unesp, 1997, p.93-132.

LÉVI-STRAUSS, Claude. Abertura (I e II). In: _____. *O cru e o cozido*. São Paulo: Brasiliense, 1991 (Mitológicas I), p.11-38.

LOBO, Tânia C. F. *Variantes nacionais do português:* sobre a questão da definição do português do Brasil. (1992?). Disponível em: <http://www.prohpor.ufba.br/tanlobo.html>. Acesso em 28 mai. 2005.

LOPEZ, Telê. *Macunaíma:* a margem e o texto. São Paulo: Hucitec; Secretaria de Cultura, 1974.

_____. *Mário de Andrade: ramais e caminhos.* São Paulo: Duas Cidades, 1972.

MANNHEIM, Karl. *Ideologia e utopia.* Rio de Janeiro: Zahar, 1972.

_____. *Sociologia da Cultura.* São Paulo: Perspectiva; Edusp, 1974.

MARIZ, Vasco. *A canção brasileira de câmara.* Rio de Janeiro: Francisco Alves, 2002.

_____. *A canção brasileira: erudita, folclórica e popular.* Rio de Janeiro: Departamento de Imprensa Nacional, Ministério de Educação e Cultura – Serviço de Documentação, 1959.

_____. *História da música no Brasil.* Rio de Janeiro: Civilização Brasileira, 1994.

_____. *Três musicólogos brasileiros: Mário de Andrade, Renato Almeida, Luiz Heitor Correia de Azevedo.* Rio de Janeiro: Civilização Brasileira / Brasília: Instituto Nacional do Livro, 1983.

MARTINS, José de Souza. A proibição da língua brasileira. *Folha de S. Paulo*, p.A3, 20 jul. 2003.

MATERNO, Ângela. Três Andrades. *Revista O percevejo on line.* Departamento de Teoria do Teatro / Programa de Pós-Graduação em

Teatro da Uni-Rio, Rio de Janeiro, n.1, 1993. Disponível em: <http://www.unirio.br/opercevejoonline/1/artigos/1/artigo1.htm>. Acesso em: 21. out. 2003.

MENDES, Fernando Oliveira. *A descoberta do mundo nas palavras de Carlos Drummond de Andrade, Miguel Torga e Adélia Prado*. Congresso da Associação Internacional de Lusitanistas (AIL), VI, Rio de Janeiro, 1999. Disponível em: <http://www.geocities.com/ail_br/adescobertadomundonas.html>. Acesso em 25 mai. 2005.

MENDES, Gilberto. A música. In: AVILA, Afonso (Org.) *O Modernismo*. São Paulo: Perspectiva; Secretaria de Cultura, Ciência e Tecnologia, 1975, p.127-138.

MICELI, Sergio. *Intelectuais à brasileira*. São Paulo: Cia. das Letras, 2001.

MORAES, Eduardo Jardim de. *A brasilidade modernista*: sua dimensão filosófica. R J: Graal, 1978.

_____. *Limites do moderno*. O pensamento de Mário de Andrade. R J: Relume Dumará, 1999.

_____. Modernismo revisitado. *Revista Estudos Históricos – Identidade Nacional*. Centro de pesquisa e documentação de história contemporânea do Brasil (CPDOC), FGV, Rio de Janeiro, v.2, 1988. Disponível em: <http://www.cpdoc.fgv.br/revista/arq/36.pdf>. Acesso em: 27. ago. 2003.

MORAES, Vinicius de. *Antologia poética*. Rio de Janeiro: José Olympio, 1981.

MOTA, Carlos Guilherme. *Ideologia da cultura brasileira (1933-1974): pontos de partida para uma revisão histórica*. São Paulo: Ática, 1978 (Ensaios, 30).

NEVES, José Maria. *Música contemporânea brasileira*. São Paulo: Ricordi Brasileira, 1981.

NEVES, Margarida de Souza. Da maloca do Rio Tietê ao império do mato virgem. In: MODERNOS DESCOBRIMENTOS DO BRASIL. Rio de Janeiro, Departamento de História da Pontifícia Universidade Católica (PUC) do Rio de Janeiro, 2000. Disponível em: <http://www.modernosdescobrimentos.inf.br/desc/mario/frame.htm>. Acesso em: 10 nov.2002.

NOGUEIRA, Antonio Gilberto Ramos. *Por um inventário dos sentidos: Mário de Andrade e a concepção de Inventário*. São Paulo: 2002.

Tese (Doutorado em História) – Pontifícia Universidade Católica (PUC).

NORMAS para a boa pronúncia da língua nacional no canto erudito, ditadas pelo primeiro congresso da língua nacional cantada, realizado em São Paulo. In: CONGRESSO DA LÍNGUA..., 1., 1937, São Paulo. *Anais...* São Paulo: Departamento de Cultura do Município de São Paulo, 1938, p.49-94.

NORMAS para a boa pronúncia da língua nacional no canto erudito, ditadas pelo primeiro congresso da língua nacional cantada, realizado em São Paulo, em 1937. In: MARIZ, Vasco. *A canção brasileira: erudita, folclórica e popular.* Rio de Janeiro: Departamento de Imprensa Nacional, Ministério de Educação e Cultura – Serviço de Documentação, 1959, p.261-292.

NORMAS para a boa pronúncia da língua nacional no canto erudito. *Revista Brasileira de Música*: Escola Nacional de Música da Universidade do Brasil, Rio de Janeiro, v.5, 1º fascículo, p.1-35, 1938.

NOSSO SÉCULO. São Paulo: Abril Cultural, 1980 (cinco volumes).

O DR. ARMANDO Salles de Oliveira nomeado interventor em São Paulo. *Folha de S. Paulo,* quinta-feira, 17 ago. 1933. Disponível em: <http://www1.folha.uol.com.br/folha/almanaque/brasil>. Acesso em: 1º. jul. 2003.

OLIVEIRA, Rita de Cássia Alves. *Colonizadores do futuro: cultura, estado e Departamento de Cultura do Município de São Paulo (1935-1838).* São Paulo, 1995. Dissertação (Mestrado em Ciências Sociais) – Pontifícia Universidade Católica (PUC).

ORTEGA Y GASSET, José. *El tema de nuestro tiempo.* Madrid: Calpe, 1923 (Estudios filosóficos).

ORTIZ, Renato. *A moderna tradição brasileira* – cultura brasileira e indústria cultural. São Paulo: Brasiliense, 1991.

_____. *Cultura brasileira & identidade nacional.* São Paulo: Brasiliense, 1994.

PAREYSON, Luigi. *Os problemas da estética.* São Paulo: Martins Fontes, 1989.

PEDRO, Antonio (TOTA). *Samba da legitimidade.* São Paulo, 1980. Dissertação (Mestrado em História) – Faculdade de Filosofia, Letras e Ciências Humanas (FFLCH) da Universidade de São Paulo (USP).

_____. *O imperialismo sedutor*: a americanização do Brasil na época da Segunda Guerra. São Paulo: Cia. das letras, 2000.

PEIXOTO, Fernanda. Diálogo "interessantíssimo": Roger Bastide e o Modernismo. *Revista Brasileira de História* – Revista da Associação Nacional dos Professores Universitários de História (ANPUH), São Paulo, v.14, n.40, 1999. Disponível em: <http://www.scielo.br>. Acesso em: 2 mar. 2004.

PEREIRA, Maria Elisa. Mário de Andrade e o dono da voz. *PER MUSI*: revista da Escola de Música da Univ. Federal de Minas Gerais, Belo Horizonte, v.5/6, p.101–111, dez. 2002.

_____. KERR, Dorotéa. O Departamento de Cultura do Município de São Paulo e o *Congresso da língua nacional cantada*, de 1937. *ARTEunesp*: Unesp, São Paulo, v.16, p.114-139, 2005.

_____. KERR, Dorotéa. Virtuosa virtuose: a interpretação da canção brasileira, na visão de Mário de Andrade. *Latin American Music Review*: University of Texas at Austin, School of Music, v.25, n.2, p.216-231, Fall/Winter 2004.

PINTO, Edith Pimentel. *O Português do Brasil*: textos críticos e teóricos, 1 – 1820/1920 – fontes para a teoria e a história. Rio de Janeiro: Livros Técnicos e Científicos; São Paulo: Edusp, 1978 (Biblioteca universitária de literatura brasileira, 5).

_____. *O Português do Brasil*: textos críticos e teóricos, 2 – 1920/1945 – fontes para a teoria e a história. Rio de Janeiro: Livros Técnicos e Científicos; São Paulo: Edusp, 1981(Biblioteca universitária de literatura brasileira, 12).

_____. *A gramatiquinha de Mário de Andrade: texto e contexto*. São Paulo: Duas Cidades, 1990.

PORTAL ESTAÇÃO DA LUZ DA NOSSA LÍNGUA (www.estacaodaluz.org.br). Apresenta informações sobre o projeto *Estação da luz da nossa língua*. Disponível em: <http://www.estacaodaluz.org.br>. Acesso em: 10 nov.2003. Ver também o MUSEU DA LÍNGUA PORTUGUESA. Disponível: <http:://www.museudalinguaportuguesa.org.br>. Acesso: 10 mai. 2006.

PROENÇA, Manoel Cavalcanti. *Roteiro de Macunaíma*. Rio de Janeiro: Civilização Brasileira, 1978.

RAFFAINI, Patrícia Tavares. *Esculpindo a cultura na forma Brasil – o Departamento de Cultura de São Paulo (1935-1938)*. São Paulo: Faculdade de Filosofia, Letras e Ciências Humanas (FFLCH) da Universidade de São Paulo (USP), 2001.

REZENDE, Neide. *A Semana de arte moderna*. São Paulo: Ática, 1993.

SANT'ANNA, Afonso Romano de. *Paródia, paráfrase & cia*. São Paulo: Ática, 1988.

SANTOS, Maria M. da Costa. *Baudelaire em Jorge de Lima:* uma sombra *fantasmática*. Congresso da Associação Internacional de Lusitanistas (AIL), VI, Rio de Janeiro, 1999. Disponível em: <http://www.geocities.com/ail_br/baudelaireemjorgedelima.html >. Acesso em 25 mai. 2005.

SCHWARTZ, Roberto. As idéias fora do lugar. In: *Ao vencedor, as batatas*. São Paulo: Duas Cidades/34, 2000, p.9-31.

_____. Nacional por subtração In: *Que horas são?* São Paulo: Cia das Letras, 1987, p.29- 48.

SEROFF, Victor Illich. *Dmitri Shostakovich*. Tradução: Guilherme Figueiredo; Prefácio: Mário de Andrade. Rio de Janeiro: O Cruzeiro, 1945 (Grandes Vidas, n.05).

SILVA, Flávio (Org.). *Camargo Guarnieri: o tempo e a música*. Rio de Janeiro: Funarte; São Paulo: Imprensa Oficial do Estado, 2001.

_____. Camargo Guarnieri e Mário de Andrade. *Latin American Music Review*, Austin, University of Texas Press, v.20, n.2, p.184-212, 1999.

SOUZA, Gilda de Mello e. *O tupi e o alaúde*: uma interpretação de *Macunaíma*. São Paulo: Duas Cidades; 2003.

SQUEFF, Ênio, WISNIK, J. M. S. *Música*. São Paulo: Brasiliense, 1982 (O nac. e o pop. na cultura brasileira).

STRAVINSKY, Igor. *Poética musical em seis lições*. Rio de Janeiro: Jorge Zahar, 1996.

TOMÁS, Lia. *Ouvir o* logos: música e filosofia. São Paulo: Unesp, 2002.

TONI, Flávia Camargo. *A missão de pesquisas folclóricas do Departamento de Cultura*. São Paulo: Centro Cultural são Paulo, [198-?].

_____. (Org). *A música popular brasileira na vitrola de Mário de Andrade*. São Paulo: Senac, 2004.

_____. Mário de Andrade e Villa-Lobos. *Revista do IEB*, São Paulo, n.27, p.43-57, 1987.

_____. MORAES, Marco Antonio de. Mário de Andrade no *Café*. Instituto de Estudos Avançados (IEA), USP, São Paulo, v.13, n.37, p.261-264, dezembro de 1999.

TRAVASSOS, Elisabeth. *Modernismo e música brasileira*. Rio de Janeiro: Jorge Zahar, 2000.

_____. *Os mandarins milagrosos: arte e etnografia em Mário de Andrade e Bela Bartók*. Rio de Janeiro: Funarte, Jorge Zahar, 1997.

VALENTE, Heloísa de Araújo Duarte. *Os cantos da voz – entre o ruído e o silêncio*. São Paulo: Annablume, 1999.

VILLALTA, Luiz Carlos. Uma Babel colonial. *Nossa História*: Biblioteca Nacional, Rio de Janeiro, ano 1, n. 5, p.58-63, mar. 2004.

VITRAL, Lorenzo. Língua geral versus língua portuguesa: a influência do "processo civilizatório". In: *Para a história do português brasileiro*. Organizado por Rosa Virgínia Mattos e Silva. São Paulo: Humanitas – FFLCH/USP; Fapesp, 2001 (Vol II, Tomo II – Primeiros estudos), p.303-315.

WISNIK, José Miguel Soares. Algumas questões de música e política no Brasil. In: BOSI, Alfredo (Org.). *Cultura brasileira: temas e situações*. São Paulo: Ática, 1999, p.114-123.

_____. *Cultura pela culatra*. São Paulo, 1999b. Disponível em: <http://www.sescsp.com.br/sesc/hotsites/macunaima/wisnik1.htm>. Acesso em 22 fev.2004.

_____. Getúlio da paixão cearense (Villa-lobos e o Estado Novo). In: SQUEFF, Ênio, WISNIK, J. M. S. *Música*. São Paulo: Brasiliense, 1982 (O nacional e o popular na cultura brasileira), p.129-191.

_____. *O coro dos contrários – a música em torno da Semana de 22*. São Paulo: Duas Cidades, 1977.

_____. O modernismo e a música. In: TOLIPAN, Sérgio et al. *Sete ensaios sobre o Modernismo*. Rio de Janeiro: Funarte, 1983, p.29-34.

YOKOZAWA, Solange Fiuza Cardoso. *José de Alencar e Mário de Andrade:* as fronteiras de uma língua. Congresso da Associação Internacional de Lusitanistas (AIL), VI, Rio de Janeiro, 1999. Disponível em: <http://www.geocities.com/ail_br/jalencarmandradefronteirasdeumalingua.html> . Acesso em: 06 mai. 2005.

ZAGONEL, Bernadete. *O que é gesto musical*. São Paulo: Brasiliense, 1992.

Leituras complementares

ADORNO, Theodor Wiesengrund. A indústria cultural. In: _____.
Adorno: sociologia. São Paulo: Ática, 1996, (Grandes cientistas sociais, n.54), p.92-99.

_____. *Filosofia da nova música*. São Paulo: Perspectiva, 2004.

ALMEIDA, Renato. *História da música brasileira*. Rio de Janeiro: Brigueit, 1942.

AMARAL, Adriana Vacina Gurgel do. Uma enciclopédia à brasileira: o projeto ilustrado de Mário de Andrade. *Revista Estudos Históricos – Cultura Política*. Centro de pesquisa e documentação de história contemporânea do Brasil (CPDOC), Fundação Getúlio Vargas (FGV), Rio de Janeiro, v.24, 1999. Disponível em: <http://www.cpdoc.fgv.br/revista/arq/312.pdf>. Acesso em: 27. ago. 2003.

ANDRADE, Mário de. A *enciclopédia brasileira*. Edição crítica e estudo de Flávia Camargo Toni. São Paulo: Giordano/EDUSP/Loyola, 1993b (Memória brasileira, 16).

_____. *Danças dramáticas do Brasil*. São Paulo: Martins, 1959.

_____. *Música do Brasil*. Curitiba: Guairá, 1941.

_____. *Os cocos*. Preparação, introdução e notas de Oneyda Alvarenga. Brasília: Ministério da Cultura – Instituto Nacional do Livro – Fundação Pró-Memória; São Paulo: Duas Cidades, 1984b.

APPLEBY, David. *La música del Brasil*. Mexico: Fondo de Cultura economica, 1985.

AVILA, Afonso (Org.). *O modernismo*. São Paulo: Perspectiva/Secretaria de Cultura, Ciência e Tecnologia, 1975.

BARBOSA, Francisco de Assis. *Testemento de Mário de Andrade e outras reportagens*. Rio de Janeiro: Ministério da Educação e Cultura, Serviço de Documentação, 1954 (Cadernos de cultura, 67).

BARRAUD, Henry. *Para compreender as músicas de hoje*. São Paulo: Perspectiva, 1975.

BOLETIM BIBLIOGRÁFICO, *Mário de Andrade*. São Paulo: Biblioteca Municipal Mário de Andrade – Departamento de Cultura – Secr. de Educ. e Cultura do Município de S. Paulo, fev.1970.

CAMARGOS, Márcia. *Semana de 22: entre vaias e aplausos*. São Paulo: Boitempo, 2003.

_____. *Villa Kyrial* – crônica da *Bélle Époque paulistana*. São Paulo: Senac, 2001.

CAMPOS, Alzira Lobo de Arruda. *A produção do conhecimento: teoria e ciência dos modelos*. (Histórico e conceituação de modernidade). *Tempo e memória*. São Paulo: Universidade São Marcos, ano 2, n.2, p.101-112.

CAPELATO, Maria Helena. *O movimento de 1932: a causa paulista*. São Paulo: Brasiliense, 1986.

CARDOSO, Ciro Flamarion.Crítica de duas questões relativas ao anti-realismo epistemológico contemporâneo. *Diálogos*, Revista do Departamento de História da Universidade Estadual de Maringá, v.2, p.47-64, 1998. Disponível em: <http://www.dhi.uem. br/publicacoesdhi/dialogos/volume01/vol02_atg1.htm>. Acesso: 11 jul. 2004.

_____. Epistemologia pós-moderna, texto e conhecimento: a visão de um historiador. *Diálogos*, Revista do Departamento de História da Universidade Estadual de Maringá, v.3, n.3: p.1-28, 1999. Disponível em: <http://www.dhi.uem.br/publicacoesdhi/dialogos/volume01/vol03_mesa1.htm>. Acesso em: 11 jul. 2004.

CARÔSO, Luciano. *As normas do Primeiro Congresso da Língua Nacional Cantada*. Salvador: 2000. Disponível: <http://www. ppgmus.ufba.br/forum/artigos/prosodia/caroso.pdf>. Acesso: 10 set. 2003.

CAVALHEIRO Edgard. *Testamento de uma geração*. Porto Alegre: Globo, 1944.

CHAGAS, Paulo César de Amorim. *Luciano Gallet via Mário de Andrade. 1º movimento: possibilidades*. Rio de Janeiro: Centro de Documentação e Pesquisa da Funarte, 1979.

CHAUI, Marilena. *O que é ideologia*. São Paulo: Brasiliense, 1982 (Primeiros Passos, n.13).

_____. *Seminários*: o nacional e o popular na cultura brasileira. São Paulo: Brasiliense, 1983.

CHERÑAUSKY, Analía. *Um maestro no gabinete: música e política no tempo de Villa-Lobos*. Campinas, 2003. Dissertação (Mestrado em História) – Instituto de Filosofia e Ciências Humanas (IFCH) da Universidade Estadual de Campinas (Unicamp).

COLI, Jorge. *O que é arte*. São Paulo: Brasiliense, 1993 (Primeiros Passos, n.46).

CONGRESSO BRASILEIRO DE CANTO, 2, Rio de Janeiro. *A voz no século XXI:* revista com textos de apoio. Rio de Janeiro: Associação Brasileira de Canto, 2002.

CONTIER, Arnaldo Daraya. A música brasileira contemporânea: estudo das principais tendências (1922-1965). *Anais de História,* FFLCH de Assis, Unesp, 1975, p.119-142.

_____. *Brasil novo – música, nação e modernidade: os anos 20 e 30.* 1988. Tese (Livre Docência em História) – FFLCH da USP, São Paulo.

_____. Edu Lobo e Carlos Lyra: o nacional e o popular na canção de protesto (os anos 60). *Revista Brasileira de História* – Revista da Associação Nacional dos Professores Universitários de História (ANPUH), São Paulo, v.18, n.35, 1998. Disponível: <http://www.scielo.br>. Acesso: 8 mai. 2003.

_____. Modernismos e brasilidade. Música, utopia e tradição. In: NOVAES, Adauto (Org.). *Tempo e história.* São Paulo: Cia. das Letras e Secretaria Municipal de Cultura, 1992.

_____. Tragédia, festa guerra: os coreógrafos da modernidade conservadora. *Revista USP,* São Paulo, n.26, p.20-41, jun/ago 1995.

CORAÇÃO DOS OUTROS – Saravá, Mário de Andrade. Enfim, um site sem nenhum caráter. São Paulo: Sesc, 1999. Apresenta a programação, a exposição itinerante e os textos do evento multimídia ocorrido de 22 abr. a 11 jul. 1999, tendo Macunaíma como fio condutor. Disponível em: <http://www.sescsp.com.br/sesc/hotsites/macunaima/>. Acesso em 22 fev. 2003.

CORAL PAULISTANO. In: SANDRA FELIX. São Paulo, 1999. Site pessoal da cantora, que oferece informações gerais sobre canto e técnica vocal, e também mostra um pouco da história do Coral Paulistano. Disponível: http://www.geocities.com/Vienna/9177/coral.htm. Acesso: 9 abr. 2003.

COSTA FILHO, Moacyr Silva da. *Os cursos de graduação em canto no Brasil: dois estudos de caso.* Salvador, 2000. Dissertação (Mestrado em Música) – Escola de Música da Uni. Fed. Bahia (UFBA).

CUNHA, Fabiana Lopes da. *Da marginalidade ao estrelato:* o samba na construção da nacionalidade (1917-1945). São Paulo: Annablume, 2004.

DEPARTAMENTO DE CULTURA. In: Departamento de Patrimônio Histórico do Município de São Paulo. São Paulo, 2000. Oferece informações sobre sua atividade e diversos textos para pesquisa. Disponível em: <http://www.prodam.sp.gov.br/dph/acervos/deptcult.htm>. Acesso em: 24 jul. 2003.

DE SÃO PAULO: *cinco crônicas de Mário de Andrade, 1020-1921*. Organização, introdução e notas de Telê Ancona Lopez. São Paulo: Senac, 2004.

ENCICLOPÉDIA *Brasileira de Música: erudita, folclórica e popular*. São Paulo: Art, 1977.

FAORO, Raimundo. *Os donos do poder*. Porto Alegre: Globo, 1985.

FAUSTO, Boris. *A Revolução de 1930* – Historiografia e História. São Paulo: Brasiliense, 1972.

_____. *História do Brasil*. São Paulo: Edusp/ Fund. para o Desenvolvimento da Educação, 1996.

FELIX, Sandra Mara. *O ensino de canto no Brasil:* uma visão histórica e uma reflexão aplicada ao ensino de canto no Brasil. Rio de Janeiro, 1997. Dissertação (Mestrado em Música) – Escola de Música da Universidade Federal do Rio de Janeiro (UFRJ).

FONTENELE, Ana Lúcia et al. Análise do Comportamento vocal de duas cantoras sopranos de coro. In: ENCONTRO NACIONAL DA ANPPOM, 11.,1998, Campinas. *Anais*... Campinas: Instituto de Artes da Universidade Estadual de Campinas, 1998. p.306-309.

FREITAG, Lea Vinocur. *Momentos de música brasileira*. São Paulo: Nobel, 1986.

GALLET, Luciano. *Estudos de folclore*. Rio de Janeiro: Carlos Wehrs, 1934.

GONÇALVES, Lisbeth R. *Sérgio Milliet, crítico de arte*. São Paulo: Perspectiva / Edusp, 1992.

GIRON, Luís Antônio. *Minoridade crítica: a ópera e o teatro nos folhetins da corte, 1826-1861*. São Paulo: Edusp; Rio de Janeiro: Ediouro, 2004.

_____. *Mário Reis*: o fino do samba. São Paulo: 34, 2001.

GORDINHO, Margarida Cintra. O departamento de cultura: um sonho que não se realizou completamente (Entrevista: Rubens Borba de Moraes). *Revista do Arquivo Municipal*: edição comemorativa do cinqüentenário da Revista do Arq. Mun.1934 – 1984. São Paulo, p.10-22, 1984.

GRAMSCI, Antonio. *Intelectuais e organização da cultura*. Rio de Janeiro: Civilização Brasileira, 1991.

_____. *Literatura e vida nacional*. Rio de Janeiro: Civilização Brasileira, 1978.

_____. *Maquiavel, a política e o estado moderno*. Rio de Janeiro: Civilização Brasileira, 1980.

GUARNIERI, M. Camargo. Mestre Mário. *Revista Brasileira de Música*: Escola Nacional de Música da Universidade do Brasil, Rio de Janeiro, v.9, p.13-17, 1943.

GUASTINI, Mário. *A hora futurista que passou*. São Paulo, Casa de Mayença, 1926.

GUEDES, Tarcila. *O lado doutor e o gavião de penacho*: movimento modernista e patrimônio cultural no Brasil – o Serviço do Patrimônio Histórico e Artístico Nacional. São Paulo: Annablume: 2000.

HOBSBAWN, Eric. J. *A era dos extremos* – o breve século XX. São Paulo: Cia das Letras, 2000.

_____. RANGER, Terence (Orgs.). *A invenção das tradições*. Rio de Janeiro: Paz e Terra, 1984.

HOBSBAWN, E. J. *Ecos da Marselhesa*. São Paulo: Cia. das Letras, 1996.

_____. *História social do jazz*. Rio de Janeiro: Paz e Terra, 1990.

_____. *Nações e nacionalismos desde 1780*: programa, mito e realidade. Rio: Paz e Terra, 1991.

HOYOS-ANDRADE, R. E. Proposta de notação fonológica do Português do Brasil. *ALFA*: revista de lingüística da Unesp, São Paulo, n.30/31, p.65-78, 1986/1987.

JAKOBSON, Roman.*Lingüística e comunicação*. São Paulo: Cultrix; Edusp,1969.

KARVAT, Erivan Cassiano. História e literatura: as possibilidades dos diálogos possíveis. In: ARIAS NETO; DE BONI; SOUZA (Orgs.) *150 anos de Paraná*: história e historiografia – anais do VIII Encontro Regional de História. Curitiba: Tetravento, 2004, p.237-243.

KATER, Carlos. *Música viva e H. J. Koellreuter:* movimentos em direção à modernidade. São Paulo: Musa/Atravez, 2001 (Musa Música, v.4).

KERMAN, Joseph. *Musicologia*. São Paulo: Martins Fontes, 1987.

KIEFER, Bruno. *História da música brasileira*. Porto Alegre: Movimento; Brasília: MEC, 1976.

_____. Mário de Andrade e o modernismo na música brasileira. *Revista Brasileira de Cultura*, Rio de Janeiro, Ano III, n.7, p.9-20, 1971.

_____. *Villa-Lobos e o modernismo na música brasileira*. Porto Alegre: Movimento; Brasília: Ministério da Cultura – Instituto Nacional do Livro – Fundação Pró-Memória, 1986.

MANNHEIM, Karl. *Sociologia da Cultura*. São Paulo: Perspectiva; Edusp, 1974.

MARIZ, Vasco. *História da música no Brasil*. Rio de Janeiro: Civilização Brasileira, 1994.

_____. *Três musicólogos brasileiros: Mário de Andrade, Renato Almeida, Luiz Heitor Correia de Azevedo*. Rio de Janeiro: Civilização Brasileira / Brasília: Instituto Nacional do Livro, 1983.

MARTINS, José Eduardo. O anjo e suas metamorfoses. *Revista do Instituto de Estudos Brasileiros*, São Paulo, n.42, p.31-42, 1997.

MARTINS, Wilson. *História da inteligência brasileira*. São Paulo: Cultrix/Edusp, 1977.

MATOS, Claudia Neiva de, et al. (Org.) *Ao encontro da palavra cantada – poesia, música e voz*. Rio de Janeiro: Sete Letras, 2001.

MAZZEU, Renato Brazil. *Heitor Villa-Lobos: questão nacional e cultura brasileira*. Campinas, 2002. Dissertação (Mestrado em Sociologia – Instituto de Fil. e Ciências Hum. da Unicamp.

MENDES, Gilberto. Música moderna brasileira e suas implicações de esquerda. *Revista Música:* USP, São Paulo, v.2, n.1, p.37-42, nov.1991.

MIGNONE, Francisco. *A parte do anjo (autocrítica de um cinqüentenário)*. São Paulo: E. S. Mangione, 1947.

MODERNOS DESCOBRIMENTOS DO BRASIL, Rio de Janeiro, Departamento de História da Pontifícia Universidade Católica (PUC), 2000. Apresenta os resultados da pesquisa à maneira de uma viagem, utilizando como "navegadores" Monteiro Lobato, Cecília Meireles, Câmara Cascudo, Capistrano de Abreu, Mário de Andrade. Disponível em: <http://www.modernosdescobrimentos.inf.br> . Acesso em: 10 nov.2002.

NEME, Mario. *Plataforma da nova geração*. Porto Alegre: Globo, 1945.

OLIVEIRA, Marcos Santos de. *A intertextualidade em* A rainha dos cárceres da Grécia, *de Osman Lins*. Disponível em: < http://www.funcesi.br/7%20faces%208.doc> . Acesso em 25 mai. 2005.

OLIVEIRA, Willy Correia de. Música e sociedade. In: *Revista Música*, v.2, n.1, p.70-78, mai. 1991.

PÉCAUT, Daniel. *Os intelectuais e a política no Brasil*. São Paulo: Ática, 1989.

PEDROSA, Henrique E. Gomes. A metodologia marxista na historiografia da música no Brasil. Rio de Janeiro, 1988. Dissertação (Mestrado em Música) – Conservatório Brasileiro de Música.

PICCHI, Achille Guido. *Mário metaprofessor de Andrade*. São Paulo, 2000. Dissertação (Mestrado em Educação) – Faculdade de Educação da USP.

PRADO, Antonio Arnoni. *1922: itinerário de uma falsa vanguarda – os dissidentes, a Semana e o Integralismo*. São Paulo: Brasiliense, 1983.

PROJETO HIBRIDAÇÃO. Porto Alegre: Instituto de Letras da Universidade Federal do Rio Grande do Sul (UFRGS), 2000. Mostra textos integrais de autores relevantes das Américas, acompanhados de um estudo/ensaio sobre esse autor e esse texto. Disponível em: <http://www.ufgrs.br/cdrom/index.html>. Acesso em: 10 nov.2002.

QUEIRÓZ, Eça de. *Cartas familiares e bilhetes de Paris*. Disponível em: <http://figaro.fis.uc.pt/queiros/obras/Paris/Cartas_Paris20011105.rtf>. Acesso em: 18 nov.2004.

RAPOSO DE MEDEIROS, Beatriz. A questão da relação entre fala e canto e a coordenação dos gestos. In: CONGRESSO INTERNACIONAL DA ABRALIN, 2, 2001, Fortaleza. Disponível em: <http://www.lafape.iel.unicamp.br/Publicações>. Acesso em: 25 mar. 2003.

_____. Estudo preliminar da inteligibilidade das vogais cantadas no Português Brasileiro. *Estudos Lingüísticos* XXIX, p.657-662, 2000. Disponível em: <http://www.lafape.iel.unicamp.br/Publicações>. Acesso em: 25 mar. 2003.

RODRIGUES, Ângela C. S. Mário de Andrade e o projeto – Pronúncias regionais do Brasil. *Revista do IEB*, São Paulo: USP, n.34, p.17-34, 1992.

RODRIGUES, Lutero. As características da linguagem musical de Camargo Guarnieri em suas sinfonias. São Paulo, 2001. Dissertação (Mestrado em Artes – Música) – IA da Unesp.

ROCHA, João Cezar de Castro (Org.). *Nenhum Brasil existe – pequena enciclopédia*. Rio de Janeiro: Universidade do Estado do Rio de Janeiro, 2000.

SALLES, Paulo de Tarso Camargo Cambraia. *Aberturas e impasses: o pós-modernismo na música erudita brasileira dos anos 1970 e 1980 e um estudo de caso*. São Paulo, 2002. Dissertação (Mestrado em Música) – Instituto de Artes (IA) da Unesp.

SANDRONI, Carlos. *Mário contra Macunaíma*: cultura e política em Mário de Andrade. São Paulo: Vértice, 1988.

SANTOS, Boaventura de Souza. *Introdução a uma ciência pós-moderna*. Rio de Janeiro: Graal, 2000.

SÃO PAULO (Cidade), Secretaria Municipal de Cultura/Centro Cultural São Paulo; SÃO PAULO (Estado), Universidade de São Paulo/I. E. B. *Eu sou trezentos, sou trezentos-e-cincoenta: uma "autobiografia" de Mário de Andrade*. São Paulo: Secretaria Municipal de Cultura, 1992.

SÃO PAULO (Cidade), Secretaria Municipal de Cultura / Departamento de Bibliotecas Públicas. *Mário universal paulista*: algumas polaridades. Organizadora: Lúcia Neíza Pereira da Silva. São Paulo: Secretaria Municipal de Cultura, 1997.

SCHWARTZMAN, Simon. O sentido da interdisciplinaridade. *Novos Estudos Cebrap*, São Paulo, n.32, p.191-198. Republicado em *A redescoberta da Cultura*. São Paulo: EDUSP, 1997. Disponível em: <http://www.schwartzman.org.br>. Acesso em: 11 nov.2004.

_____. *Tempos de Capanema*. São Paulo: FGV/Paz e Terra, 2000. Disponível em: <http://www.schwartzman.org.br>. Acesso em: 11 nov. 2004.

SENA JÚNIOR, Carlos Zacarias F. A dialética em questão: considerações teórico-metodológicas sobre a historiografia contemporânea. *Revista Brasileira de História*. São Paulo: ANPUH/Fapesp, v.24, n.48, p.39-72, 2004.

SEVCENKO, Nicolau. A capital irradiante: técnica, ritmos e ritos do Rio. In: _____. (Org.) *República*: da Belle Époque à Era do rádio. São Paulo: Cia das Letras, 1998 (História da vida privada no Brasil, 3), p.513-619; 675-677.

_____. *Orfeu extático na metrópole*: São Paulo, sociedade e cultura nos frementes anos 20. São Paulo: Cia das Letras, 1992.

_____. (Org.) *República*: da Belle Époque à Era do rádio. São Paulo: Cia das Letras, 1998 (História da vida privada no Brasil, 3).

TATIT, Luiz. *O cancionista*. São Paulo: Edusp, 1996.

THEATRO MUNICIPAL – HISTÓRICO. In: THEATRO MUNICIPAL DE SÃO PAULO, São Paulo, 1998. Disponível: <http://

www.prodam.sp.gov.br/theatro/historia/tmhist.htm>. Acesso: 09 ago. 2003.

THE NEW GROVE dictionary of music and musicians. London: Macmillan Publishers Limited, 1980.

TINHORÃO, José Ramos. *Música popular*: os sons que vêm da rua. Rio de Janeiro: Tinhorão, 1976.

_____. *Pequena história da música popular*: da modinha ao tropicalismo. São Paulo: Art, 1986.

TONI, Flávia. Mário de Andrade compõe uma ópera: *Café*. In: ENCONTRO INTERNACIONAL DE PESQUISADORES DO MANUSCRITO E DE EDIÇÕES – GÊNESE E MEMÓRIA, 4., 1994, São Paulo. Anais... São Paulo: Annablume: Ass. dos Pesquisadores do Manuscrito e de Edições, 1995.

TRAGTENBERG, Lucila. Interpretação e voz. *Brasiliana*: Revista da Academia Brasileira de Música, Rio de Janeiro, n.9, p.2-09, set. 2001.

VERHAALEN, Marion. *Camargo Guarnieri: expressões de uma vida*. São Paulo: Edusp / Imprensa Oficial do Estado, 2001.

SOBRE O LIVRO

Formato: 14 x 21 cm
Mancha: 23,7 x 42,5 paicas
Tipologia: Horley Old Style 10,5/14
Papel: Offset 75 g/m² (miolo)
Cartão Supremo 250 g/m² (capa)
1ª edição: 2006

EQUIPE DE REALIZAÇÃO

Coordenação Geral
Marcos Keith Takahashi

Impressão e acabamento